# Löwenzahn
# KINDER LEXIKON

AXEL JUNCKER VERLAG

ZDF

Idee und Konzeption: Hans Kreutzfeldt
Projektleitung und Redaktion:
Günther Cyffka, Hans Kreutzfeldt
Autorenteam: Dr. Jochim Lichtenberger,
Silke Lichtenberger, Felix Paturi
Beratende Mitwirkung:
Dr. Erich Lüthje, Dr. Heinz Muckenfuß
Fotoredaktion: Max Oberdorfer
Zeichnungen: Ralph G. Kretschmann
Datenaufbereitung, Layout und Satz:
Petra Dorkenwald, Grafik,
Design & Artwork, München



ISBN 3-558-72081-4

Genehmigte Lizenzausgabe 2002
Axel Juncker Verlag GmbH

# Vorwort

Liebe Kinder!

Lesen macht Spaß. Das behaupten jedenfalls die Erwachsenen, und manche haben deshalb auch ganz viele Bücher zu Hause. Bücher sind eine tolle Sache, um Wissen zu speichern. Wenn das von A bis Z sortiert ist, wird daraus ein Lexikon. Das ist ein Buch, das dir schnell Antwort geben soll auf alle Fragen, die mit „w" beginnen: wann, warum, wo, woher, wohin, wozu? …

Wie soll man aber das Wissen wieder aus dem Buch heraus bekommen? Gewöhnlich packt man es in einzelne Stichwortartikel, die nach dem Alphabet sortiert sind. So ist auch jedes normale Lexikon aufgebaut. Um aber Zusammenhänge zu begreifen, musst du oft nach mehreren Begriffen suchen, die zusammen gehören. Das ist noch einfach, wenn sie mit demselben Buchstaben beginnen, wie Pferd und Pony. Anders ist das aber beim Beispiel Bienen und Wespen, die im Alphabet weit auseinander liegen. Da müsstest du erst viel blättern, um ihre Bilder miteinander vergleichen zu können. Deshalb findest du die Bienen, Hummeln und Wespen im Löwenzahn-Lexikon zusammen in einer Geschichte, zu der du über das große Stichwort-Alphabet geschickt wirst.

Wie in Peter Lustigs Fernsehsendung geht es beim Löwenzahn-Lexikon um alle Fragen, auf die du täglich zu Hause stößt. Die Geschichten sind in zwei verschiedene Hauptthemen eingeteilt: erstens die Welt der Natur, in der wir leben, und zweitens die Welt der Technik, oder das, was dabei herauskam, als die Menschen die Natur zu verstehen und zu nutzen lernten. Der erste Themenkreis Natur betrifft unsere Umwelt im weitesten Sinn. Er beginnt mit dem Weltall und der Erde darin und behandelt dann die Welt der Pflanzen und Tiere und schließlich den Menschen als Teil der Natur. Bei den Themen der Technik geht es erst um unsere technische Umwelt mit einfachen und komplizierten Maschinen, um Rohstoffe und was wir daraus machen, um Verkehrsmittel vom Fahrrad bis zum Flugzeug und um alles, was nötig ist, damit Menschen miteinander leben können.

Es war ein langer Weg vom ersten Menschenartigen der Vorzeit bis zum heutigen Menschen des Internetzeitalters. So sehr sich die beiden unterscheiden, eines ist immer gleich geblieben: dass der Mensch gierig auf Wissen war. Nur durch seine Neugierde hat er sein Wissen erworben und stets erweitert. Zuerst hat er es mündlich weitergesagt, bis er das Schreiben erlernte und den Wissensspeicher Buch erfand.

Du kannst das Lexikon überall hin mitnehmen und jederzeit befragen, wenn du neugierig bist, warum, weshalb, wieso etwas so und nicht anders funktioniert.

Wir haben unsere Lexikon-Geschichten Kindern in eurem Alter zum Lesen gegeben. Sie haben uns viele Tipps gegeben, wodurch das Lexikon sicher noch verständlicher wurde.

Wir laden euch alle dazu ein, unendlich viele Fragen an das Buch zu stellen. Unser etwas anderes Lexikon wird euch hoffentlich viele davon beantworten. Viel Spaß dabei!

Euer

Axel Juncker Verlag

# Inhalt


**Das Stichwort-Alphabet** ... 6

**Natur – die Welt, in der wir leben**

**Erde und Weltall** ... 23
Wie die Welt entstanden ist ... 24
Sterne und Sternbilder ... 26
Galaxien ... 28
Das Leben der Sterne ... 30
Die Sonne ... 32
Die Planeten ... 34
Sternschnuppen und Kometen ... 36
Mond und Erde ... 38
Menschen auf dem Mond ... 40
Sind wir allein im Weltall? ... 42

**Die Erde** ... 43
Vom Feuerball zum Blauen Planeten ... 44
Ruhelose Erde ... 46
Berge, Schluchten, Täler ... 48
Felsen, Steine, Edelsteine ... 50
Höhlen ... 52
Das Meer ... 54
Seen, Flüsse, Wasserfälle ... 56
Eisen und Gold ... 58
Kohle und Erdöl ... 59
Luft und Himmel ... 60
Regen, Schnee und Hagel ... 62
Wind und Wetter ... 63
Gewitter ... 64
Regenbögen ... 66

**Pflanzen** ... 67
Nadelbäume ... 68
Laubbäume ... 70
Wiesen ... 72
Pflanzen am und im Wasser ... 74
Heilpflanzen und Giftpflanzen ... 76
Pilze ... 78
Essbare Wurzeln und Blätter ... 80
Kartoffeln ... 81
Getreidearten ... 82
Obst, das an Bäumen wächst ... 84
Beeren ... 86

**Tiere** ... 87
Entwicklung der Tiere ... 88
Katzen ... 90
Hunde ... 92
Goldhamster und Meerschweinchen ... 94
Pferde und Ponys ... 96
Schafe und Ziegen ... 98
Kühe und Schweine ... 100
Bienen, Hummeln, Wespen ... 102
Schmetterlinge ... 104
Spinnen ... 106
Schnecken ... 108
Regenwürmer ... 109
Marienkäfer und andere Käfer ... 110
Hasen und Kaninchen ... 112
Igel und Maulwurf ... 114
Mäuse und Ratten ... 116
Fledermäuse ... 118
Eulen und Käuze ... 120
Greifvögel ... 122
Singvögel und Zugvögel ... 124
Rehe und Hirsche ... 126
Wildschweine und Füchse ... 128
Ameisen ... 130
Leben unter einer Rindenborke ... 132
Schlangen, Blindschleichen und Eidechsen ... 134
Enten und Schwäne ... 136
Libellen ... 138
Frösche und Kröten ... 140
Fische ... 142
Säugetiere des Meeres ... 144

**Der Mensch** ... 145
Stammen wir vom Affen ab? ... 146
Atmung ... 148
Sinnesorgane ... 150
Knochen, Muskeln, Sehnen, Zähne ... 152
Nahrungsverwertung und Blutkreislauf ... 154
Geschlecht und Sexualität ... 156
Neues Leben entsteht ... 158
Gesundheit und Krankheit ... 160
Beim Arzt ... 162

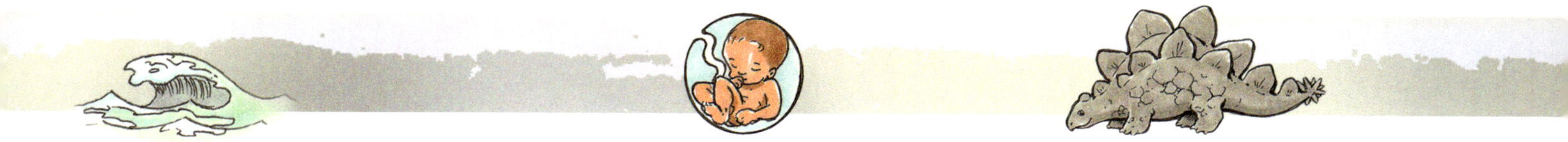

**Technik verändert die Welt**


**Unsere technische Umwelt** .............. 163
Energie .................................. 164
Temperatur und Energie .................. 166
Energie aus Kohle, Erdöl und Erdgas ....... 168
Kernenergie ............................. 169
Energie aus Wind und Wasser ............. 170
Energie von der Sonne ................... 172
Uhren ................................... 174
Räder und Zahnräder ..................... 176
Werkzeuge und technische Hilfsmittel ..... 178
Hydraulik am Bagger und anderen Maschinen ... 180
Magnetismus ............................. 182
Elektrizität ............................. 184
Elektromagnete, Elektromotoren und Dynamos ... 186
Telefon, Radio, Fernsehen ................ 188
Computer ................................ 190
Messen, Steuern, Regeln ................. 192
Zum Sehen brauchen wir Licht ............ 194
Licht: Schatten und Spiegelung ........... 196
Fotoapparate: ohne und mit Linse ......... 198
Augen ................................... 200
Farben .................................. 202
Der Blick ins Unsichtbare ................ 204
Verrückte Welt in Spiegeln und Gläsern ... 206
Töne und Klänge ......................... 208
Wie kommt der Schall zum Ohr? .......... 210
Musikinstrumente ........................ 212
Lärm und Lärmschutz ..................... 214

**Rohstoffgewinnung und -aufbereitung** .. 215
Von der Rübe zum Zucker ................ 216
Woher kommt das Salz? .................. 217
Vom Getreide zum Brot .................. 218
Von der Milch zum Käse ................. 220
Vom Schaf zur bunten Wolle ............. 221
Aus Wolle werden Stoffe ................. 222
Vom Sand zum Glas ...................... 223
Vom Baum zum Buch ..................... 224
Vom Holz zum Spielzeugauto ............ 225
Von der Asche zur Seife ................. 226
Vom Ton zum Mauerstein ................ 227
Vom Erdöl zur Kunststoffflasche .......... 228
Von der Tierhaut zum Schuh ............. 229
Vom Kautschuk zum Reifen .............. 230
Vom Erz zum Gusseisen und zum Stahlblech ... 231
Müll und Müllentsorgung ................ 232
Müllverwertung ......................... 234

**Verkehr** ................................ 235
Das Fahrrad ............................ 236
Dampfmaschinen und Benzinmotoren ....... 238
Die Geschichte des Autos ............... 240
Schienenverkehr ........................ 242
Schneller, schneller, immer schneller ...... 244
Leichter als Luft ........................ 246
Vom Flugdrachen zum Überschalljet ...... 248
Raketen und Satelliten .................. 250
Boote und Schiffe ohne Motor ........... 252
Schiffe mit Antrieb ...................... 254
Verkehrswege ........................... 256

**Menschen miteinander** ................. 257
Höhlen, Zelte, Iglus ..................... 258
Burgen und Schlösser .................... 260
Häuser .................................. 262
Wie ein Haus gebaut wird ............... 263
Was ein Haus gemütlich macht .......... 264
Wie kommt der Strom in die Steckdose? ... 266
Vom Grundwasser zum Wasserhahn ...... 267
Möbel und Möbelherstellung ............. 268
Von der Keilschrift zum Buch ............ 270
Die Geschichte der Zeitung .............. 272
Briefbeförderung ........................ 274
Wir zaubern ............................ 276
Im Theater .............................. 278
Wie ein Film entsteht ................... 280
Tausch und Geld ........................ 282
Werbung ................................ 284
Notdienste .............................. 286

**Bildnachweis** .......................... 288

# Das Stichwort-Alphabet

## A

Aal . . . . . . . . . . . . . . . . . . . . . . . 143
Abendstern . . . . . . . . . . . . . . . . . 34
Abfälle . . . . . . . . . . . . . . 232, 234
Abspann . . . . . . . . . . . . . . . . . . 281
Abwärme . . . . . . . . . . . . . . . . . . 168
Abwasser . . . . . . . . . . . . . . . . . 267
Abwehrsystem . . . . . . . . . . . . 160
Achat . . . . . . . . . . . . . . . . . . . . . 50
Adern . . . . . . . . . . . . . . . . 152, 155
Adler . . . . . . . . . . . . . . . . 122, 201
Adler (Lokomotive) . . . . . . . . 242
Admiral . . . . . . . . . . . . . . . . . . 105
Affen . . . . . . . . . . . . . . . . . . . . . 146
Ahorn . . . . . . . . . . . . . . . . . . . . . 70
Aischylos . . . . . . . . . . . . . . . . . 278
Akku . . . . . . . . . . . . . . . . . . . . . 187
Alaun . . . . . . . . . . . . . . . . . . . . 229
Aliens . . . . . . . . . . . . . . . . . . . . . 42
Alpen . . . . . . . . . . . . . . . . . . . . . 48
Alpha Centauri . . . . . . . . . . . . . 25
Altglas . . . . . . . . . . . . . . . . . . . 234
Altpapier . . . . . . . . . . . . . . . . . 224
Aluminium . . . . . . . . . . . . . . . . . 58
Amboss . . . . . . . . . . . . . . . . . . 150
Amazonas . . . . . . . . . . . . . . . . . 56
Ameisen . . . . . . . . . . . . . . . . . . 130
Amphibien . . . . . . . . . . . . . . . . 140
Amphitheater . . . . . . . . . . . . . 278
Amsel . . . . . . . . . . . . . . . . . . . . 124
Andromeda-Nebel . . . . . . . . . . 28
Angoraziege . . . . . . . . . . . . . . . 98
Anhalteweg . . . . . . . . . . . . . . 244
Anschriftenlesemaschine . . . 275
ansteckende Krankheiten . . . 160
Antarktis . . . . . . . . . . . . . . . . . . 56
Äpfel . . . . . . . . . . . . . . . . . . . . . 84
Appenzeller . . . . . . . . . . . . . . 220
Aprikose . . . . . . . . . . . . . . . . . . 85
Architekt . . . . . . . . . . . . . . . . . 263
Arterien . . . . . . . . . . . . . . . . . . 155
Arzt . . . . . . . . . . . . . . . . . . . . . 162

Astronaut ... 40
Astronom ... 24
Atmosphäre ... 61
Atmung ... 148
Atome ... 169, 228
Atomkern ... 169
Atomkraft ... 169
Atomreaktor ... 266
Atom-U-Boot ... 255
Auflage ... 273
Auge ... 150, 200
Augen (Kartoffel) ... 81
Auslöser ... 199
Auspuff ... 148
Australopithecus ... 146
Auto ... 240
Autofokuskameras ... 199
Auwiese ... 72
Axt ... 179


# B


Baby ... 156
Bache ... 128
Backenzähne ... 153
Backofen ... 218
Backpulver ... 218
Backsteine ... 227
Bagger ... 180
Bakterien ... 160, 204
Baldachinspinne ... 107
Ballett ... 279
Bank ... 283
Bär, Großer (Sternbild) ... 26
Bärenklau ... 73
bargeldlos ... 283
Bärlauch ... 80
Barock ... 261
Basalt ... 51
Bast ... 126
Batterie ... 184, 266
Bauernmöbel ... 269
Baugenehmigung ... 263
Baugrube ... 263
Bauingenieur ... 263
Baum ... 224
Baumfalke ... 122
Bauplan ... 263
Bauplatz ... 263
Beeinflussung ... 285
Beeren ... 86
Befestigungsanlagen ... 260
Beleuchter ... 281
Belichtungszeit ... 199
Benzinmotor ... 239
Beobachtungssatelliten ... 251
Berge ... 48
Bergkristall ... 50
Bergwacht ... 286
Bergwiese ... 72
Bernhardiner ... 92
Berufe ... 282
Bewegungsenergie ... 166, 244
Biene ... 102
Bier ... 82, 218
Bilderschriften ... 270
Bildschirm ... 191
Binnenschifffahrt ... 256
Binsen ... 73, 74
Birke ... 71
Birnen ... 84
Blätter ... 80
Blattläuse ... 110, 131
Blaubeeren ... 86
Blauer Planet ... 45
Blaumeise ... 124
Blechblasinstrumente ... 212
Blende ... 199
Blindschleiche ... 135
Blitz ... 64
Blizzard ... 287
Blockflöte ... 212
Blockheizkraftwerk ... 168
Blut ... 152, 154
Blutdruck ... 162
Blütenstaub ... 103
Blutkörperchen ... 162
Blutkreisläufe ... 155
Bodensee ... 56
Bohrer ... 178
Boote ... 252
Borkenkäfer ... 133
Borsten ... 109
Bratsche ... 213
Braunkohle ... 59
Brechung (Licht) ... 202
Bremse (Auto) ... 181
Bremsflüssigkeit ... 181
Bremsweg ... 244
Brennnessel ... 80
Brie ... 220
Briefe ... 274
Briefkasten ... 274
Briefmarke ... 274
Briefstempel ... 275
Brieftauben ... 183
Briefträger ... 275
Briefzentrum ... 274, 275
Brombeeren ... 86
Brot ... 82, 218
Brotsorten ... 219
Brücke ... 167, 256
Buch ... 224
Buchdrucker (Käfer) ... 133
Buchfink ... 124
Buchstabenschrift ... 270
Bügeleisen ... 185
Bühnenbildner ... 281
Bulle ... 100
Bundeswehr ... 287
Burgen ... 260
Bürzeldrüse ... 137
Büttenpapier ... 224
Byzanz ... 177


# C


Camembert ... 220
Cargolifter ... 247
CD-ROM ... 191
Cello ... 213

Celsius .................... 166
Champignon ................ 78
Chlor .................... 267
Chorgesang ............... 278
Chrom .................... 58
Chromgerbung ........... 229
Chromosomen ............ 158
chronisch ................ 160
CNC-Maschine ........... 193
Computer ................ 190
Computersteuerung ....... 192
Cornflakes ................ 83
Cromagnon-Mensch ....... 147
Cutter ................... 281


# D


Dachlatten ............... 263
Dachstuhl ................ 263
Dachziegel ............... 263
Daimler-Auto ............. 240
Dampfeisenbahn ..... 238, 242
Dampfmaschine ........... 238
Dampfschiff .......... 238, 254
Dampfwagen .............. 240
Darm ..................... 154
Darmbakterien ............ 155
darstellende Kunst ........ 279
Darwin ................... 146
Delfine ................... 144
Deutsche Post ............ 274
Deutsche Telekom ......... 274
Dezibel .................. 214
Diamant ................... 50
Dickdarm ................. 154
Diesel, Rudolf ............ 239
Diesellokomotive .......... 243
Dieselmotor ......... 239, 255
Dinkel ................... 219
Dinosaurier ................ 88
Dionysos ................. 278
Diphterie ................. 160
Diskettenlaufwerk ......... 191
Dogge (deutsche) ........... 92
Dokumentarfilm ........... 280
Donner .................... 64
Dornschrecke .............. 73
Drachen .................. 248
Draisine .................. 236
Drehbuch ................. 281
Dressur ................... 93
Drogen ................... 161
Drucken .................. 271
Drucker .................. 191
Druckluftbremsen ......... 181
Dschunken ............... 252
Dunlop ................... 230
Dünndarm ................ 154
Düsentriebwerk ........... 249
Dynamo .................. 168


# E


Ebbe ...................... 54
Eber ..................... 100
Echo ................ 118, 211
Echolot .................. 211
Edamer .................. 220
Edelkastanien .............. 85
Edelmetalle ................ 58
Edelsteine ................. 50
Ehrenpreis ................. 73
Ei .................. 103, 156
Eiche ..................... 71
Eidechse ................. 135
Eierstock ................. 156
Eifel ...................... 48
Eikokon .................. 107
Eileiter .................. 156
Einbaum ................. 252
Einzeller .................. 88
Eis ....................... 62
Eisblumen ................. 62
Eisen ..................... 58
Eisenbahn ................ 242
Eisenerz ............... 58, 231
Eisenhut .................. 76
Eisprung ................. 156
Eiswolken ................. 60
Eiszeit .................... 57
Eizellen .................. 158
Elektrizität ............... 184
Elektrizitätswerk .......... 168
Elektroheizung ........... 265
Elektrolok ................ 243
Elektromagnet ............ 186
Elektromotor ............. 186
Elemente ................. 228
Embryo .................. 158
Energie ........... 164, 166, 168
Energie, innere ........... 166
Energiequelle, elektrische ... 184
Energieträger ......... 164, 172
Energieumlader ........... 165
Engerling ................ 111
Ente ..................... 136
Erbkrankheiten ........... 161
Erdanziehung .............. 44
Erdbeben .................. 46
Erdbeeren ................. 86
Erde ............ 25, 38, 44, 46
Erdgas ............... 59, 168
Erdkern ................... 45
Erdkröte ................. 141
Erdkruste ................. 45
Erdmantel ................. 45
Erdöl ......... 59, 165, 168, 228
Erdteile ................... 46
Erkältung ................ 161
Erpel ..................... 136
erschließen .............. 263
erste Hilfe ................ 286
Erz ...................... 231
Estrich .................. 263
Eulen .................... 120
evakuieren ............... 287
Explosion ................ 250


# F


Facettenaugen ............ 138
Facharzt ................. 162

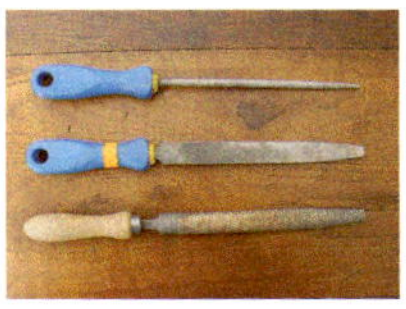


Fagott 212
Fahrrad 236
Fahrraddynamo 184, 187
Falabella 96
Falken 123
Faltengebirge 48
Farben 202
Farbfilm 280
Färse 100
Feilen 178
Feinseife 227
Feldhamster 94
Feldheuschrecke 73
Feldmaus 117
Felsbilder 53
Felsen 50
Fensterglas 223
Ferkel 100
Fernglas 205
Fernrohr 205
Fernsehen 188, 280
Fernsehkamera 189
Fernsehsatellit 189, 251
Fernsprechsatelliten 251
Festplatte 191
Festung 260
Feuerwehr 286
Feuerwerksraketen 250
Fichte 68
Fieber 160
Film 199
Filmkamera 280
Fingerhut 76
Fischadler 123
Fische 142
Flaschen 223
Flaschenzug 178
Flattergras 72
Fledermäuse 118
Fliederbeeren 86
fliegen 248
Fliegenpilz 78, 79
Flöte 212

Flugzeuge ................. 248
Flüsse ...................... 56
Flüssigkeitstriebwerk ....... 250
Flut ........................ 54
Fohlen ..................... 96
Forelle ..................... 143
Forschungssatelliten ........ 251
Forstmaschinen ............ 225
Fossilien .................... 89
Fotoapparat ............... 199
Fötus ...................... 159
Franklin, Benjamin .......... 64
Fräsmaschine ............. 192
Frequenz .................. 208
Frischkäse ................. 220
Frischling .................. 128
Frisör ...................... 281
Frösche .................... 140
Frostsprengung ............. 49
Fruchtkörper ............... 78
Fuchs ..................... 129
Fuchs (Schmetterling) .......105
fühlen ..................... 151
Fühler ................. 105, 108
Füllfederhalter ............. 271
Fundament ................ 263
furnieren .................. 269
Fußbodenheizung ........... 264

# G


Galaxien ................... 28
Galilei ..................... 204
Gänseblümchen ............. 80
Gänsefederkiel ............. 270
Garn ...................... 222
Gartenabfälle .............. 234
Gärung .................... 218
Gas ................... 61, 265
Gasmotor ................. 239
Gebärmutter ............... 156
Gebirge .................... 48
Geburt .................... 159
Gefieder ................... 120

Gehirn .................... 200
Gehörgang ................ 150
Geige .................... 212
Geigenbogen .............. 213
Geist aus der Flasche ....... 167
Gelbrandkäfer .............. 110
Geld ...................... 283
Geldmaschine ............. 207
Gelenke .................. 152
gemütlich ................. 264
Gene ..................... 146
Generator ............. 168, 187
Genforschung .............. 146
geostationär ............... 251
Gerben .................... 229
Gerberlohe ................ 229
Gerste ...................... 82
Geschlecht ................ 156
Geschlechtsakt ............ 156
Geschmackszellen .......... 151
Geschwindigkeit ........... 244
Gesichtsschleier ............ 121
Gestein ..................... 50
gesund .................... 160
Gesundheit ................ 160
Getreide .............. 82, 218
Geweih .................... 126
Gewitter .................... 64
Gewölle .............. 121, 122
Geysir ..................... 166
Gezeiten .................... 54
Gift ....................... 161
Giftpflanzen ................. 76
Gitarre .................... 212
Glas ...................... 223
Glasbläser ................. 223
Gleichgewichtsorgan ....... 150
Gleichstrom ............... 266
Gletscher ................... 49
Glimmer .................... 50
Glühbirne .................. 185
Glühwürmchen ............ 194
Gold ................... 58, 283
Goldhamster ................ 94
Goldlaufkäfer .............. 111
Golfstrom ................... 54
Goodyear ................. 230
Göpelwerk ................ 176
Gorch Fock ............... 253
Gorillas ................... 146
GPS ...................... 251
Grahambrot ............... 219
Granat ..................... 50
Granit ...................... 51
Grasfrösche ............... 140
Graswanze .................. 73
Greifvögel ................. 122
Grippe .................... 161
Größe, physikalische ........ 192
Großer Bär .................. 26
Gründeln .................. 137
Grundstück ................ 263
Grundwasser .......... 56, 267
Gruyère ................... 220
Gusseisen ................. 231
Gutenberg, Johannes ....... 271


# H


Habicht ................... 123
Hafer ...................... 83
Hagel ...................... 62
Hahnenfuß .................. 75
Haie ...................... 142
Hain-Bänderschnecke ...... 108
Haken .................... 113
Halbedelsteine .............. 50
Halbmond ................... 38
Halbwüste ................... 72
Halley ...................... 36
Hammer ................... 178
Hammer (Ohr) ............. 150
Hamster .................... 94
Handpuppenspiel .......... 279
Hartkäse .................. 220
Hase ...................... 112
Haselgebirge .............. 217
Haselnüsse .................. 85
Hauer ..................... 128
Hausarzt .................. 162
Hausbau .................. 263
Häuser .................... 262
Hausmaus ................. 116
Hausratte ................. 117
Hausspinne ............... 106
Haut ...................... 151
Heck ...................... 254
Hefe ...................... 218
Heilpflanzen ................ 76
Heißluftballon ............. 246
Heizkörper ................ 264
Heizkraftwerk ............. 266
Heizlüfter ................. 185
Heizöl ............... 164, 265
Heizungsanlage ........... 265
Hengst ..................... 96
Hering .................... 143
Hertz ..................... 208
Herz ................. 149, 155
Heuschrecke ................ 73
Hexenring .................. 79
Hieroglyphen .............. 270
Himbeeren .................. 86
Himmel ..................... 60
Hindenburg ............... 247
Hinterläufe ................ 112
Hiroshima ................. 169
Hirsch .................... 126
Hirschkäfer ................ 111
Hirse ...................... 83
Hobel ..................... 178
Hochdruckgebiet ............ 63
Hochhäuser ............... 262
Hochöfen ................. 231
Hochspannung ............ 266
Hochzeitsflug ............. 130
Hocker .................... 268
Höckerschwan ............. 137
Höhlen ............... 52, 258
Hohlspiegel ............... 197

Hollywood . . . . . . . . . . . . . . . . 280
Holunderbeeren . . . . . . . . . . . . . 86
Holz . . . . . . . . . . . . . . . . . 225, 265
Holzblasinstrumente . . . . . . . 212
Homo erectus . . . . . . . . . . . . . 147
Homo habilis . . . . . . . . . . . . . . 147
Homo sapiens . . . . . . . . . . . . . 147
Honigtau . . . . . . . . . . . . . . . . . . 131
hören . . . . . . . . . . . . . . . . . . . . 150
Hormone . . . . . . . . . . . . . . . . . 156
Hornhaut . . . . . . . . . . . . . . . . . 200
Hornisse . . . . . . . . . . . . . . . . . . 102
Horst . . . . . . . . . . . . . . . . . . . . 122
Hovercraft . . . . . . . . . . . . . . . . 255
Huf . . . . . . . . . . . . . . . . . . . . . . . 97
Hufeisen . . . . . . . . . . . . . . . . . . . 97
Huflattich . . . . . . . . . . . . . . . . . . 73
Huftiere . . . . . . . . . . . . . . . . . . 101
Hummel . . . . . . . . . . . . . . . . . . 102
Hunde . . . . . . . . . . . . . . . . . . 92, 93
Hurrican . . . . . . . . . . . . . . . . . . 170
Husky . . . . . . . . . . . . . . . . . . . . . 92
Hüttenkäse . . . . . . . . . . . . . . . 220
Hydraulik . . . . . . . . . . . . . . . . . 180
Hydraulikmotor . . . . . . . . . . . 180
Hydrauliköl . . . . . . . . . . . . . . . 180
Hydraulikpumpe . . . . . . . . . . 180
Hydraulikzylinder . . . . . . . . . . 181
Hydromotor . . . . . . . . . . . . . . 180
Hyphen . . . . . . . . . . . . . . . . . . . 78

## I

Igel . . . . . . . . . . . . . . . . . . . . . . 114
Iglu . . . . . . . . . . . . . . . . . . . . . . 259
Immunsystem . . . . . . . . . . . . . 160
Impfung . . . . . . . . . . . . . . . . . . 161
Indianer . . . . . . . . . . . . . . . . . . 252
Industrieroboter . . . . . . . . . . . 193
Infektionskrankheiten . . . . . . 160
Infraschall . . . . . . . . . . . . . . . . 209
Inkohlung . . . . . . . . . . . . . . . . . . 59
Insekten . . . . . . . . . . . . 73, 110, 118
Insektenbestäuber . . . . . . . . . . 70
Insektenfresser . . . . . . . . . . . . 115
Iris . . . . . . . . . . . . . . . . . . . . . . . . 74
Isolatoren . . . . . . . . . . . . . . . . . 185

## J

Jagdhund . . . . . . . . . . . . . . . . . . 92
Jahresringe . . . . . . . . . . . . . . . . . 71
Jahreszeit . . . . . . . . . . . . . . . . . . 33
Jet-Flugzeuge . . . . . . . . . . . . . 249
Johannisbeeren . . . . . . . . . . . . 86
Joystick . . . . . . . . . . . . . . . . . . . 191
Junikäfer . . . . . . . . . . . . . . . . . . . 73
Jupiter . . . . . . . . . . . . . . . . 34, 205
Jurte . . . . . . . . . . . . . . . . . . . . . 259

## K

Kabelfernsehen . . . . . . . . . . . 189
Kachelofen . . . . . . . . . . . . . . . 264
Käfer . . . . . . . . . . . . . . . . . . . . . 110
Kalb . . . . . . . . . . . . . . . . . 100, 126
Kalk . . . . . . . . . . . . . . . .50, 52, 223
Kalkstein . . . . . . . . . . . . . . . . . . 52
Kamelhalsfliege . . . . . . . . . . . 132
Kameraassistent . . . . . . . . . . . 281
Kameramann . . . . . . . . . . . . . 281
Kamille . . . . . . . . . . . . . . . . . . . . 77
Kamin, offener . . . . . . . . . . . . 264
Kaninchen . . . . . . . . . . . . . . . . 112
Kaolin . . . . . . . . . . . . . . . . . . . . 227
Kapillargefäße . . . . . . . . . . . . 155
Karpfen . . . . . . . . . . . . . . . . . . 142
Kartoffeln . . . . . . . . . . . . . . . . . 81
Kaschmirziege . . . . . . . . . . . . . 98
Kasperletheater . . . . . . . . . . . 279
Kassiopeia . . . . . . . . . . . . . . . . . 26
Kastell . . . . . . . . . . . . . . . . . . . 260
Katastrophen . . . . . . . . . . . . . 287
Kätzchen . . . . . . . . . . . . . . . . . . 70
Katzen . . . . . . . . . . . . . . . . . . . . 90
Kaulquappen . . . . . . . . . . . . . 140
Kauri-Muscheln . . . . . . . . . . . 282
Kautschuk . . . . . . . . . . . . . . . . 230
Keiler . . . . . . . . . . . . . . . . . . . . 128
Keilschrift . . . . . . . . . . . . . . . . 270
Kellerasseln . . . . . . . . . . . . . . . 133
Kernenergie . . . . . . . . . . . . . . . 169
Kernkraftwerk . . . . . . . . . 266, 169
Kernobst . . . . . . . . . . . . . . . . . . 84
Kernseife . . . . . . . . . . . . . . . . . 227
Kernzone . . . . . . . . . . . . . . . . . . 45
Kesselhaus . . . . . . . . . . . . . . . 168
Kesselstein . . . . . . . . . . . . . . . . 52
Kettfäden . . . . . . . . . . . . . . . . 222
Keuchhusten . . . . . . . . . . . . . . 160
Kiefer . . . . . . . . . . . . . . . . . . . . . 68
Kiemen . . . . . . . . . . . . . . . 133, 142
Kinderlähmung . . . . . . . . . . . . 161
Kinofilm . . . . . . . . . . . . . . . . . . 280
Kirsche . . . . . . . . . . . . . . . . . . . . 84
Klänge . . . . . . . . . . . . . . . . . . . 208
Kläranlage . . . . . . . . . . . . . . . . 267
Klarinette . . . . . . . . . . . . . . . . . 212
Klavier . . . . . . . . . . . . . . . . . . . 213
Klima . . . . . . . . . . . . . . . . . . . . . 63
Klinker . . . . . . . . . . . . . . . . . . . 227
Klipper . . . . . . . . . . . . . . . . . . . 253
Knäckebrot . . . . . . . . . . . . . . . 219
Knäuelgras . . . . . . . . . . . . . . . . 72
Knochen . . . . . . . . . . . . . . . . . . 152
Knochenhaut . . . . . . . . . . . . . 152
Knochenmark . . . . . . . . . . . . . 152
Knollenblätterpilz . . . . . . . . . . 78
Knollengemüse . . . . . . . . . . . . . 81
Knorpelfische . . . . . . . . . . . . . 142
Kochsalz . . . . . . . . . . . . . . . 50, 217
Kohle . . . . . . . . . 59, 165, 168, 265
Kohlendioxid . . . . . 148, 155, 172
Kohlenstoff . . . . . . . . . . . 228, 231
Kohlmeise . . . . . . . . . . . . . . . . 124
Kohlweißling . . . . . . . . . . . . . . 105
Koitus . . . . . . . . . . . . . . . . . . . . 156
Kokon . . . . . . . . . . . . . . . . 105, 109
Kolumbus . . . . . . . . . . . . . . . . . 39
Komet . . . . . . . . . . . . . . . . . . . . 36
Komödien . . . . . . . . . . . . . . . . 278
Kompass . . . . . . . . . . . . . . . . . 182

Königin (Ameisen) . . . . . . . . . 130
Kontinente . . . . . . . . . . . . . . . . . 46
Kontrabass . . . . . . . . . . . . . . . . 213
Kopfsteinpflaster . . . . . . . . . . . . 51
Korallen . . . . . . . . . . . . . . . . . . . . 51
Körbchen . . . . . . . . . . . . . . . . . . 103
Kostümbildner . . . . . . . . . . . . . 281
Kraftverstärkung . . . . . . . . . . . 181
Kraftwagen . . . . . . . . . . . . . . . 240
Kraftwerk . . . . . . . . . . . . . 165, 266
Krallen . . . . . . . . . . . . . . . . . . . . . 90
Kran . . . . . . . . . . . . . . . . . . . . . . 178
Krankheit . . . . . . . . . . . . . . . . . . 160
Krankheiten, chronische . . . . 160
Krater . . . . . . . . . . . . . . . . . . 37, 40
Kräuter . . . . . . . . . . . . . . . . . . . . . 77
Krebse . . . . . . . . . . . . . . . . . . . . 133
Kreditkarten . . . . . . . . . . . . . . . 283
Kreuzkröte . . . . . . . . . . . . . . . . . 141
Kreuzotter . . . . . . . . . . . . . . . . . 134
Kreuzspinne . . . . . . . . . . . . . . . 106
Kriechtiere . . . . . . . . . . . . . . . . . 134
Kristalle . . . . . . . . . . . . . . . . . . . . 50
Kröten . . . . . . . . . . . . . . . . . . . . . 141
Küchenabfälle . . . . . . . . . . . . . 234
Kuckuck . . . . . . . . . . . . . . . . . . . 125
Kuckuckslichtnelke . . . . . . . . . . 73
Kugelschreiber . . . . . . . . . . . . . 271
Kuh . . . . . . . . . . . . . . . . . . . . . . . 100
Kühlturm . . . . . . . . . . . . . . . . . . 168
Kulissen . . . . . . . . . . . . . . . . . . . 279
Kulturpflanzen . . . . . . . . . . . . . . 80
Kunst, darstellende . . . . . . . . . 279
Kunststoffe . . . . . . . . . . . 228, 233
Kunststoffmüll . . . . . . . . . . . . . 234
Küsten . . . . . . . . . . . . . . . . . . . . . 54


# L


Lab . . . . . . . . . . . . . . . . . . . . . . . 220
Labor . . . . . . . . . . . . . . . . . . . . . 162
Laich . . . . . . . . . . . . . . . . . . . . . . 140
Lamm . . . . . . . . . . . . . . . . . . . . . . 98
Lampen . . . . . . . . . . . . . . . . . . . 264

Lärche ..................... 69
Lärchenzapfen ............. 69
Lärm ..................... 214
Larve ............ 103, 110, 139
Laser ..................... 194
Laserstrahl ............... 225
Laubbäume ................ 70
Lautsprecher ............. 209
Lautstärke ................ 214
Lava ................. 47, 58
Leben ..................... 158
Leber ..................... 155
Leder ..................... 229
Legionen .................. 260
Lehm .............. 227, 258
Lehmhäuser ............... 258
Leiter, elektrische .......... 185
Lettern ................... 271
Leuchtturm ............... 195
Libelle .................... 138
Licht .............. 194, 264
Lichtjahr .................. 25
Lichtmaschine ............ 187
Lichtquelle ................ 194
Lilienthal, Otto ............ 248
Limburger ................ 220
Linotype .................. 273
Linse ..................... 200
Litfaßsäule ................ 285
Lochkamera .............. 198
Löffel ..................... 112
Lokomobil ................ 240
Lokomotiven ......... 242, 243
Löwe (Sternbild) ........... 26
Löwenzahn ........... 73, 80
Luft ................. 60, 61
Luftdruck .................. 63
Luftkissenfahrzeug ........ 255
Luftröhre ................. 148
Luftsauerstoff ............. 55
Luftschiff ................. 247
Lufttemperatur ............ 63
Lunge ............... 148, 155

Lungenbläschen . . . . . . . . . . . . 149
Lupe . . . . . . . . . . . . . . . . . . . . . . . 206
Lurche . . . . . . . . . . . . . . . . . . . . . 140

# M

Magen . . . . . . . . . . . . . . . . . . . . 154
Magma . . . . . . . . . . . . . . . . 47, 166
Magnet . . . . . . . . . . . . . . . . . . . 182
Magnetfeld . . . . . . . . . . . . . . . . 183
Magnetismus . . . . . . . . . . . . . . 182
Magnetit . . . . . . . . . . . . . . . . . . 183
Magnetpole . . . . . . . . . . . . . . . 182
Magnetschwebebahn . . . . . . 243
Magnolie . . . . . . . . . . . . . . . . . . . 70
Maikäfer . . . . . . . . . . . . . . . . . . 111
Mais . . . . . . . . . . . . . . . . . . . . . . . 83
Mare . . . . . . . . . . . . . . . . . . . . . . . 41
Marienkäfer . . . . . . . . . . . . . . . . 110
Marionettentheater . . . . . . . . 279
Marke . . . . . . . . . . . . . . . . . . . . 285
Markennamen . . . . . . . . . . . . . 284
Marktforschung . . . . . . . . . . . 285
Marmor . . . . . . . . . . . . . . . . . . . . 50
Maronen . . . . . . . . . . . . . . . . . . . 85
Mars . . . . . . . . . . . . . . . . . . . 25, 34
Masken . . . . . . . . . . . . . . . . . . . 278
Maskenbildner . . . . . . . . . . . . . 281
Massenmedien . . . . . . . . . . . . 284
Masttiere . . . . . . . . . . . . . . . . . . 100
Maulbeeren . . . . . . . . . . . . . . . . 86
Maulwurf . . . . . . . . . . . . . . . . . . 115
Mäuse . . . . . . . . . . . . . . . . . 116, 191
Mäusebussard . . . . . . . . . . . . . 122
Meer . . . . . . . . . . . . . . . . . . . . . . . 54
Meerschweinchen . . . . . . . . . . . 95
Mehl . . . . . . . . . . . . . . . . . . 82, 218
Menschenaffen . . . . . . . . . . . . .146
Menstruation . . . . . . . . . . . . . 157
Merkur . . . . . . . . . . . . . . . . . . . . . 34
Messen . . . . . . . . . . . . . . . . . . . . 192
Messfühler . . . . . . . . . . . . . . . . 192
Messinstrument . . . . . . . . . . . . 192
Metalle . . . . . . . . . . . 58, 228, 234
Metamorphose . . . . . . . . . . . . 103
Meteorite . . . . . . . . . . . . . . . . . . 37
Mikrofon . . . . . . . . . . . . . . . . . . 188
Mikroskop . . . . . . . . . . . . . . . . . 204
Milan . . . . . . . . . . . . . . . . . . . . . 122
Milch . . . . . . . . . . . . . . . . . 100, 220
Milchstraße . . . . . . . . . . . . . . . . 28
Mineralien . . . . . . . . . . . . . . . . . . 50
Minuspol . . . . . . . . . . . . . . . . . . 184
Mirabellen . . . . . . . . . . . . . . . . . . 85
Mischbrot . . . . . . . . . . . . . . . . . 219
Mistkäfer . . . . . . . . . . . . . . . . . . 111
Möbel . . . . . . . . . . . . . . . . . . . . 268
Molekül . . . . . . . . . . . . . . 166, 228
Mond . . . . . . . . . . . 38, 40, 54, 194
Mondfinsternis . . . . . . . . . . . . . . 39
Monitor . . . . . . . . . . . . . . . . . . . 191
Montgolfière . . . . . . . . . . . . . . 246
Motoren . . . . . . . . . . . . . . . . . . 239
Motorflugzeug . . . . . . . . . . . . 248
Mountain Bike . . . . . . . . . . . . . 237
Mozzarella . . . . . . . . . . . . . . . . 220
Müll . . . . . . . . . . . . . . . . . . . . . 232
Müllentsorgung . . . . . . . . . . . 232
Müllhalden . . . . . . . . . . . . . . . 232
Müllkippen . . . . . . . . . . . . . . . 232
Müllsortieranlage . . . . . . . . . 234
Müllverwertung . . . . . . . . . . . 234
Mund . . . . . . . . . . . . . . . . . . . . 154
Mundschleimhaut . . . . . . . . . . 151
Münzen . . . . . . . . . . . . . . . . . . 283
Musikinstrumente . . . . . . . . . . 212
Muskeln . . . . . . . . . . . . . . . . . . 152
Muskulatur, glatte . . . . . . . . . . 153
Mycel(ium) . . . . . . . . . . . . . . . . . 78

# N

Nacht . . . . . . . . . . . . . . . . . . . . . . 32
Nachtschattengewächse . . . . . 81
Nacktschnecken . . . . . . . . . . . 108
Nadelbäume . . . . . . . . . . . . . . . . 68
Nagetiere . . . . . . . . . . . . . . 94, 116
Nahrung . . . . . . . . . . . . . . . . . . 148
Nase . . . . . . . . . . . . . . . . . . 148, 151
Natron . . . . . . . . . . . . . . . . . . . . 223
Navigationssatelliten . . . . . . . 251
Neandertaler . . . . . . . . . . . . . . 147
Nebel . . . . . . . . . . . . . . . . . . . . . . 28
Nektar . . . . . . . . . . . . . . . . . . . . 104
Nektarinen . . . . . . . . . . . . . . . . . 85
Nervenzellen . . . . . . . . . . . . . . 151
Nest . . . . . . . . . . . . . . . . . . . . . . 121
Nestflüchter . . . . . . . . . . . . 95, 136
Netzhaut . . . . . . . . . . . . . 150, 200
Nichtleiter . . . . . . . . . . . . . . . . 185
Nickel . . . . . . . . . . . . . . . . . . . . . 58
Niere . . . . . . . . . . . . . . . . . . . . . 155
Nordpol . . . . . . . . . . . . . . . . . . . 182
Notdienste . . . . . . . . . . . . . . . . 286
Notrufnummer 112 . . . . . . . . . 287
Nudeln . . . . . . . . . . . . . . . . . . . . 82
Nullpunkt, absoluter . . . . . . . . 167
Nymphe . . . . . . . . . . . . . . . . . . 139

# O

Objektiv . . . . . . . . . 199, 204 ,205
Oboe . . . . . . . . . . . . . . . . . . . . . 212
Obsidian . . . . . . . . . . . . . . . . . . . 51
Obst . . . . . . . . . . . . . . . . . . . . . . 84
Ohr . . . . . . . . . . . . . . . . . . . . . . 150
Ohrmuschel . . . . . . . . . . . . . . . 150
Okular . . . . . . . . . . . . . . . 204, 205
Öl . . . . . . . . . . . . . . . . . . . . . . . 226
Oper . . . . . . . . . . . . . . . . . . . . . 279
Operette . . . . . . . . . . . . . . . . . . 279
Orgelpfeifen . . . . . . . . . . . . . . 212
Orang-Utan . . . . . . . . . . . . . . . .146
Orion . . . . . . . . . . . . . . . . . . . 26, 30
Otto, Nikolaus . . . . . . . . . . . . . 239
Ottomotor . . . . . . . . . . . . . . . . 239
Ozeanriesen . . . . . . . . . . . . . . . 255
Ozon . . . . . . . . . . . . . . . . . . . . . 267


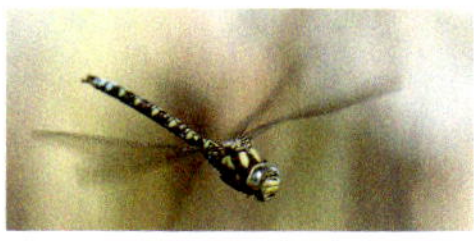

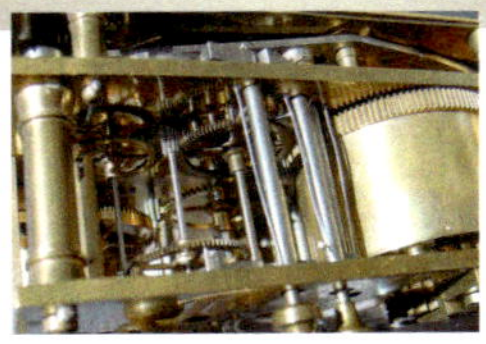

P

Paläste . . . . . . 261
Pansen . . . . . . 100
Papier . . . . . . 224
Papyrus . . . . . . 224
Paranuss . . . . . . 85
Parmesan . . . . . . 220
Passstraßen . . . . . . 256
Pastinak . . . . . . 73
Pekinese . . . . . . 92
Pendeluhr . . . . . . 175
Penicillin . . . . . . 79
Penis . . . . . . 156
Pergament . . . . . . 224
Periskop . . . . . . 197
Persil . . . . . . 227
Pferde . . . . . . 96
Pferdeeisenbahn . . . . . . 242
Pfifferling . . . . . . 78
Pfirsich . . . . . . 85
Pflaume . . . . . . 85
Photonen . . . . . . 188
physikalische Größe . . . . . . 192
Pilze . . . . . . 78
Plakate . . . . . . 284
Planeten . . . . . . 34
Platin . . . . . . 58
Pluspol . . . . . . 184
Pocken . . . . . . 161
Polarstern . . . . . . 26
Pole . . . . . . 183, 184
Polymere . . . . . . 228
Ponys . . . . . . 96
Popcorn . . . . . . 83
Porzellan . . . . . . 227
Posaune . . . . . . 212
Post, Deutsche . . . . . . 274
Postbote . . . . . . 275
Postbriefkasten . . . . . . 274
Postdienste . . . . . . 274
Postleitzahl . . . . . . 275
Postverteilung . . . . . . 275
Pottasche . . . . . . 227
Preiselbeeren . . . . . . 86
Presseagentur . . . . . . 273
Prisma . . . . . . 202
Programmierer . . . . . . 191
Pteranodon . . . . . . 88
Puls . . . . . . 162
Pumpernickel . . . . . . 219
Pumpspeicherwerk . . . . . . 171
Pupillen . . . . . . 91, 200
Puppe . . . . . . 103, 105, 110
Puppenräuber . . . . . . 132
Puppenspieler . . . . . . 279

Q

Quarz . . . . . . 50
Quarzsand . . . . . . 223
Quarzuhr . . . . . . 175
Quelle . . . . . . 267
Querflöte . . . . . . 213
Quitten . . . . . . 84

R

Raddampfer . . . . . . 254
Räder . . . . . . 176, 240
Räderuhr . . . . . . 174
Radioaktivität . . . . . . 44, 169
Radiosender . . . . . . 188
Radioteleskop . . . . . . 42
Radiowellen . . . . . . 188
Radlager . . . . . . 176
Radnabe . . . . . . 176
Raffinerie . . . . . . 165
Raketen . . . . . . 250
Ratten . . . . . . 117
Raubtiere . . . . . . 90, 129
Raumsonde . . . . . . 251
Raupen . . . . . . 104
Reaktionsweg . . . . . . 244
Rechenspeicher . . . . . . 191
Rechenwerk . . . . . . 191
Recycling . . . . . . 234
Redakteur . . . . . . 272
Reflexionsgesetz . . . . . . 197
Regelanlage . . . . . . 192
Regelblutung . . . . . . 157
Regelung, automatische . . . . 192
Regen . . . . . . 62
Regenbogen . . . . . . 66
Regenbogenfarben . . . . . . 202
Regenwurm . . . . . . 109
Regisseur/in . . . . . . 281
Reh . . . . . . 126
Rehbock . . . . . . 126
Reifen . . . . . . 230
Reis . . . . . . 83
Renaissance . . . . . . 261
Reneklode . . . . . . 84
Reporter . . . . . . 273
Reptilien . . . . . . 134
Rettungswagen . . . . . . 287
Rettungszentrale . . . . . . 287
Revier . . . . . . 92
Rhein . . . . . . 56
Richtfest . . . . . . 263
Riechzellen . . . . . . 151
Rind . . . . . . 100
Rindenborke . . . . . . 132
Rindenkäfer . . . . . . 133
Ringelnatter . . . . . . 135
Ringmuskeln . . . . . . 200
Ringnebel . . . . . . 31
Robben . . . . . . 144
Roboter . . . . . . 193
Roggen . . . . . . 82
Roggenbrot . . . . . . 219
Rohgummi . . . . . . 230
Röhricht . . . . . . 74
Rohstoffe . . . . . . 234
Rolle . . . . . . 281
Romadur . . . . . . 220
Rotationspresse . . . . . . 273
Roter Riese . . . . . . 31
Rotes Kreuz . . . . . . 287
Rotfuchs . . . . . . 129
Rothirsch . . . . . . 126

Rotkehlchen . . . . . . . . . . . . . . . 124
Rüben . . . . . . . . . . . . . . . . . . . . . 216
Ruchgras . . . . . . . . . . . . . . . . . . . 72
Rückstoß . . . . . . . . . . . . . . . . . 250


## S


Sägen . . . . . . . . . . . . . . . . . . . . . 178
Saiteninstrumente . . . . . . . . . 212
Salz . . . . . . . . . . . . . . . . . . . . . . . 217
Salzbergwerk . . . . . . . . . . . . . 217
Salzwasser . . . . . . . . . . . . . . . . . 56
Samenzellen . . . . . . . . . . . . . . . 158
Sammellinse . . . . . . . . . . . . . . . 199
Sand . . . . . . . . . . . . . . . . . . . . . . 223
Sanddorn . . . . . . . . . . . . . . . . . . . 86
Sanduhr . . . . . . . . . . . . . . . . . . . 174
Sargassomeer . . . . . . . . . . . . . 143
Sasse . . . . . . . . . . . . . . . . . . . . . . 113
Satelliten . . . . . . . . . . . . . 173, 251
Satellitenantenne . . . . . . 189, 251
Saturn . . . . . . . . . . . . . . . . . 34, 196
Sau . . . . . . . . . . . . . . . . . . . . . . . 100
Sauerampfer . . . . . . . . . . . . . . . . 80
Sauergräser . . . . . . . . . . . . . . . . 73
Sauerkirschen . . . . . . . . . . . . . . 85
Sauermilchkäse . . . . . . . . . . . 220
Sauerstoff . . . . . 61, 148, 155, 228
Sauerteig . . . . . . . . . . . . . . . . . . 218
Säugetiere . . . . . . . . . . . . . 119, 144
Saugrüssel . . . . . . . . . . . . . . . . 104
Saurier . . . . . . . . . . . . . . . . . . . . . 88
Saxophon . . . . . . . . . . . . . . . . . 212
Schaf . . . . . . . . . . . . . . . . . . 98, 221
Schäfer . . . . . . . . . . . . . . . . . . . . . 98
Schäferhund . . . . . . . . . . . . . . . 92
Schafschur . . . . . . . . . . . . . . . . . 98
Schalenobst . . . . . . . . . . . . . . . . 85
Schall . . . . . . . . . . . . . . . . 208, 210
Schalldämpfer . . . . . . . . . . . . 214
Schallquellen . . . . . . . . . . . . . . 209
Schallwelle . . . . . . . . . . . . . . . . 210
Scharbockskraut . . . . . . . . . . . . 73
Schattenbild . . . . . . . . . . . . . . 196

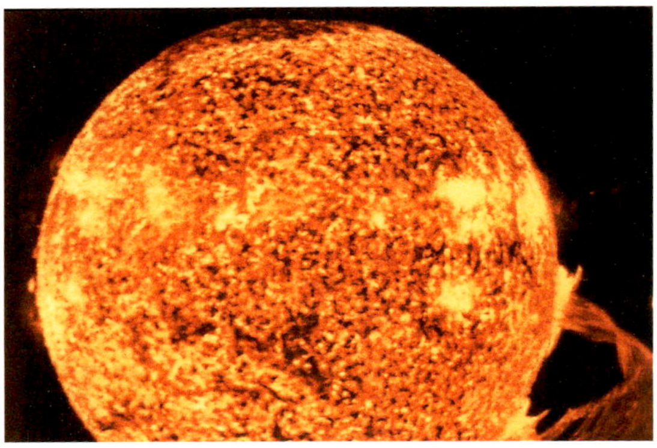

Schattenraum . . . . . . . . . . . . . 196
Schattentheater . . . . . . . . . . . 196
Schaufelraddampfer . . . 238, 254
Schauspiel . . . . . . . . . . . . . . . . . 279
Schauspieler . . . . . . . . . . . . . . 278
Scheibletten . . . . . . . . . . . . . . 220
Scheide . . . . . . . . . . . . . . . . . . . 156
Schelf . . . . . . . . . . . . . . . . . . . . . 54
Schienen . . . . . . . . . . . . . 242, 256
Schiffe . . . . . . . . . . . . . . . . 252-255
Schiffsschraube . . . . . . . . . . . . 254
Schilf . . . . . . . . . . . . . . . . . . . . . . 74
Schimmelpilze . . . . . . . . . . . . . . 79
Schimpansen . . . . . . . . . . . . . 146
Schlafplätze . . . . . . . . . . . . . . 258
Schlangen . . . . . . . . . . . . . . . . 134
Schlauchpilze . . . . . . . . . . . . . . 79
Schleusen . . . . . . . . . . . . . . . . 256
Schließmundschnecke . . . . . . 133
Schlösser . . . . . . . . . . . . . . . . . 261
Schlüsselblume . . . . . . . . . . . . 73
schmecken . . . . . . . . . . . . . . . . 151
Schmelzkäse . . . . . . . . . . . . . 220
Schmerzzellen . . . . . . . . . . . . . 151
Schmetterlinge . . . . . . . . . . . . 104
Schmiedeeisen . . . . . . . . . . . . 231
Schmierseife . . . . . . . . . . . . . . 227
Schnecken . . . . . . . . . . . . . . . . 108
Schnee . . . . . . . . . . . . . . . . . . . . 62
Schneeflocken . . . . . . . . . . . . . . 62
Schneidezähne . . . . . . . . . . . . 153
Schnittkäse . . . . . . . . . . . . . . . 220
Schnurren . . . . . . . . . . . . . . . . . . 91
Schnurtelefon . . . . . . . . . . . . . 210
Schotten . . . . . . . . . . . . . . . . . . 253
Schotter . . . . . . . . . . . . . . . . . . . 51
Schränke . . . . . . . . . . . . . . . . . 268
Schraubendreher . . . . . . . . . . 178
Schraubenschlüssel . . . . . . . . 178
Schreibmaschine . . . . . . . . . . . 271
Schrift . . . . . . . . . . . . . . . . . . . . 270
Schriftdruck . . . . . . . . . . . . . . . 271
Schrot . . . . . . . . . . . . . . . . . . . . 218

Schubkraft ... 250
Schuh ... 229
Schuhfabrik ... 229
Schuppen ... 142
Schurwolle ... 221
Schussfäden ... 222
Schwalbe ... 125
Schwamm ... 88
Schwarm (Bienen) ... 103
Schwarzes Loch ... 31
Schwarzwild ... 128
Schwein ... 100
Schweinswale ... 144
Schwerkraft ... 44
Schwertlilie ... 74
Schwimmhäute ... 136
Schwingung ... 208
Sedimentgesteine ... 51
See ... 56, 74
Seeadler ... 123
Seehunde ... 144
Seenot-Rettungsdienst ... 286
Seenot-Rettungskreuzer ... 286
Seerosen ... 74
Segelflugzeug ... 248
Segelschiffe ... 252
Seggen ... 73, 74
Sehen ... 150, 194
Sehnen ... 153
Sehnerv ... 200
Seife ... 227
Seihschnabel ... 136
Selbstheilungskräfte ... 162
Sensoren ... 189
Setzmaschine ... 273
Sexualität ... 156
Silbenschrift ... 270
Silber ... 58, 283
Singvögel ... 124
Sinnesorgane ... 150
Sinneszellen ... 151, 200
Sinter ... 53
Sintern ... 227
Sirup ... 216
Skala ... 166
Skelett ... 152
Skelettmuskeln ... 152
Slogan ... 285
Soda ... 227
Solarautos ... 173
Solarenergieanlagen ... 265
Solarheizung ... 167, 172, 265
Solarzellen ... 165, 173
Sole ... 217
Sommer ... 33
Sonderangebot ... 284
Sonne ... 25, 32, 172, 194
Sonnenenergie ... 172
Sonnenenergiesammler ... 265
Sonnenfarmen ... 197
Sonnenfinsternis ... 32
Sonnenlicht ... 38, 164
Sonnensystem ... 44
Sonnenuhr ... 174, 197
Sonnenuntergang ... 206
Sonographie ... 211
Sophokles ... 278
Spannbeton ... 262
Spannung ... 184, 266
Spanplatten ... 269
Sparren ... 263
Spatz ... 124
Speichel ... 154
Spektrum ... 202
Sperling ... 124
Spiegel ... 127
Spiegelbild ... 207
Spiegellabyrinth ... 207
Spielfilm ... 280
Spielzeugauto ... 225
Spindel ... 222
Spinndrüsen ... 106
Spinnen ... 106
Spinnennetz ... 106
Spinnmaschinen ... 222
Spinnrad ... 222
Spinnrocken ... 222
Spiralgalaxien ... 28
Spiralnebel ... 24
Sporen ... 78
Staat (Bienen) ... 103
Stachelbeeren ... 86
Stacheln ... 114
Stahl ... 231
Stahlbeton ... 262
Stahlblech ... 231
Stahlskelettbau ... 262
Stalagmiten ... 53
Stalaktiten ... 53
Ständerpilze ... 78
Stangengeweih ... 126
Star ... 124
Steckdose ... 266
Steigbügel (Ohr) ... 150
Stein ... 58
Steinadler ... 123
Steinkohle ... 59
Steinläufer ... 132
Steinobst ... 84
Steinpilz ... 78
Steinzeit ... 58
Steinzeug ... 227
Steppe ... 72
Sternbilder ... 26
Sternschnuppen ... 37, 58
Steuern ... 192
Stichling ... 142
Stickstoff ... 61
Stier ... 100
Stimmbänder ... 209
Stockente ... 136
Stockmaß ... 96
Storch ... 125
Strandschnecke ... 108
Straßen ... 256
Straßenbahn ... 243
Strichcode ... 275
Strom, elektrischer ... 184, 266
Stromkreis ... 184

Stühle ... 268
Stummfilm ... 280
Sturm ... 63
Sturmhut ... 76
Stute ... 96
Suchtdrogen ... 161
Südpol ... 182
Sumerer ... 270
Sumpfzone ... 74
Supernova ... 31
Süßgräser ... 73
Süßkirschen ... 85
Süßwasser ... 56
synchronisieren ... 281

# T

Tag ... 32
Tageszeit ... 33
Tagpfauenauge ... 105
Tanne ... 68
Tannenzapfen ... 69
Tastatur ... 191
Tauschobjekte ... 282
Tausendfüßer ... 132
Technisches Hilfswerk ... 287
Teich ... 74
Teichrosen ... 74
Telefon ... 188
Telekom, Deutsche ... 274
Temperatur ... 166
Terrier ... 92
TGV ... 243
Theater ... 278
Theatertechnik ... 279
Therapie ... 162
Thermometer ... 166
Thermostat ... 192
Tiefdruckgebiet ... 63
Tiefsee ... 55, 58
Tiefziehen ... 231
Tierhaut ... 229
Tierkreis ... 27
Tigerauge ... 50
Tipi ... 259
Tische ... 268
Titanic ... 211
Titicaca-See ... 252
Toaster ... 185
Tokaido-Eisenbahn ... 243
Tollwut ... 129
Tomaten ... 86
Töne ... 208
Tonfilm ... 280
Toningenieur ... 281
Tontechniker ... 281
Töpferscheibe ... 176
Torf ... 59
Tornado ... 170
Transformator ... 266
Transrapid ... 243
Treibhauseffekt ... 172
Trespe, Weiche ... 72
Tretspinnrad ... 222
Triceratops ... 89
Trinkgläser ... 223
Trinkwasser ... 267
Trollblume ... 73
Trommelfell ... 150
Trompete ... 212
Tropfsteine ... 53
Tunnel ... 256
Turbine ... 168, 171, 266
Turmfalke ... 123
Tyrannosaurus (Rex) ... 88

# U

U-Bahn ... 243
Überweisung ... 283
U-Boot ... 255
Uferröhricht ... 74
Uhlenflucht ... 120
Uhr, elektrische ... 175
Uhren ... 174
Uhu ... 120
Ulme ... 71
Ultraschall ... 208
Unfallhilfsdienste ... 287
Unsichtbares ... 204
Untergrundbahn ... 243
Uran ... 169
Urerde ... 44
Urin ... 155
Urknall ... 24

# V

Vagina ... 156
Venen ... 155
Venus ... 25, 34, 205
Verbrennung ... 148, 155
Verbrennungsmotor ... 238
Verdauung ... 154
Verkehrswege ... 256
Verschalung ... 263
Verschluss ... 199
Viertaktmotor ... 239
Violine ... 213
Viren ... 160, 161, 162
Vlies ... 221
Vögel ... 55
Vogelbeerbaum ... 70
Vogelkirsche ... 85
Vogelsberg ... 48
Vogeluhr ... 124
Vollkornbrot ... 219
Vollkornmehl ... 218
Vollmond ... 38
Volt ... 266
Vulkan ... 47
Vulkanausbruch ... 47, 48, 58
Vulkanisieren ... 230
Vulkanismus ... 48

# W

Waben ... 103
Wagen ... 240
Wagen (Sternbild) ... 26
Waldameise ... 130
Waldkauz ... 120
Waldmaus ... 116

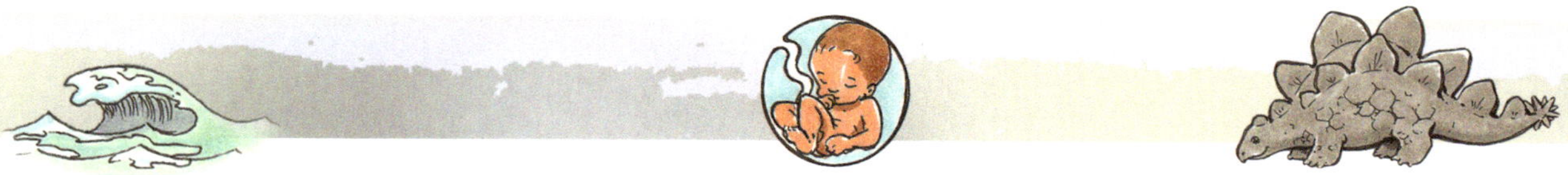

Wale ........................ 144
Walnüsse .................... 85
Wanderratte ............... 117
Wandschränke ............. 268
Wandzeitung .............. 272
Wärme ..................... 264
Wärmeisolierung ........... 167
Warnfarben ........... 102, 110
Warzenbeißer ............... 73
Waschpulver ............... 227
Wasser .................... 170
Wasserdampf ................ 60
Wasserfälle ................ 57
Wasserfrösche ............. 140
Wasserhahn ................ 267
Wasserhahnenfuß ............ 75
Wasserhyazinthe ............ 75
Wassermühle ............... 171
Wasserrad ................. 177
Wassersalat ................ 75
Wasserspinne .............. 107
Wasserstoffballon ......... 247
Wasserstofftechnologie ..... 173
Wasseruhr ................. 174
Wasservögel ............... 136
Wasserwege ................ 256
Wasserwerk ........... 171, 267
Wasserwolken ............... 60
Watt, James ............... 238
Wattenmeer ................. 54
Weberknecht ............... 133
Webstuhl .................. 222
Wechselstrom .............. 266
wechselwarm .......... 89,140
Wege ...................... 256
Wehen ..................... 159
Weichkäse ................. 220
Weide ...................... 70
Weidelgras, Deutsches ....... 72
Weinbeeren ................. 86
Weinbergschnecke .......... 108
Weißbrot .................. 219
Weißer Zwerg ............... 31

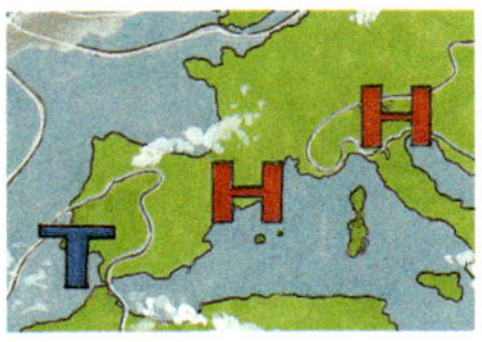

Weißtanne . . . . . 68
Weizen . . . . . 82, 218
Weizenbrot . . . . . 219
Welpen . . . . . 93
Weltraumfahrt . . . . . 250
Weltraumraketen . . . . . 250
Werbung . . . . . 284
Werk (Oper) . . . . . 279
Werkzeug . . . . . 178
Wespe . . . . . 102
Wespenbussard . . . . . 122
Wetter . . . . . 63
Wetterkarte . . . . . 63
Wettersatelliten . . . . . 251
Widder . . . . . 98
Wiederkäuen . . . . . 100
Wiederkäuer . . . . . 127
Wiesen . . . . . 72
Wiesenfuchsschwanz . . . . . 72
Wiesenglockenblume . . . . . 73
Wiesengoldstern . . . . . 73
Wiesenhafer . . . . . 72
Wiesenlieschgras . . . . . 72
Wiesenpflanzen . . . . . 72
Wiesenrispengras . . . . . 72
Wiesenschaumkraut . . . . . 73
Wikinger . . . . . 252
Wildbeeren . . . . . 86
Wildpflanzen . . . . . 80
Wildschwein . . . . . 100, 128
Wildwechsel . . . . . 127
Wind . . . . . 63, 164, 170
Windbestäuber . . . . . 70
Windmühle . . . . . 170
Windpark . . . . . 170
Windrad . . . . . 170
Windschutz . . . . . 258
Winter . . . . . 33
Winterschlaf . . . . . 114
Winterstarre . . . . . 134
Wirbelsturm . . . . . 63, 170
Witterung (Tiere) . . . . . 93
Wohnhütten . . . . . 258
Wolf . . . . . 92, 93
Wolfsspinne . . . . . 106
Wolken . . . . . 62
Wolkenkratzer . . . . . 262
Wolle . . . . . 221, 222
Wright, Brüder . . . . . 249
Wühlmaus . . . . . 117
Wundstarrkrampf . . . . . 160
Wurm . . . . . 88
Wurzelgemüse . . . . . 77
Wurzeln . . . . . 80


# Z


Zähne . . . . . 153
Zahnräder . . . . . 176
Zangen . . . . . 178

Zaubern . . . . . 276
Zaubertrick . . . . . 276
Zaunkönig . . . . . 124
Zeitung . . . . . 272
Zelle . . . . . 204
Zellstoff . . . . . 224
Zelt . . . . . 258
Zentralheizung . . . . . 265
Zeppelin . . . . . 247
Ziege . . . . . 98, 99
Ziegelstein . . . . . 227
Ziegenbock . . . . . 99
Zimmermann . . . . . 263
Zink . . . . . 58
Zinn . . . . . 58
Zittergras . . . . . 72
Zucker . . . . . 216
Zuckerfabrik . . . . . 216
Zuckerrohr . . . . . 216
Zuckerrüben . . . . . 216
Zugstraßen . . . . . 125
Zugvögel . . . . . 124
Zündkerzen . . . . . 239
Zunge . . . . . 151
Zustellung . . . . . 275
Zweitaktmotor . . . . . 239
Zwergmaus . . . . . 116
Zwetschgen . . . . . 85
Zwitter . . . . . 108
Zylinder . . . . . 181

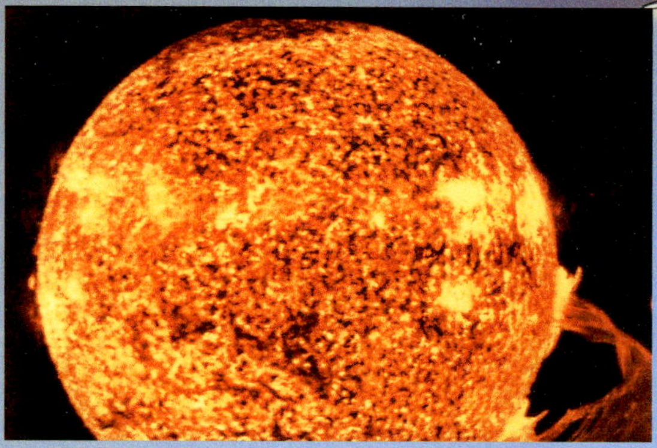

# ERDE UND WELTALL

# Wie die Welt entstanden ist

In der Bibel wird die Geschichte von der Entstehung der Welt so erzählt:

*Am Anfang schuf Gott Himmel und Erde. Und die Erde war wüst und leer, und es war finster in der Tiefe; und der Geist Gottes schwebte über dem Wasser.*
*Und Gott sprach: Es werde Licht! Und es ward Licht. Und Gott sah, dass das Licht gut war. Da schied Gott das Licht von der Finsternis und nannte das Licht Tag, und die Finsternis Nacht. Da ward aus Abend und Morgen der erste Tag.*

**Astronomen** sind Forscher, die versuchen, möglichst viel über die Sterne und das Weltall herauszufinden. Mit großen Fernrohren erforschen sie Nacht für Nacht den Sternenhimmel. Auch die Astronomen können eine Geschichte über die Entstehung der Welt erzählen:

Am Anfang gab es nichts als eine winzige Feuerkugel im Weltall, kleiner als ein Stecknadelkopf. Diese Kugel war so hell, dass sie schon alles Licht der ganzen Welt enthielt, das Licht der Sonne, das Licht des Mondes und das Licht aller Sterne, die wir heute sehen. Aber diese Kugel enthielt nicht nur das Licht, sondern auch den Stoff, aus dem alle Sterne, die Sonne und die Erde gemacht sind.

Im **Urknall** explodierte die Welt wie eine Feuerwerksrakete. Sie wurde in alle Richtungen auseinandergeschleudert.

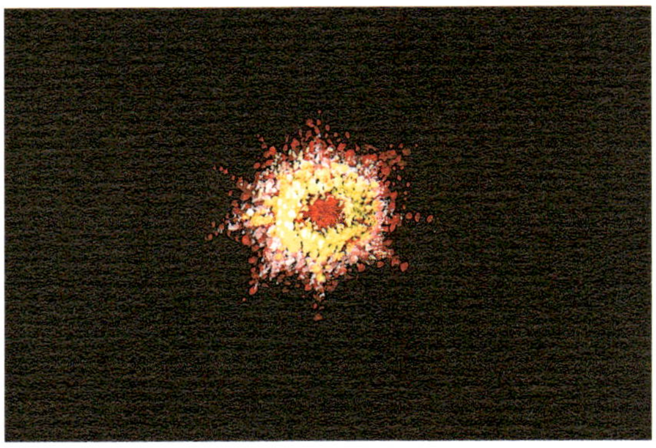

Aus dem Stecknadelkopf wurde ein glühender Ball. Das war vor zehn Milliarden Jahren. Dieser Feuerball wurde größer und größer wie ein Luftballon, der immer weiter aufgeblasen wird, ohne zu platzen. Aber zuerst gab es noch nichts Festes, nur eine riesige rot leuchtende Gaswolke. Als die Gaswolke immer größer wurde, kühlte sie ab und hörte auf zu leuchten.

Zwei Milliarden Jahre lang war es im Weltall dunkel, weil es noch keine Sterne gab. In dieser dunklen Zeit zerlegte sich die Gaswolke in einzelne Teile. Die Teile zogen sich zu runden Scheiben zusammen. Wie eine Frisbee-Scheibe drehte sich jede Scheibe um sich selbst. So entstanden die **Spiralnebel.**

Die Gaswolken in den Spiralnebeln zogen sich weiter zusammen, bis aus den Gaswolken riesige dunkle Kugeln wurden. Diese Kugeln wurden immer kleiner und dabei auch immer heißer. Und als sie 3000 Grad heiß waren, begannen sie zu leuchten wie glühendes Eisen. Die ersten Sterne waren entstanden. Eine dieser glühenden Kugeln ist die **Sonne.** Seit 5 Milliarden Jahren gibt sie uns das Licht, das wir zum Leben brauchen. Aus kleineren Gaswolken entstanden die Planeten der Sonne: **Venus**, der Abendstern, der rote **Mars** und unsere **Erde.**

So stellen sich die Sternenforscher die Entstehung von Himmel und Erde vor. Diese Geschichte haben ihnen die Sterne erzählt. Nicht mit Worten natürlich, aber mit ihrem Licht. Wie eine Geheimschrift, die mühsam entschlüsselt werden muss, enthält das Licht die Geschichte von der Entstehung der Welt.

Die Sterne sind unvorstellbar weit entfernt. Ihre Entfernung wird in **Lichtjahren** angegeben. Ein Lichtjahr ist die Entfernung, die das Licht in einem Jahr zurücklegt (1 Lichtjahr = 10 000 Milliarden Kilometer).

**Alpha Centauri,** der nächste Stern, ist 4 **Lichtjahre** entfernt. Die entferntesten Sterne, die man gerade noch mit den größten Fernrohren sehen kann, sind 10 Milliarden Lichtjahre von uns entfernt. Ihr Licht erzählt uns, wie die Welt vor 10 Milliarden Jahren aussah. Und die Geschichte, die es erzählt, ist die Geschichte vom Urknall.

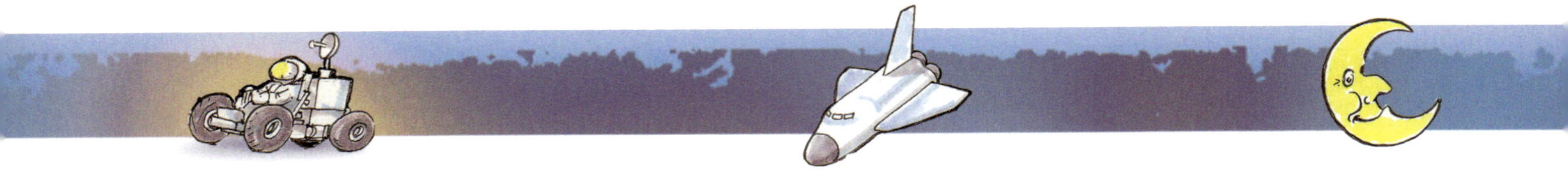

# Sterne und Sternbilder

Früher waren die Sterne den Menschen viel wichtiger als heute. Sie glaubten nämlich, dass der Sternenhimmel die Heimat von Göttern ist, die unser Leben bestimmen. Deshalb gaben sie den hellsten Sternen Namen.

Die helleren Sterne fügten sie in Gedanken zu **Sternbildern** zusammen. Die bekanntesten Sternbilder sind der **Wagen,** der **Löwe, Orion, Kassiopeia ...**

Die ganze Schönheit des Sternenhimmels siehst du am besten in einer wolkenlosen dunklen Nacht, ohne Mondlicht und fern von Straßenlampen. Wenn deine Augen sich an die Dunkelheit gewöhnt haben, wirst du unzählige Sterne sehen.

Die Astronomen haben sie gezählt: mit bloßem Auge, ohne Fernrohr, sieht man etwa 3 000 Sterne. Manche sind strahlend hell, andere leuchten so schwach, dass man sie nur sieht, wenn man etwas daneben schaut. Dann ist das Auge (-> Seite 150) nämlich empfindlicher.

Alle Sterne sind glühende Gaskugeln wie die Sonne. Viele Sterne strahlen weißes Licht wie die Sonne aus, manche schimmern rötlich, gelblich, orange oder bläulich. Die bläulichen Sterne sind die heißesten, die rötlichen die *kühlsten*. Rötliche Sterne sind ungefähr 3 000 Grad heiß, weiße 6 000 Grad und blauschimmernde bis zu 15 000 Grad.

Dies ist das Sternbild **Großer Bär.** Sein Hinterteil heißt auch Großer Wagen. Die Deichsel endet im Schwanz des Bären. Den **Wagen** siehst du, wenn du nach Norden schaust. Merk dir seine Stellung am Himmel und schau drei Stunden später noch mal hin. Dann wirst du sehen, dass er sich zusammen mit allen anderen Sternen ein Stück weit um den **Polarstern** gedreht hat. Die Drehung der Sterne ist ziemlich langsam, halb so schnell wie der kleine Zeiger der Uhr. Aber wenn du nach Westen zum Horizont schaust, kannst du immer neue Sterne aufgehen sehen, und im Osten siehst du andere Sterne untergehen.

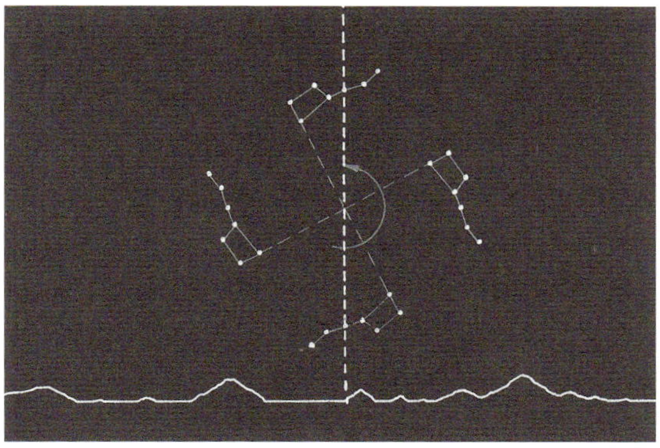

So dreht sich der Wagen in 24 Stunden um den Polarstern. Am hellen Tag ist er natürlich nicht zu sehen.

Die Wissenschaftler erklären diese Beobachtung so: Sie sagen, die Sterne stehen unbeweglich im Weltraum. Aber unsere Erde ist ein Karussell, das sich in 24 Stunden einmal herumdreht. Und wenn man von diesem Karussell aus nach oben blickt, dann scheint sich der ganze Himmel zu drehen. Die Achse, um die die Erde sich dreht, zielt genau auf den Polarstern. Der scheint deshalb stillzustehen.

Sternbilder in der Nähe des Polarsterns wie den Wagen kann man zu jeder Jahreszeit sehen. Andere wie den Orion sieht man nur an Winter- und Frühlingsabenden im Osten hochsteigen. Das liegt daran, dass die Erde sich im Lauf des Jahres um die Sonne dreht. Im Sommer ist der Orion hinter der Sonne.

Wenn wir ihn eigentlich sehen müssten, steht die Sonne am Himmel. Es ist Tag und deshalb viel zu hell um Sterne zu sehen.

Wir wollen uns noch einmal verdeutlichen, wie die Erde im Lauf eines Jahres um die Sonne kreist. Fern am Himmel, weit hinter der Erde, sind die Sternbilder des **Tierkreises.** Diese Sternbilder sieht man nicht in jeder Nacht. Der Löwe zum Beispiel ist ein Wintersternbild. Wenn du im Sommer von der Erde aus in Richtung des Löwen blickst, siehst du neben dem Löwen die Sonne. Dann ist also gerade Tag, und du kannst gar keine Sterne sehen. Sternbilder in der Nähe des Polarsterns wie den Wagen kannst du das ganze Jahr über nachts sehen.

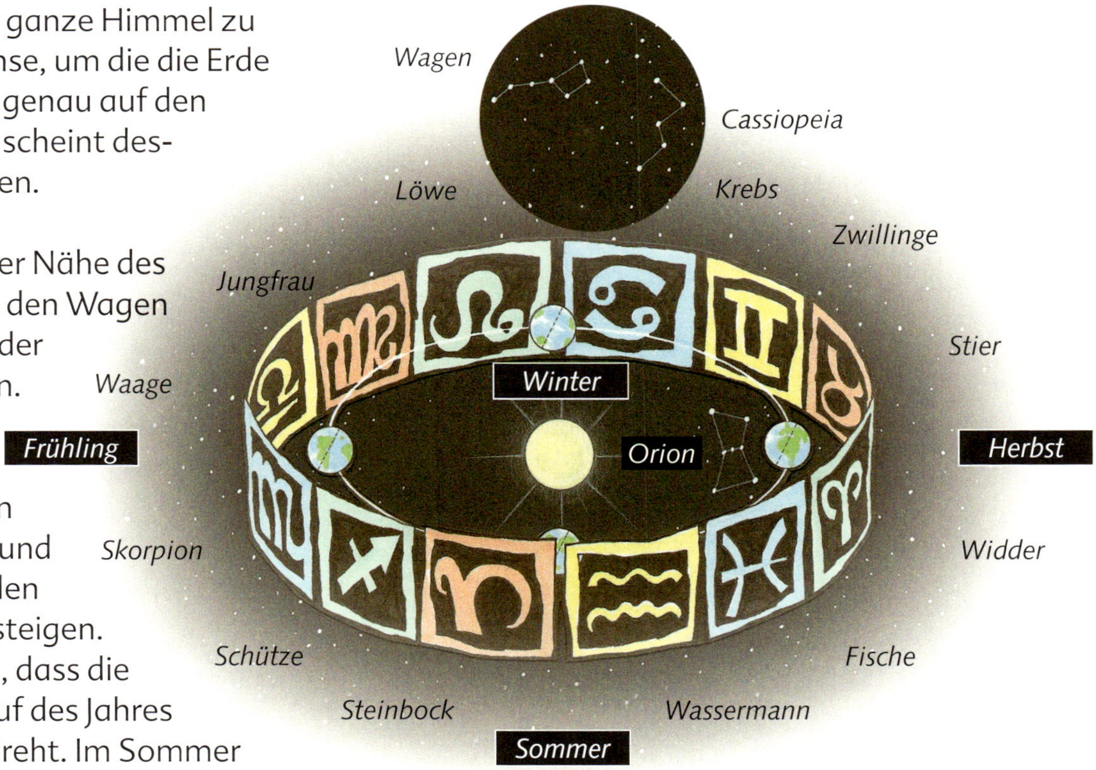

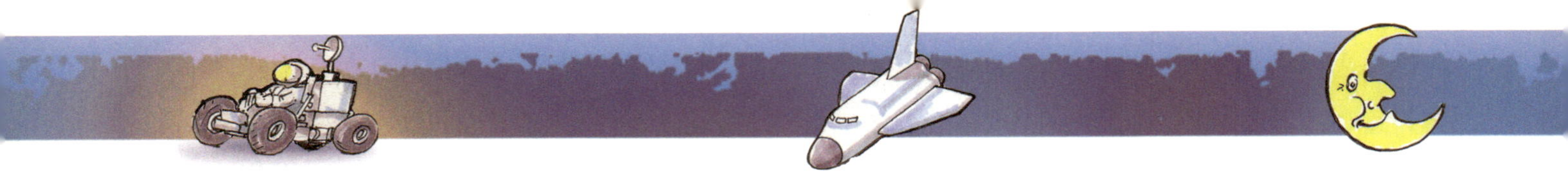

# Galaxien

In sternklaren Nächten kannst du ein helles Band sehen, das sich wie ein Nebelstreifen weit über den ganzen Himmel zieht, die **Milchstraße.** Mit einem Fernrohr erkennt man, dass jeder einzelne Fleck dieses **Nebels** aus Tausenden von Sternen besteht.

Mit großen Fernrohren sieht man noch viele andere Nebelflecken. Viele von ihnen sehen aus wie Feuerräder. Sie heißen **Spiralgalaxien.** Die **Galaxien** sind Inseln im Weltraum, Inseln aus vielen Milliarden von Sternen, die im Weltraum schweben. Sie sind so groß, dass das Licht hunderttausend Jahre braucht, um von einem Rand zum anderen zu gelangen.

Stell dir vor, eine Galaxie wäre so groß wie ein Teller. Dann wäre die nächste Galaxie mehrere Meter entfernt. Zwischen den Galaxien ist nichts als der leere Weltraum.

Die für uns nächste Galaxie ist der **Andromeda-Nebel.** Es ist die einzige Galaxie, die man gerade noch ohne Fernrohr sehen kann. Sie ist zwei Millionen Lichtjahre von uns entfernt.

Blickt man von der Seite aus auf eine Spiralgalaxie, dann sieht sie aus wie ein schmales Band.

Stell dir vor, du fliegst aus weiter Ferne auf diese Galaxie zu. Dann erscheint dir dieses Band immer länger. Und wenn du ein Stück weit in die Galaxie hineinfliegst, wirst du überall um dich herum Sterne sehen und vor dir ein helles Band, das sich über den ganzen Himmel streckt. Genau so sehen wir die Milchstraße. Sie ist unsere Galaxie, die Galaxie, zu der die Sonne, die Erde und alle Sterne gehören, die wir ohne Fernrohr sehen können.

So könnten die Bewohner einer anderen Sterneninsel die Milchstraße sehen. Die Sonne wäre ein mittelgroßer Stern in einem seiner Spiralarme und die Erde der winzige Planet, der darum kreist.

*Centaurus A, eine nahe Galaxie*

Fast alle helleren Sterne liegen im gleichen Spiralarm wie die Sonne. Das Zentrum der Milchstraße liegt in Richtung des Sternbildes Schütze. Die Sterne stehen dort so dicht zusammen, dass diese Stelle so hell wie der Vollmond leuchten würde. Aber leider behindern dunkle Staubwolken im Weltraum die Sicht auf das Milchstraßenzentrum. Dort vermuten die Astronomen ein riesiges **Schwarzes Loch.** Mit seiner ungeheuren Anziehungskraft hält es die Sterne unserer Galaxie zusammen.

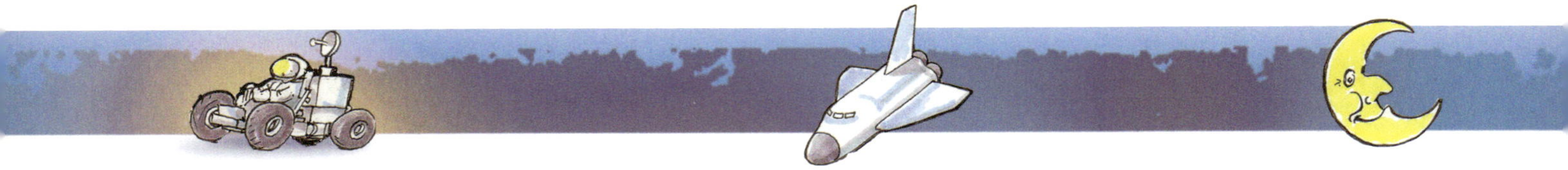

# Das Leben der Sterne

Nacht für Nacht zeichnen die Sterne die gleichen ewigen, unveränderlichen Sternbilder in den Himmel. Diesen Eindruck gewinnt jeder, der immer wieder den Sternenhimmel betrachtet. Könnten wir aber ein paar Milliarden Jahre lang zum Himmel schauen, dann würden wir etwas ganz Anderes erkennen: Neue Sterne würden aufleuchten, wo vorher keine waren. Andere Sterne würden ihre Farbe und Helligkeit verändern. Wieder andere würden plötzlich so hell aufleuchten wie ein roter Mond, um danach zu erlöschen.

Die Sterne haben nämlich kein ewiges Leben. Sie werden geboren, wachsen, führen Millionen oder Milliarden von Jahren das Leben eines *erwachsenen* Sterns. Schließlich sterben sie, manche ruhig und friedlich, andere in einer ungeheuren Explosion. Und aus dem Staub, der von solchen Explosionen übrig bleibt, werden neue Sterne und ihre Planeten geboren. Auch unsere Erde mit ihren Pflanzen, Tieren und Menschen ist aus dem Staub von Sternexplosionen entstanden.

Dieser rot und blau leuchtende Staub im Sternbild **Orion** ist ein Gebiet, in dem Sterne geboren werden. In Millionen von Jahren zieht sich dieser Staub zu einzelnen Staubkugeln zusammen, diese werden immer kleiner und immer heißer, bis sich in ihrem Innersten ein Atomfeuer entzündet. Dann beginnen sie, von sich aus zu leuchten wie die Sonne. Die Sterne, die du zwischen den Staubwolken siehst, sind sehr junge Sterne. Sie leuchten *erst* seit einigen Millionen Jahren.

*Orionnebel*

*Nachthimmel*

Im Inneren der Sterne brennt das Atomfeuer, das sie zum Leuchten bringt. Das Atomfeuer entsteht, wenn bei einer Hitze von 15 Millionen Grad Atome miteinander zusammenschmelzen. (Atome sind die kleinsten

Teilchen, aus denen alle Dinge bestehen.) Dabei wird so viel Energie erzeugt, dass die Sterne Milliarden Jahre lang strahlen können.

Unsere Sonne ist ein *erwachsener* Stern. Sie strahlt schon 5 Milliarden Jahre lang und wird noch mal so lange strahlen. Die meisten Sterne, die wir am Himmel sehen, sind erwachsene Sterne. Die größten sind vielleicht 50 mal so groß wie die Sonne, die kleinsten halb so groß. Dass sie so klein aussehen, liegt an ihrer ungeheuren Entfernung.

Wenn der Brennstoff aus Atomen im Inneren des Sterns fast verbraucht ist, bläht sich der Stern zu einer riesigen roten Kugel auf. Ein **Roter Riese** ist entstanden. Auch die Sonne wird irgendwann als Roter Riese am Himmel stehen. Dann wird alles Leben auf der Erde in ihrer Hitze verdorren. Aber keine Angst: Das wird noch einige Milliarden Jahre dauern.

Als Roter Riese lebt ein Stern nur noch kurz. Kleine Sterne wie die Sonne fallen dann in sich zusammen, bis sie nur noch so groß wie die Erde sind. Als **Weiße Zwerge** leuchten sie noch einige Milliarden Jahre in grellweißem Licht, bis sie erlöschen und als dunkle Felskugeln durchs Weltall fliegen.

Große Sterne beenden ihr Leben als Roter Riese in einer ungeheuren Explosion. Dabei senden sie für einige Tage so viel Licht aus wie alle Milliarden Sterne einer ganzen Galaxie zusammen. Eine **Supernova,** ein neuer Stern, ist einige Tage lang am Himmel zu sehen. Die äußere Hülle des Sterns wird als **Ringnebel** ins Weltall geschleudert und bildet den Staub, aus dem sich neue Sterne und Planeten bilden. Der Rest stürzt in sich zusammen und wird zu einer immer kleineren und immer dichteren Kugel. Die Anziehungskraft dieser Kugel wächst und wächst, bis selbst das Licht von ihr festgehalten wird. Der Stern ist zu einem **Schwarzen Loch** im Weltall geworden, das man nicht sehen kann. Es macht sich nur dadurch bemerkbar, dass es alles anzieht und verschlingt, was in seine Nähe kommt. Wie viele Schwarze Löcher es im Weltall gibt, weiß niemand.

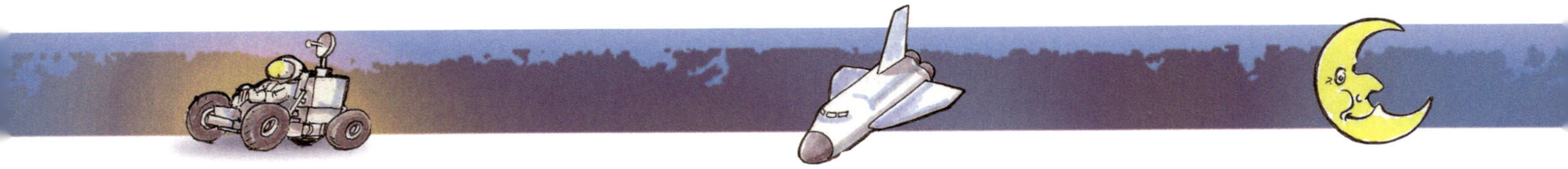

# Die Sonne

Für die Bewohner eines anderen Sterns wäre die Sonne nichts weiter als einer der vielen Millionen Sterne der Milchstraße. Aber für uns ist die Sonne ein ganz besonderer Stern. Ohne die Sonne könnten wir nicht leben. Wir brauchen die Wärme, die sie in ihrem Inneren erzeugt und als Licht zu uns schickt. Ohne das Sonnenlicht wäre die Erde eine kalte Wüste aus Eis und Felsen. Das Licht der Sonne lässt die Pflanzen wachsen, den Regen regnen, die Flüsse fließen und den Wind wehen.

Manchmal schiebt sich der Mond für einige Minuten vor die Sonne. Dann wird es mitten am Tag dunkel und kalt. Die Tiere legen sich zum Schlafen hin. Früher bekamen die Menschen furchtbare Angst,

weil sie dachten, das Ende der Welt sei gekommen.

Bei einer **Sonnenfinsternis** sieht es so aus, als ob Sonne und Mond gleich groß seien. In Wirklichkeit ist die Sonne viele tausend mal größer als der Mond. Sie sieht nur so klein aus, weil sie so unvorstellbar weit von uns entfernt ist. Wenn du mit einem Urlaubs-Jet statt nach Mallorca zur Sonne fliegen könntest, wärst du nicht 3 Stunden, sondern 30 Jahre unterwegs. Du müsstest nämlich 150 Millionen Kilometer weit fliegen.

Die Sonne scheint immer nur auf eine Hälfte der Erdkugel. Dort ist **Tag,** auf der dunklen Rückseite ist **Nacht.**

Zum Glück dreht sich die Erde in 24 Stunden einmal um sich selbst. So wechseln Tag und Nacht, Licht und Dunkelheit sich immer ab.

Wenn die Sonne von hoch oben auf den Erdboden scheint, kann sie den Erdboden viel besser erwärmen als wenn sie niedrig über dem Horizont steht. Mittags steht die Sonne am höchsten. Das ist die wärmste **Tageszeit**. Wenn du in Afrika oder in Mittelamerika wärst, würdest du sehen, dass die Sonne mittags bis fast senkrecht über deinen Kopf steigt. Deshalb ist es dort so heiß. Am Nord- und Südpol dagegen, wo die Sonne nie weit über den Horizont steigt, herrscht immer eine eisige Kälte.

Wie hoch die Sonne mittags steigt, hängt von der **Jahreszeit** ab. Bei uns steigt die Sonne im **Sommer** viel höher als im **Winter.** Auf der Südhalbkugel der Erde ist es umgekehrt: Dort ist Winter, wenn bei uns Sommer ist.

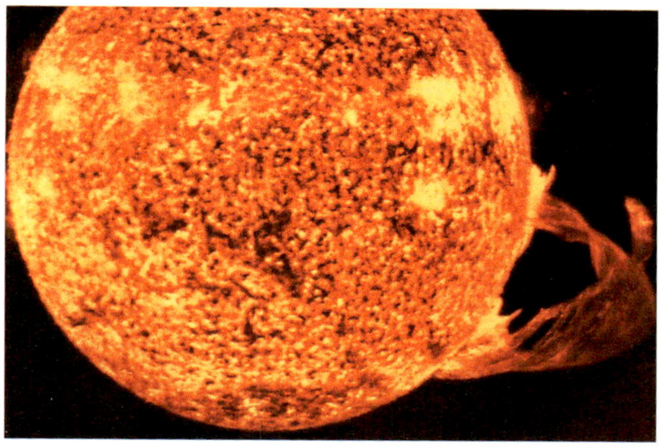

Wenn man die Sonne durch eine spezielle Schutzfolie beobachtet, dann kann man sehen, dass sie viele Flecken hat. Dort ist sie *nur* 3000 Grad heiß, so heiß wie rot glühendes Eisen. An den übrigen Stellen erreicht ihre Temperatur 5600 Grad. Bei der Temperatur wäre Eisen schon flüssig. Aber im Innersten, in ihrem Kern, hat sie eine Temperatur von 15 Millionen Grad. Dort ist der Ofen, in dem die Sonne ihre Energie erzeugt und dem wir unser Leben verdanken. Im Kern der Sonne werden Atome, die kleinsten Bausteine aller Stoffe, zusammengeschmolzen. Dabei entsteht ungeheuer viel Hitze, von der ein winziger Teil als Licht zu uns kommt.

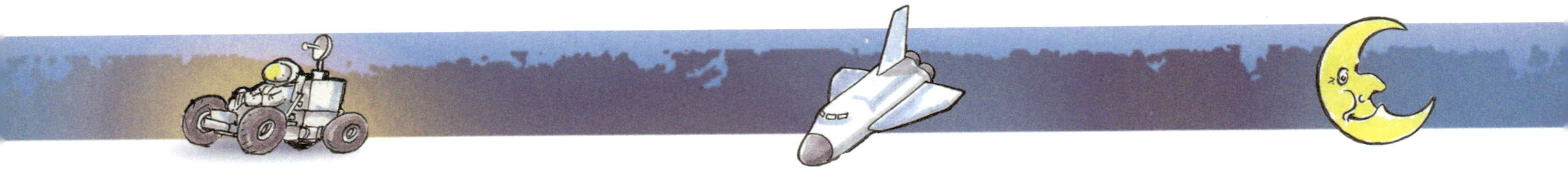

# Die Planeten

Schon vor Tausenden von Jahren gab es überall auf der Erde Menschen, die den Sternenhimmel sehr genau kannten. Ihnen fiel auf, dass es ein paar Sterne gibt, die zu keinem Sternbild gehören. Sie wandern im Lauf von Wochen oder Monaten durch die Sternbilder hindurch. Diese Sterne nannten sie Wandelsterne oder **Planeten.**

Fünf Planeten kann man mit bloßem Auge (ohne Fernrohr) sehen: Merkur, Venus, Mars, Jupiter und Saturn. Wie auch das Wort Planet stammen die Namen der Planeten aus der griechischen Sprache. Die Griechen glaubten, dass die Planeten uns Glück oder Unglück bringen und unser Leben bestimmen. Deshalb gaben sie ihnen die Namen von Göttern.

**Merkur** ist der Gott der Diebe. Wie diese ist er selten zu sehen: Er hält sich immer in der Nähe der Sonne auf und versteckt sich in deren Licht.

**Venus** ist die Göttin der Schönheit und der Liebe. Als Morgen- und als Abendstern ist die Venus der schönste und strahlendste aller Planeten. Sie ist manchmal so hell, dass man sie sogar mitten am Tag sehen kann.

**Mars** scheint in rötlichem Licht. Er ist der Gott des Krieges. Er sorgt dafür, dass die Siedlungen der Feinde in Flammen aufgehen.

Die Planeten haben kein eigenes Licht. Genau wie der Mond spiegeln sie das Licht der Sonne zur Erde hin. Mit einem Fernglas kannst du sehen, dass die Venus manchmal eine Sichel ist wie der Mond.

Zur gleichen Zeit wie die Sonne, vor 5 Milliarden Jahren, sind die Planeten entstanden. Seit dieser Zeit ziehen sie ihre Kreise um die Sonne. Der dritte Planet der Sonne ist unsere Erde. Sie braucht ein Jahr, um die Sonne zu umkreisen. Merkur braucht nur 3 Monate, Saturn aber 30 Jahre für seine Kreisbahn.

*Jupiter mit Monden*

Manche Planeten haben Monde, die sie umkreisen, Jupiter hat sogar 16 Stück. 4 davon kannst du mit einem Fernglas als winzige Punkte neben Jupiter erkennen. Saturn ist von einem Ring aus Sandkörnern, Steinen und Felsbrocken umgeben.

Saturn mit Ring

Marsfahrzeug

Mehrere Raumsonden sind zu den Planeten geflogen, um sie zu erforschen. Für uns Menschen ist es auf den Planeten sehr ungemütlich. Glühende Hitze oder eisige Kälte machen das Leben dort unmöglich. Auf allen Planeten würde uns die Luft zum Atmen fehlen. Merkur, Venus und Mars sind Steinwüsten wie der Mond, Jupiter und Saturn sind Gaskugeln ohne festes Land.

*Die Planeten der Sonne von innen nach außen: Merkur, Venus, Erde, Mars, Jupiter, Saturn, Uranus, Neptun, Pluto*

# Sternschnuppen und Kometen

Alle paar Jahre geschieht etwas Wunderbares am Himmel. Ganz plötzlich taucht ein neuer Stern auf. Ein ganz besonderer Stern. Er hat nämlich einen Schweif. Das ist ein **Komet.** Zunächst ist er ein winziger Punkt. Dann wird er heller, sein Schweif ist deutlicher zu sehen. Er wandert durch ein oder zwei Sternbilder und nach ein paar Wochen verschwindet er wieder. Es gab schon Kometen, deren Schweif über den halben Himmel reichte!

Früher verbreitete jeder Komet Angst und Schrecken. Die Menschen glaubten nämlich, dass Kometen schlimme Krankheiten, Kriege oder den Weltuntergang ankündigen.

Vor 300 Jahren konnte ein englischer Astronom namens *Edmund Halley* das geheimnisvolle Erscheinen und Verschwinden der Kometen klären. Er beobachtete im Jahr 1682 einen hellen Kometen und berechnete seine Bahn. Und er fand heraus, dass dieser Komet (heute heißt er Komet **Halley**) in einer riesigen Bahn um die Sonne kreist und alle 76 Jahre in die Nähe von Sonne und Erde kommt.

Im Jahr 1986, als der Komet Halley wieder einmal in die Nähe der Erde kam, flog eine ganze Flotte von Raumsonden zu ihm, um ihn aus der Nähe zu erforschen und zu fotografieren. Seither wissen wir, dass Kometen einige Kilometer große, schmutzige Schneebälle sind. Nähern sie sich der Sonne, so schmilzt ein Teil des Schnees. Der Schmutz, der dann befreit wird, bildet den Schweif des Kometen.

Hast du schon einmal gesehen, wie ein Stern über den Himmel sprang und für einen Augenblick einen Strich in die Nacht zeichnete? Das war eine **Sternschnuppe.**

Hast du dir genau in der Sekunde etwas gewünscht? Was man sich wünscht, wenn man eine Sternschnuppe sieht, das soll in Erfüllung gehen, so sagt es ein alter Volksglaube.

Sternschnuppen sind kleine Steine aus dem Weltall, vielleicht nur so groß wie ein Sandkorn. Wenn sie in die Lufthülle der Erde eindringen, verglühen sie und ziehen eine Leuchtspur hinter sich her.

In sternklaren Nächten kann man einige Sternschnuppen pro Stunde sehen. Aber in manchen Nächten gibt es wahre Schwärme von Sternschnuppen. Am 12. Dezember, am 12. August oder am 3. Januar kannst du vielleicht jede Minute oder noch häufiger eine Sternschnuppe über den Himmel huschen sehen.

Immer wenn die Erde auf ihrer Reise um die Sonne eine Kometenbahn kreuzt, sehen wir besonders viele Sternschnuppen. Sternschnuppen entstehen nämlich oft aus den Schmutzteilchen, die der Komet auf seiner Bahn hinterlässt.

Manchmal fallen auch größere Steine aus dem Weltraum auf die Erde. Sie heißen **Meteorite.** Der größte bisher gefundene Meteorit liegt in Südafrika und ist so groß wie eine Lokomotive. Große Meteoriten können riesige **Krater** in die Erde reißen und ungeheure Verwüstungen anrichten. So in Sibirien, wo 1908 die Druckwelle eines Meteoriten über Hunderte von Kilometern die Bäume abgeknickt hat.

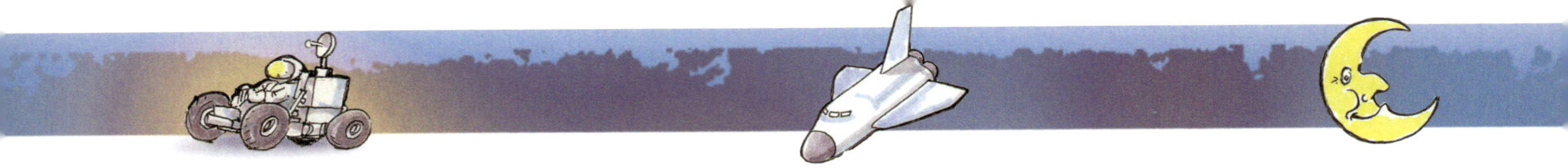

# Mond und Erde

Mond und Erde: zwei Kugeln, die frei im Weltraum schweben. Beide leuchten im Licht der Sonne. So sieht die Erde aus, wenn man sie aus Weltall fotografiert:

Einmal im Monat umkreist der Mond die Erde. Wenn die Erde so groß wäre wie eine Apfelsine, wäre der Mond ein Tischtennisball. Stell dir vor, du könntest zu Fuß durch den Weltraum wandern. Wenn du jeden Tag ein paar Stunden wandern würdest, kämst du als Opa oder Oma auf dem Mond an. Der Mond ist nämlich 360 000 Kilometer von uns entfernt.

Warum der Mond mal als **Vollmond,** mal als **Halbmond** oder als schmale Sichel am Himmel steht, verstehst du

am besten, wenn du es selbst ausprobierst. Du brauchst ein dunkles Zimmer. Als Mond nimmst du eine Apfelsine, als Sonne eine Lampe ohne Schirm und dein Kopf ist die Erde. Wenn das **Sonnenlicht** von der Seite kommt, siehst du nur die Hälfte des Apfelsinenmondes hell beleuchtet.

Kommt das Sonnenlicht fast von hinten, dann siehst du den Mond als hellen Kreis.

Steht der Mond aber schräg vor der Sonne, dann siehst du von dem hellen Teil nur einen schmalen Streifen. Manchmal sieht man Sonne und Mond gleichzeitig am Himmel. Dann erkennst du, dass der Mond seine helle Seite vom Sonnenlicht hat.

**Wenn der Mond gefressen wird ...**

Alle paar Jahre gibt es eine **Mondfinsternis.** Dann geht der Mond als Vollmond auf. Aber plötzlich merkt man, dass ein immer größeres Stück des runden Mondes verschwindet, bis er nur noch ganz blass in einem bräunlichen Licht zu sehen ist.

Früher bekamen die Leute dann Angst, weil sie dachten, der Mond wird von einer bösen Schlange oder einem riesigen Hund gefressen. Um das Untier zu verscheuchen, schrien sie und schlugen auf Topfdeckel. Heute wissen wir, dass der Mond dunkel wird, weil er in den Schatten der Erde eintaucht und deshalb kein Licht von der Sonne mehr bekommt.

**Kolumbus und die Mondfinsternis**

Als Kolumbus mit seiner Mannschaft Amerika entdeckt hatte, hatte er eine lange Seefahrt hinter sich. Weil sie kaum noch Lebensmittel hatten, erhielten sie welche von den Indianern. Aber nach einigen Wochen wollten die Indianer sie nicht länger versorgen. Da hatte Kolumbus eine geniale Idee: Er wusste, dass eine Mondfinsternis bevorstand. „Mein allmächtiger Gott wünscht, dass ihr uns weiterhin Lebensmittel gebt! Wenn ihr das nicht tut, wird er zur Strafe den Mond vom Himmel nehmen!“, sagte er den Indianern. In der Nacht, als der Vollmond sich mehr und mehr verdunkelte, flehten die Indianer ihn an, bei seinem Gott um Gnade zu bitten und versprachen ihm, ihn weiter zu versorgen

Mit der Lampe und dem Apfelsinenmond kannst du auch eine Mondfinsternis erzeugen. Du brauchst bloß die Apfelsine in den Schatten deines Kopfes halten.

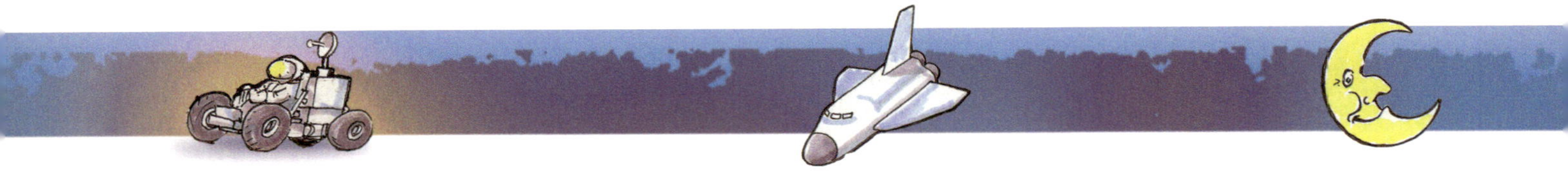

# Menschen auf dem Mond

Im Jahr 1969 sind die ersten Menschen auf dem **Mond** gelandet. Der Astronaut *Neill Armstrong* betrat den Mond als erster. Er sagte: „Ein kleiner Schritt für mich, aber ein großer Sprung für die Menschheit".

Die Astronauten erzählen, dass der Mond eine kahle Wüste aus Felsen, Sand und Staub ist. Es gibt keine Pflanzen und Tiere dort, weil es kein Wasser und keine Luft zum Atmen gibt. Auch am Tag, wenn die Sonne am Himmel steht, ist der Himmel ganz schwarz. Dann ist es so heiß dort wie in einem Backofen. Der Mondtag dauert 14 Erdentage lang, die Mondnacht auch. In der Mondnacht wird es minus 160 Grad kalt. Dann würde sich ein Mensch ohne Schutzanzug in Sekunden in einen Eisklotz verwandeln.

Der Mond ist vor vier Milliarden Jahren entstanden, als die Erde noch ganz jung war. Zum Glück lebten damals noch keine Menschen, denn es gab eine ungeheure Katastrophe: Ein riesiger glühender Meteor kam aus dem Weltraum auf uns zu, prallte auf die Erde, riss ein großes Stück der Erde ab und verschmolz mit diesem Stück Erde zu einer glühenden Kugel. Seit der Zeit umkreist diese Kugel als Mond unsere Erde. Im Lauf der Jahrmillionen ist der Mond dann immer kälter geworden. Die glühende Masse ist zu Stein erstarrt.

Sternschnuppen, die den Mond trafen, rissen riesige **Krater** in seine Oberfläche. Diese Krater kann man heute noch sehen, weil kein Wind und kein Regen sie abträgt. Die größten Krater sind so groß wie Bayern, ihre Ränder heben sich so hoch wie die Alpen.

Als die Menschen noch keine Fernrohre hatten und auf dem Mond dunkle Flecken sahen, glaubten sie, im Mond ein Gesicht oder einen Hasen zu erkennen. So kamen die Märchen vom Mann im Mond zustande. Heute wissen wir, dass die dunklen Flecken riesige flache Gebiete aus dunklerem Gestein sind. Sie heißen **Mare.**

Bei seiner Reise um die Erde dreht der Mond uns immer die gleiche Seite zu. Deshalb können wir seine Rückseite von der Erde aus nie sehen. Als die ersten Satelliten den Mond umkreisten, waren viele Menschen sehr gespannt, wie die Fotos von der Rückseite des Mondes aussehen. Aber die Rückseite des Mondes sieht sehr ähnlich aus wie die Vorderseite.
Sie hat nur noch mehr Krater.

# Sind wir allein im Weltall?

Oder gibt es irgendwo auf einem der unzähligen Planeten am Himmel Lebewesen? Und wenn ja, wie sehen sie aus? Haben sie vielleicht grüne Haut wie Frösche oder sind sie durchsichtig wie Quallen? Haben sie Beine wie wir oder sind sie ganz aus Metall wie Roboter? Sind sie neugierig? Fragen auch sie, ob es andere Lebewesen im Weltall gibt?

Auf all diese Fragen weiß kein Mensch eine Antwort. Zwar gibt es Menschen, die behaupten, sie haben **Aliens** (das heißt Außerirdische) gesehen. Aber bisher haben noch nie mehrere Menschen den gleichen Alien gesehen, und fotografieren konnte auch noch niemand einen Alien. Wahrscheinlich sind die Berichte von Aliens auf der Erde nur Fantasiegeschichten.

Dies sind Radioteleskope im Südwesten der USA, große Ohren für Radiowellen. Tag und Nacht horchen sie den Himmel ab, um Radiosignale von anderen Sternen zu empfangen. Viele Sterne senden von selbst Radiowellen aus, so wie die Sonne Licht aussendet. Diese Radiowellen geben uns Botschaften von den Sternen: Sie sagen uns, wie groß die Sterne sind, wie heiß es dort ist, ob die Sterne sich drehen oder stillstehen und vieles andere.

Ein riesengroßer Computer sucht dieses Gewirr von unzähligen Sternbotschaften ununterbrochen durch. Es sucht seit 10 Jahren, Tag für Tag, nach einer besonderen Botschaft: nach einer Botschaft intelligenter Lebewesen. Bisher ohne Erfolg. Aber wer weiß, vielleicht findet er schon bald eine Nachricht, die uns sagt: Wir sind nicht die einzigen Lebewesen im Weltall!

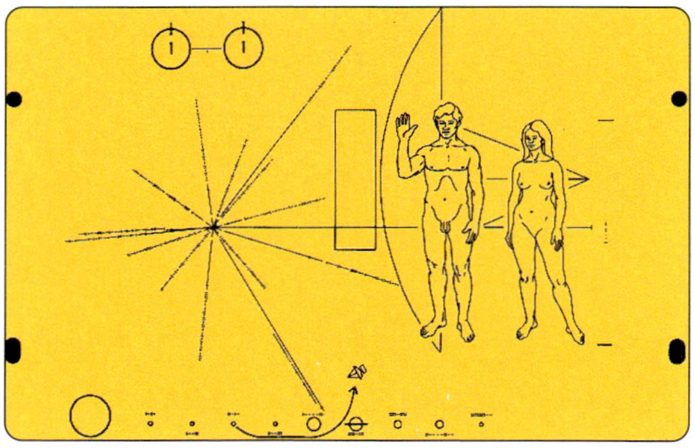

Diese Zeichnung, auf einer Platte aus Gold, trägt die Raumsonde *Pioneer 10* mit sich. Pioneer 10 ist die erste Raumsonde, die unser Planetensystem verlassen hat. Seit fast 30 Jahren fliegt sie durch den Weltraum. Eines Tages wird sie sich anderen Sternen nähern. Wird dann ein anderes Lebewesen ihre Botschaft lesen? Wird es dann erfahren, dass es fern im Weltall bei dem Stern Sonne noch andere Lebewesen mit Namen Mensch gibt?

# DIE ERDE

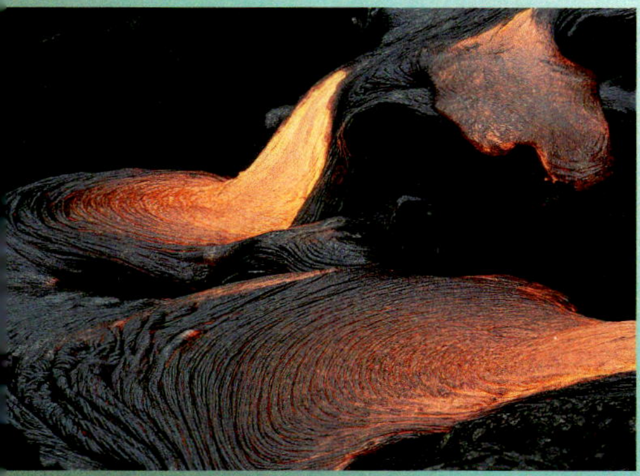

# Vom Feuerball zum Blauen Planeten

Wenn du einen Apfel loslässt, fällt er auf die Erde. Wir nennen das **Erdanziehung.** Das ist aber nicht ganz richtig, denn die Erde zieht nicht nur den Apfel an, sondern der Apfel zieht mit genau derselben Kraft auch die große Erde an.

Alle Dinge ziehen sich an, sogar Staubkörnchen, wenn auch nur ganz schwach. Doch für die Entstehung der Erde war die Anziehung zwischen Staubteilchen wichtig.

*Orionnebel, eine Gas- und Staubwolke*

Unser **Sonnensystem** besteht aus der Sonne und den um sie kreisenden Planeten. Einer davon ist die **Erde.** Bevor es das Sonnensystem gab, befand sich an seiner Stelle nur eine riesige Gas- und Staubwolke im Weltall. Weil jedes Gas- oder Staubteilchen alle anderen anzog, versuchten schließlich alle, sich in der Mitte zu treffen. Als dort viele Teilchen zusammengekommen waren, bildeten sie die Sonne, die immer größer wurde und immer stärker noch mehr Staub anzog.

Oft stießen unterwegs größere Mengen von Teilchen zusammen, weil sie sich auch untereinander anzogen. In größerem Abstand von der Sonne entstanden dicke Klumpen. Einer wurde zu unserer Erde.

Vom Karussell weißt du, dass alles, was sich auf einer Kreisbahn bewegt, nach außen fliegt. Die Erde wird genau so stark nach außen geschleudert, wie die Sonne sie anzieht. Deshalb stürzt sie nicht auf die Sonne, fliegt aber auch nicht von ihr fort.

Der erste Gas- und Staubklumpen, die **Urerde**, bildete sich vor etwa 4,7 Milliarden Jahren.

Hast du schon mal ganz schnell einen Fahrradreifen aufgepumpt? Dann weißt du, dass die Luftpumpe heiß wird. Alles, was man schnell und kräftig zusammendrückt, wird heiß. Beim Zusammenpressen durch die eigene Anziehungskraft wurde auch die Urerde immer heißer.

Aber auch die **Radioaktivität** heizte die Urerde stark auf. Die funktioniert ähnlich, wie heute Kernkraftwerke arbeiten. Sehr schnell wurde die Erde so ungeheuer heiß, dass sie vollkommen geschmolzen ist. Sie kreiste nun als glühende flüssige Kugel um die Sonne.

Alle Bestandteile der Urerde wurden zum Erdmittelpunkt hin gezogen, die schwersten kamen zuerst und die leichtesten zuletzt. Deshalb ist noch

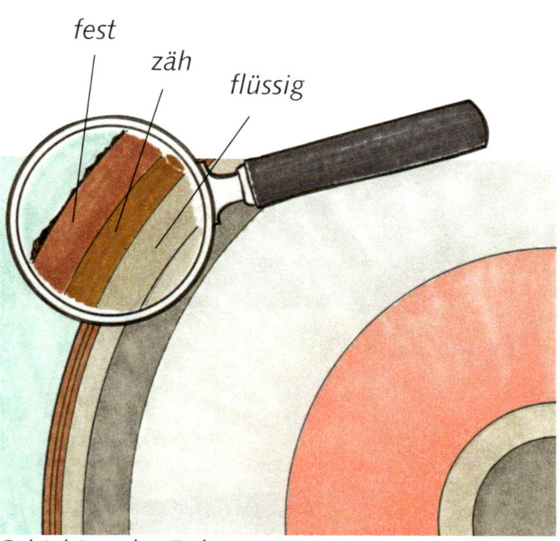

*Schichten der Erde*

heute die Erde von innen nach außen aus verschiedenen Schichten aufgebaut, wie eine Zwiebel aus Schalen.

Ganz im Inneren ist der besonders schwere und heute feste **Erdkern** aus Eisen und Nickel. Es schließt sich eine auch sehr schwere, aber flüssige **Kernzone** an. Dann folgt der **Erdmantel.** Auch der ist flüssig, aber schon wesentlich leichter. Er besteht aus geschmolzenem Gestein. Dann kommt eine zähflüssige, breiige Übergangszone und schließlich eine dünne feste **Erdkruste.**

*Erstarrte Lava (-> Seite 47), ehemals flüssiges Gestein aus dem Erdinnern*

Anfangs war auch die Erdkruste noch flüssig, aber im Lauf von Jahrmillionen kühlte sie ab und erstarrte. Und dann ist da noch das besonders leichte Wasser, das große Teile unserer Erdoberfläche bedeckt. Als die Erdkruste erstarrte, war es noch verdampft, weil es ja viel heißer war als heute.

*Dämpfe über Erdspalten*

Dem Wasser in den Weltmeeren verdankt unsere Erde den Namen „Blauer Planet“, denn Astronauten fällt besonders das Blau der Ozeane auf.

# Ruhelose Erde

Könntest du ein Loch von deinem Wohnort zum Erdmittelpunkt bohren, dann wäre dieses Loch 6360 km tief. Das entspricht etwa der Strecke Frankfurt – New York.

Ein so tiefes Loch kann man aber gar nicht bohren, denn der größte Teil der Strecke führt durch geschmolzenes Gestein und Metall. Unter uns sind nur etwa die obersten 30 bis 40 Kilometer fest.

Die **Erde** hat also nur eine dünne feste Kruste. Man kann sie mit einem Apfel vergleichen, bei dem nur die Schale und das Kerngehäuse fest sind, der Rest ist flüssig.

Du kannst dir das wie bei dicken Eisschollen vorstellen, die auf dem Wasser treiben und die an ihren Rändern nur ganz dünn aneinander festgefroren sind. Bewegt sich das Wasser unter der Eiskruste etwas, dann gibt es an den Verbindungsstellen feine Risse, und die Eisschollen verschieben sich ein wenig gegeneinander. Genauso machen es die großen Erdkrustenteile, die man **Kontinentalschollen** nennt.

Wenn das geschieht, dann gibt es **Erdbeben,** die ganze Großstädte zerstören können. Und manchmal reißen sogar tiefe Gräben zwischen den Kontinentalschollen ein.

Auf diese Weise bewegen sich ganze **Erdteile** gegeneinander. So wandert zum Beispiel Afrika ganz langsam auf Europa zu.

Aber die Schollen bewegen sich sehr langsam. Amerika entfernt sich von Europa nur wenige Zentimeter im Jahr. Im Laufe eines Menschenlebens sind das gerade zwei Meter.

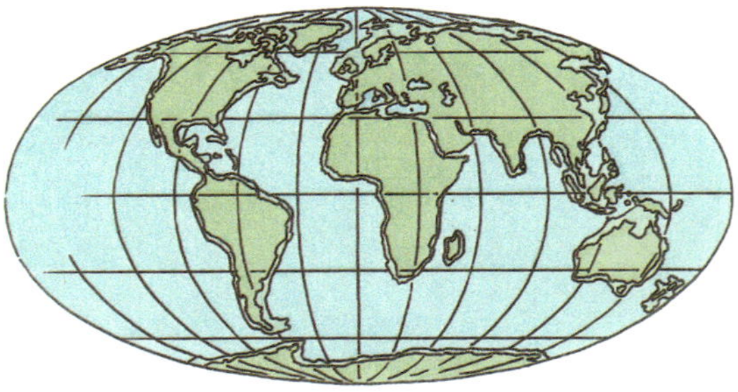

*So sind die Kontinente heute auf der Erdkugel verteilt*

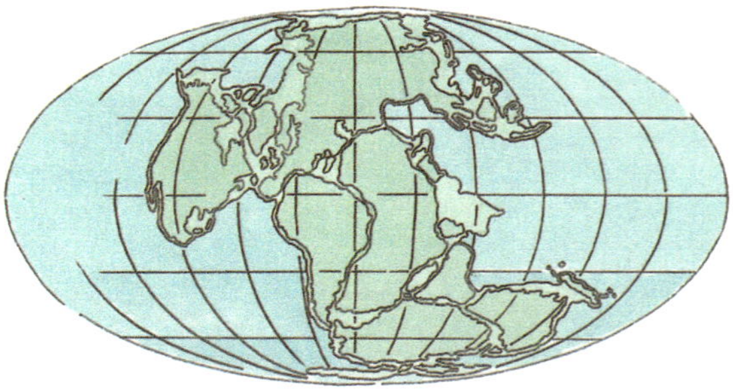

*und so waren sie es vor 250 Millionen Jahren*

Erst über sehr lange Zeiträume sind diese Erdplattenbewegungen von Bedeutung. Vor 250 Millionen Jahren lagen alle heutigen Erdteile noch dicht an dicht nebeneinander.

Nicht nur Erdbeben erschüttern die dünne Erdkruste. An manchen Stellen ist sie besonders dünn und hat sogar Löcher, die bis in die flüssige Zone reichen. An solchen Stellen kann es passieren, dass die geschmolzenen Gesteinsmassen zur Erdoberfläche hochgepresst werden. So kommt es zu einem **Vulkanausbruch.**

Solchen Ausbrüchen von flüssigem Gestein geht oft ein Hagel aus festen Gesteinsbrocken und Aschenstaub voraus. Denn das durch einen **Vulkan** heraufdrängende geschmolzene Gestein fegt erst mit ungeheurer Wucht einen Kanal frei und schleudert alles, was ihm im Weg ist, hoch in die Luft.

Vulkane müssen aber nicht immer Feuer speiende Berge sein. Fehlt es ihnen an Kraft oder ist die Gesteinssuppe etwas zäher, dann schießt sie nicht wie ein Springbrunnen hoch in den Himmel, sondern fließt aus dem Berg wie zäher Sirup. In breiten Flüssen strömt die glühende Masse die Hänge herab.

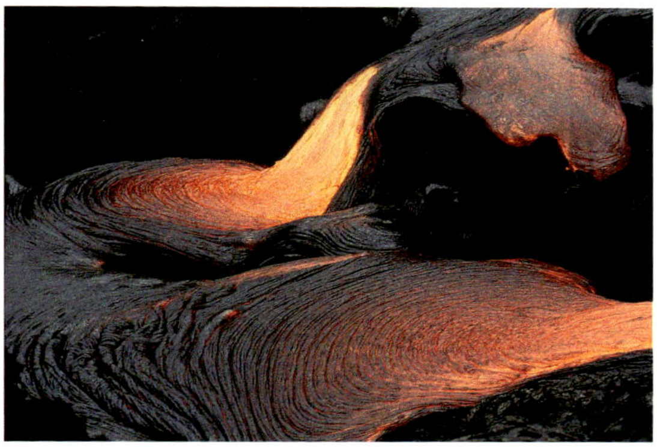

Solange das geschmolzene Gestein noch unter der Erde ist, nennt man es **Magma.** Strömt es aus dem Vulkanberg heraus, dann heißt es **Lava.** Und Lava nennt man es auch dann noch, wenn es zu einer Gesteinswüste erstarrt ist.

Wusstest du, dass der größte Teil der Erdoberfläche aus uralter Lava besteht? Heute ist sie längst zerfallen, und wenn Pflanzen darauf wachsen, ist fruchtbarer Erdboden daraus geworden.

# Berge, Schluchten, Täler

Auch die höchsten Berge leben nicht ewig. Sie werden geboren, wachsen, altern und verschwinden wieder. Es gibt zwei sehr unterschiedliche Arten, wie Berge oder ganze Gebirge entstehen können. Die eine heißt **Vulkanismus.**

Bei **Vulkanausbrüchen** werden nicht selten so riesige Materialmengen heraufbefördert, dass in wenigen Tagen mächtige neue Berge entstehen. Manchmal tauchen sogar neue Inseln aus dem Meer auf. Auch in Deutschland gibt es große Vulkangebirge. Hier sind allerdings die Vulkane seit langem erloschen, und die Lavaberge von einst sind mit Wäldern überzogen. Die **Eifel** ist so ein uraltes Vulkanland. Der 773 Meter hohe **Vogelsberg** in Mittelhessen ist der größte Vulkan Europas.

Viele Gebirge entstehen aber anders. Lege zwei Blatt Papier auf den Tisch und schiebe sie mit ihren Schmalseiten gegeneinander. Wo sie sich berühren, hältst du sie fest. Manchmal rutschen die Blätter glatt untereinander. Manchmal verhaken sie sich auch, und wenn du weiterschiebst, wölben sie sich hoch. Genau so entstanden die **Faltengebirge.** Hier schieben sich aber Erdschollen gegeneinander.

Die Faltengebirge entstehen nicht plötzlich wie die Vulkanberge. Sie brauchen viele Jahrtausende. Die **Alpen** wachsen noch, wenn auch nur wenige Zentimeter im Jahr.

Abgesehen von jungen Vulkanen haben Berge deutliche *Gebrauchsspuren*. Kaum wachsen sie, da beginnen sie schon, sich zu verändern. Welche Kräfte sind es, die den Gebirgen ihr vielfältiges Gesicht geben?

Auf den ersten Blick könnte man meinen, dass Bergbäche und Flüsse im Laufe der Zeit Schluchten und breite Täler in den Untergrund schleifen.

Wasser kann aber nur lockeres Material wie Sand und Lehm, Kies oder einzelne Steine mit sich reißen. Das gibt es in einem jungen Faltengebirge aber noch gar nicht. Zuerst müssen Felsen gesprengt und zerkleinert werden. Das schafft nur Eis. Sickert Wasser in feine Felsrisse und gefriert dort in den kalten Nächten, dann dehnt es sich aus. Diesem Druck hält auch der härteste Stein nicht lange Stand.

Alle steilen Felswände im Gebirge, alle schlanken Felsnadeln und bizarren Türme sind durch solche **Frostsprengung** entstanden. Die dabei herabfallenden Felsbrocken, die kleinen Steine und der feine Schutt bilden oft einen breiten Saum am Fuß der hoch aufragenden Felsregionen. Erst an diesem Saum kann das Wasser weiter arbeiten. Hier erst wäscht es tiefe Täler aus und frisst sogar tiefe enge Schluchten in den Felsboden.

Aber Wasser allein kann Felsen gar nicht auswaschen. Nur die harten, scharfkantigen Sandkörnchen und Kieselsteine, die vom Wasser mitgerissen werden, schmirgeln den festen Untergrund ab.

Genau so graben **Gletscher** tiefe breite Täler in die Bergflanken: Unter ihrem gewaltigen Gewicht rollen und reiben Steine und zermahlen langsam den Untergrund.

Ähnlich ist es mit dem Wind. Auch hier wirkt der feine Staub, den der Wind immer mit sich führt, wie Schmirgelpapier.

# Felsen, Steine, Edelsteine

Felsen und Steine sind dasselbe, nur sind die einen größer, die anderen kleiner. Gestein heißt das Material, aus dem sich Felsen aufbauen, also Kalk, Granit, Schiefer, Kreide oder Sandstein. Gesteine wiederum bestehen aus **Mineralien.** Das sind Substanzen, die **Kristalle** bilden, wie **Kochsalz,** Bergkristall oder **Diamant:**

*Rohdiamant*

Bekannte Mineralien sind der **Kalk,** der mit ihm verwandte **Marmor,** der **Glimmer,** der **Quarz** und der **Gips:**

*Gipskristall*

Sind Kristalle besonders schön und selten und deshalb kostbar, dann heißen sie **Edelsteine.** Es gibt aber viele Schmucksteine, die mindestens ebenso schön sind wie Rubine oder Smaragde. Nur weil sie nicht so selten sind, gelten sie als weniger wertvoll, und deshalb bezeichnet man sie als **Halbedelsteine.** Zu ihnen gehören der **Bergkristall,** der **Achat,** der **Granat** oder das **Tigerauge.**

Die gesteinsbildenden Mineralien geben oft den Gesteinen ihren Namen. Man spricht von Kalkstein, von Kreidefelsen, von Quarzgestein oder von Dolomitgebirgen.

*Basalt*

Aber nicht jeder Gesteinsname weist auf ein Mineral hin, aus dem das Gestein aufgebaut ist. **Granit** ist zwar ein Gestein, aber kein Mineral. Es ist eine Mischung aus mehreren Mineralien, deren Kristalle bunt durcheinandergewürfelt sind. Deshalb sieht auch jeder Granit anders aus. Es gibt fast weißen Granit, roten, bläulichen oder grünlichen, grauen und beinahe tiefschwarzen:

*Granit*

Wie entstehen Steine? Einmal können sie direkt aus der flüssigen Lava (-> Seite 47) erstarren, die aus Vulkanen strömt. Geschieht die Abkühlung der Lava sehr rasch, dann hat die Gesteinsschmelze keine Zeit, Kristalle zu bilden. Sie erstarrt zu schwarzem Glas, dem **Obsidian.**

Ein anderes, weit verbreitetes vulkanisches Gestein ist der **Basalt.** Aus ihm macht man Quader für das **Kopfsteinpflaster** und den **Schotter** für Eisenbahndämme.

Nur manchmal erreicht die Gesteinsschmelze aus dem Erdinneren die Oberfläche eines Vulkans und fließt als Lava ab. Oft bleibt sie im Inneren des Berges stecken und erstarrt dort als Tiefengestein.

Die zweitwichtigste Gesteinsgruppe sind die **Sedimentgesteine.** Sie entstehen durch Ablagerung von feinem Material besonders in den Meeren:

*Sedimentgestein*

Alles, was ins Wasser fällt, sinkt auf den Grund. Jahr für Jahr sind das viele Millionen Tonnen Staub aus der Luft. Aber noch viel größer ist die Menge dessen, was aus dem Meer nach unten sinkt: Schalen toter Muscheln und gestorbene Meerestiere. Manche Organismen bauen am Meeresgrund selbst Berge auf, z. B. die **Korallen.**

Im Laufe der Jahrtausende werden die gewaltigen Materialmengen so hoch, dass sie unter dem eigenen Gewicht zusammengepresst und zu Gestein verfestigt werden.

# Höhlen

Keine einzige Höhle der Welt ist durch einen unterirdischen Wasserlauf ausgewaschen worden, wie etwa ein Flusstal im Gebirge. Genau das aber wird oft behauptet. Wie sollte ein Bach oder ein Fluss unter die Erde kommen, bevor eine Höhle da war? Also muss die Höhle vor dem Wasserlauf entstanden sein.

Jeder weiß, dass sich Salz und Zucker vollkommen in Wasser auflösen können. Das geht auch mit **Kalkstein.** Nur löst sich der **Kalk** viel langsamer auf als Salz oder Zucker, und es löst sich auch viel weniger Kalk im Wasser auf.

Aber dass er sich auflöst, kannst du an jedem Wasserkocher sehen. Wenn man Leitungswasser kocht, dann verdampft immer ein wenig davon. Der Kalküberschuss, für den es jetzt nicht mehr genügend Wasser gibt, wird wieder zu Stein. Es entsteht eine dünne Schicht auf dem Topfboden und an den Seitenwänden. Die nennt man **Kesselstein.**

Wasser löst also Kalk auf. Leichter und besser geht das, wenn das Wasser zuvor etwas sauer gemacht wird. Humuserde ist sauer. Fällt Regen darauf und sickert hindurch, dann wird auch das Wasser sauer. Gibt es unter dem Boden festen Kalkstein, dann löst das saure Wasser ein bisschen Kalk auf.

Auf diese Weise entstehen im Laufe der Zeit schmale Furchen. Weil sich dort das meiste Wasser ansammelt, löst sich nun immer mehr Kalk. Schließlich entstehen tiefe, enge Spalten im Kalkstein. Reicht so eine Spalte schließlich bis zu einem anderen Gestein hinunter, das sich in Wasser kaum oder gar nicht auflöst, dann sammelt es sich dort, und der Spalt vergrößert sich hier zu den Seiten hin. So entstehen tief im Boden große, wassergefüllte Hohlräume.

In der Nähe von Berghängen kann es vorkommen, dass so eine Höhle so weit wächst, dass sie ins Freie durchbricht. Dann fließt das unterirdische Wasser als **Quelle** ab. Erst dann ist nicht mehr die ganze Höhle ständig mit Wasser gefüllt. Nun gibt es auch große luftgefüllte Hohlräume unter der Erde. Erst jetzt kann die Höhle auch dadurch größer werden, dass fließendes Wasser sie auswäscht.

An der Höhlendecke sickert an vielen Stellen durch feine Spalten und Ritzen neues Regenwasser von der Erdoberfläche herein, und auch das hat wieder Kalk gelöst. In der Höhle verdunstet immer ein wenig von den Wassertröpfchen, die an der Decke hängen und auch von denen, die auf den Höhlenboden herabfallen. Wie beim Teekessel setzt sich dabei ein klein wenig Kesselstein ab. In Höhlen nennt man ihn allerdings **Sinter.**

Im Laufe von Jahrtausenden wird es immer mehr, bis schließlich lange Kalkzapfen von der Höhlendecke herabhängen und vom Höhlenboden Kalksäulen heraufragen. Das sind die **Tropfsteine.** Die von der Decke herabhängenden Zapfen heißen **Stalaktiten.** Die Säulen, die ihnen von unten entgegenwachsen, nennt man **Stalagmiten.**

In manchen Höhlen findet man noch heute gut erhaltene **Felsbilder,** deren Alter bis in die Steinzeit zurück reicht. Sie zeigen, in die Felswände geritzt und gemalt, Tiere wie Mammut, Wisent, Pferd und Hirsch.

# Das Meer

Kaum ein Drittel der festen Kruste unseres Planeten erhebt sich über die Meeresoberfläche. Den gesamten Rest bedeckt Wasser, durchschnittlich drei Kilometer hoch!

Ohne die Meere gäbe es keine Flüsse und Seen. Sie werden vom Regen gespeist. Der fällt aus den Wolken, und die meisten Wolken bilden sich durch Verdunstung von Meerwasser über den Ozeanen.

Die für uns wichtigste Meeresströmung ist der **Golfstrom.** Der beginnt vor der Küste von Mexiko und fließt quer durch den Atlantik bis an unsere Küsten.

Weil sein Wasser aus warmen Regionen stammt, transportiert es gewaltige Wärmemengen nach Europa. Nur diesen verdanken wir es, dass es bei uns im Winter nicht so kalt ist wie in der Eiszeit.

Am flachsten ist das Meer in Ufernähe vor Sandstränden. Dort kann man manchmal weit ins Meer hinauslaufen, ohne den Boden unter den Füßen zu verlieren. Dieses Flachwassergebiet heißt **Wattenmeer.** Bei Ebbe ist es oft vollkommen trocken.

**Ebbe** ist die Zeit, wenn das Meerwasser von der Küste fortfließt. Einige Stunden später kommt es allerdings zurück, nämlich bei **Flut.** Bei uns in Europa wechseln diese **Gezeiten** zweimal am Tag ab.

Ebbe und Flut haben mit dem **Mond** zu tun. Erde und Mond ziehen sich gegenseitig an. Der Mond macht bei seiner Anziehung aber keinen Unterschied zwischen Land und Wasser. Weil er nicht immer an derselben Stelle über der Erde steht, zieht er bei der Drehung der Erde Wellenberge hinter sich her. Die Wanderung dieser Wellen führt an den Küsten zu Ebbe und Flut.

An das Wattenmeer oder die Steilküsten schließen breite Flachmeeresgebiete an, die man **Schelf** nennt. In dem bis zu 200 Meter tiefen Wasser leben zahlreiche Tiere: Robben, Seelöwen, Fische, Tintenfische, Seesterne, Seeigel, Krebse und Korallen:

In diesem Flachwasserbereich ist es am Meeresboden noch nicht dunkel, und deshalb gedeihen hier Grünalgen – Pflanzen, die auf Sonnenlicht angewiesen sind. Sie sind die Nahrungsgrundlage für alle Meeresbewohner.

Nach dem Schelf fällt der Meeresboden rasch ab. Ab 800 Metern Tiefe beginnt die eigentliche **Tiefsee.** Dort herrschen ewige Dunkelheit und Kälte und ein ungeheurer Druck.

Und doch gibt es Tiere, die auch hier noch überleben können. Bis in etwa 7600 Meter Wassertiefe kommen noch einige Fische vor. Darunter halten es nur noch manche Korallenarten, Würmer, kleine Krebse, Muscheln und Seegurken aus.

Nimm einmal an, unsere Erde sei nur 24 Stunden alt. Schon nach fünf Stunden erscheinen erste winzige Lebewesen. Aber erst nach 22 Stunden gelingt es dem Leben, auch das Festland zu erobern!

Das Leben entstand im Meer, und alles Leben kommt aus dem Meer. Wen wundert es da, dass sogar der Körper des Menschen zu mehr als zwei Dritteln aus Wasser besteht? Mehr noch: Unser Blut ist salzig und hat eine ähnliche Zusammensetzung wie Meerwasser!

Wie das Salz ins Meer kommt? Alles Wasser macht einen Kreislauf. Es verdunstet, fällt als Regen auf die Erde zurück und läuft wieder ins Meer. Bei seinem Weg über das Land löst es immer ein wenig Salz aus der Erde und nimmt es mit ins Meer, wo sich im Laufe der Zeit mehr und mehr davon ansammelt.

Gäbe es nicht das Meer, dann wäre auch heute noch kein Leben auf dem Festland möglich. Aus dem Meer stammt nämlich der gesamte **Luftsauerstoff,** den Menschen, Tiere und Pflanzen zum Atmen benötigen.

# Seen, Flüsse, Wasserfälle

Ein Fluss wie der **Rhein** befördert in jeder Sekunde so viel Wasser wie 200 volle Tanklastwagen. Und jeder einzelne Tankwagen enthält rund 130 Badewannen voll. Der Rhein ist aber winzig im Vergleich zum mächtigsten Strom der Welt, dem **Amazonas.** Der fließt durch Südamerika und befördert mehr als 50 mal so viel Wasser wie der Rhein.

Es gibt viele große Flüsse auf der Erde und noch viel mehr kleine Flüsse und Bäche. Und dann sind da noch die Seen. Vielleicht warst du schon mal am **Bodensee,** dem größten See Deutschlands. Im Vergleich zu den größten Seen der Erde ist er jedoch eher klein.

Sehr viel Wasser schwebt ständig als Dunst in der Luft. Eine einzige Gewitterwolke kann so viel Wasser wie 3000 Tankwagen enthalten.

Rund hundert mal so viel Wasser wie in allen Flüssen und Seen der Welt zusammen befindet sich als **Grundwasser** tief unter der Erde. Diese Vorräte bohren wir an, um Trinkwasser zu gewinnen.

Fluss- und Seewasser, Grund- und Wolkenwasser zusammen ergeben aber auch erst ein Sechstel der gesamten Süßwasservorräte. Der größte Teil ist nämlich gar kein flüssiges Wasser, sondern Eis. Das meiste liegt in der **Antarktis,** im Gebiet um den Südpol. Dort sind manche **Gletscher** bis zu vier Kilometer dick!

**Süßwasser** ist nicht etwa süß. Es hat im Vergleich zu Salzwasser nur einen geringeren Salzgehalt. Von dem Salzwasser in den Meeren gibt es etwa 35 mal so viel wie alles Süßwasser zusammen genommen.

Folgen wir einem Fluss auf seinem Weg von der Quelle bis ins Meer. Wo er noch ein schmaler Bach ist, fließt er rasch über Stock und Stein. Er hat noch nicht die Kraft, viel Sand und Schlamm zu bewegen und damit sein Bett zu formen. In Bächen gibt es deshalb viele kleine Stromschnellen und sogar Wasserfälle.

Münden mehr und mehr Bäche ineinander, dann entstehen erst Flüsse und schließlich breite, behäbige **Ströme.** In ihnen fließt nicht nur Wasser. Sie transportieren ständig große Mengen von Geröll, Sand und Schlamm. Diese lockeren Massen füllen tiefere Stellen oder gar Löcher im Flussbett auf und ebnen es dadurch ein. Deshalb werden Flussbetten im Laufe der Zeit immer flacher.

Manchmal strömt ein Fluss auf seinem Weg durch eine so große und tiefe Mulde, dass er sie auch in längeren Zeiträumen nicht mit Schwemmmaterial ausfüllen kann. Dann bildet sich ein **See.**

So sind die meisten Seen entstanden: Flusswasser füllt Mulden, die sich schon in der **Eiszeit** gebildet haben. Damals, vor mehr als zehntausend Jahren, gruben Gletscher tiefe, lang gestreckte Becken in den Untergrund und schoben das dabei herausgefräste Material vor sich her. Es türmte sich als hoher Damm vor dem Ende der Gletscherzungen auf. Als später das Eis abschmolz, blieben die Mulden zurück, in denen sich dann Flusswasser zu Seen aufstaute.

Als nach der Eiszeit die Eismassen schmolzen, zeigte sich, dass die Täler in Wirklichkeit viele Hundert Meter tiefer waren. Die Bächlein aus den Seitentälern stürzten jetzt plötzlich steil auf den neuen Boden des Haupttals hinab.

Viele der wundervollen **Wasserfälle** im Gebirge verdanken ihre Entstehung genau wie die Bergseen der Eiszeit. Jahrzehntausende hindurch schliffen die Gletscher tiefe und breite Täler mit Steilwänden in die Landschaft. Und diese Täler waren viele Hundert Meter hoch mit Eis gefüllt.

# Eisen und Gold

**Eisen** ist ein besseres Material für Werkzeuge als der spröde **Stein.** In der **Steinzeit** konnten die Menschen allerdings noch kein Eisen benutzen, denn Eisen kommt in der Natur kaum irgendwo als reines **Metall** vor. Eine Ausnahme machen nur Eisenmeteorite. Das sind Eisenbrocken, die manchmal aus dem Weltall als **Sternschnuppen** auf die Erde fallen. Schon vor fünf Jahrtausenden haben die Menschen sie gesammelt und zu Messern und Jagdwaffen geschmiedet. Aber erst vor etwa dreieinhalbtausend Jahren lernte der Mensch, Eisen selber herzustellen.

*Eisenerz Hämatit*

Er musste eisenhaltiges Gestein, so genanntes **Eisenerz,** so stark erhitzen, dass das darin enthaltene Eisen schmolz und herauslief. Dazu braucht man allerdings besondere Öfen, ein einfaches Holzfeuer wird nicht heiß genug.

Das erste aus Erzen erschmolzene Eisen war allerdings noch sehr teuer, denn die Herstellung war nicht leicht. Es kostete damals viel mehr als **Gold**. Gold war zwar selten, aber man brauchte es nicht herzustellen. Man findet es rein in der Natur, wenn auch nur in kleinen Klümpchen:

Die meisten natürlichen Erzlager entstanden bei **Vulkanausbrüchen** am Boden der **Tiefsee.** Die **Lava** erkaltete dort nur langsam, und deshalb wurden manche Anteile eher fest, andere erst viel später. Auf diese Weise fand sich zusammen, was zusammengehört, darunter auch die Metalle und die Metallerze. Sie bildeten an manchen Orten große Lagerstätten.

Metalle, die sich nicht so leicht mit anderen Metallen verbinden, blieben rein. Zu ihnen gehören vor allem die **Edelmetalle Gold, Silber** und **Platin.** Andere Metalle verbanden sich mit Fremdmaterial und bildeten die **Erze.** Zu ihnen gehören neben dem Eisen unter anderem **Zinn, Zink, Nickel, Chrom** und **Aluminium.**

# Kohle und Erdöl

*Bohrplattform für Erdöl*

Jährlich verbrauchen wir weltweit drei Milliarden Tonnen Erdöl und fünf Milliarden Tonnen Kohle. Vor einiger Zeit haben Wissenschaftler befürchtet, dass die Kohle- und Ölvorräte der Erde sehr bald erschöpft sind. Heute wissen wir, dass die Ölvorräte der Welt bei gleich bleibendem Verbrauch noch für etwa 50 Jahre ausreichen, die Kohlevorräte für etwa 200 Jahre.

Dennoch sind Kohle und Erdöl eigentlich viel zu schade zum Verbrennen. Denn sie sind wertvolle Rohstoffe zum Beispiel zur Herstellung von **Kunststoffen.**

*Kohleabbau unter Tage*

**Kohle** bildete sich immer dort, wo Wälder in warmen Sümpfen wuchsen. Die absterbenden Bäume fielen ins Wasser. Sie konnten deshalb nicht vermodern und wieder zu Walderde werden.

Wie in einem Moor entstand aus dem Pflanzenmaterial unter Wasser zunächst einmal **Torf.** Bakterien im Sumpfboden und das saure Moorwasser wirkten gemeinsam auf den Torf ein und verwandelten ihn sehr langsam zur Kohle.

Zuerst entstand die helle **Braunkohle,** in einigen Jahrtausenden wurde dann die tiefschwarze, harte **Steinkohle** daraus. Diesen Vorgang nennt man **Inkohlung.**

Wie sich **Erdöl**lager bilden konnten, wissen wir nicht genau. Vermutlich entstanden sie im Meer. Pflanzen und Tiere, die im Meer lebten, starben und sanken zu Boden. Im Schlamm zersetzten sich die Körper. Die dabei entstandenen Substanzen verbanden sich wieder zu neuen Stoffen.

Dabei wurde auch Gas frei. Wenn sich über den toten Pflanzen und Tieren inzwischen weitere Schlammschichten angehäuft hatten, dann sammelte sich das Gas darunter zu großen Blasen. Das sind unsere heutigen **Erdgas**vorräte. Sie reichen noch für etwa 70 Jahre.

# Luft und Himmel

**Wolken** sehen oft aus wie Watte. Aber sie sind nichts anderes als **Nebel.** Und Bodennebel ist wiederum nichts anderes als eine Wolke, die bis zum Erdboden herabreicht.

Je wärmer die Luft ist, desto mehr unsichtbaren **Wasserdampf** kann sie aufnehmen. Kühlt man sie aber ab, dann wird ein Teil dieses Wasserdampfs wieder zu flüssigem Wasser. Du kannst das beobachten, wenn dein Vater an einem heißen Sommertag ein Bier aus dem Kühlschrank trinkt. Kaum gießt er es ins Glas, da wird das Glas außen nass, als wäre es ganz und gar in feine Nebeltröpfchen eingehüllt. Das Glas „beschlägt". Das geschieht, weil die warme Luft sich am kalten Bierglas abkühlt und dann nicht mehr so viel unsichtbaren Wasserdampf in sich halten kann wie vorher.

Luft braucht aber kein Bierglas zum abkühlen. Warme Luft ist leichter als kalte, und deshalb steigt sie auf. In großer Höhe kühlt sie ab, denn je höher man kommt, desto kälter wird es. Die abgekühlte Warmluft kann nun ihren ganzen Wasserdampf nicht mehr halten. Er wird zu flüssigem Wasser. Die winzigen Wassertröpfchen bleiben erst einmal einfach in der Luft hängen, wo sie entstehen. Sie sind so klein und leicht, dass sie nicht herunterfallen. So bilden sich Nebelwolken.

Solche Wassertröpfchenwolken erkennst du daran, dass sie ganz deutliche Ränder haben.

Gelegentlich gibt es aber auch feine Federwölkchen mit völlig ausgefransten Rändern, die so aussehen, als gingen sie allmählich in den blauen Himmel über. Solche Wolken sind kein Nebel. Sie bestehen aus ganz feinen nadelförmigen Eiskristallen. Sie bilden sich, wenn aufsteigende Warmluft in sehr große Höhe gerät. Dort ist es so kalt, dass die Wassertröpfchen sofort zu Eis gefrieren.

Tief hängende **Wasserwolken** ziehen meistens in Höhen von einigen Hundert Metern bis zu etwa zweitausend Metern über unseren Köpfen dahin. Sie sind es, die die Berge einhüllen. Höhere Wasserwolken reichen im Sommer bis etwa sieben Kilometer hinauf. Sie stehen dann höher am Himmel als die höchsten Alpengipfel.

In noch größeren Höhen finden sich während des ganzen Jahres meistens nur **Eiswolken.** Fast alle halten sich bei etwa zehntausend Metern auf. Das ist die Reiseflughöhe von Langstreckenflugzeugen. Nur sehr wenige

*Eiswolke*

Eiswolken steigen noch höher hinauf und bringen es bis auf etwa 30 Kilometer.

Was ist **Luft** eigentlich? Man sieht sie nicht, aber man kann leicht beweisen, dass sie da ist. Luft kann nämlich gehörig drücken. Das siehst du z. B. beim Autoreifen. Der Luftdruck in ihm ist so groß, dass er sogar schwere Lastwagen tragen kann.

Unsere Erde ist von einer Lufthülle umgeben, von der **Atmosphäre.**
Die Luft drückt auf die Erde, weil sie schwer ist, weil sie etwas wiegt. Sie ist sogar viel schwerer, als du denkst. Die Luft in einem nicht allzu großen Wohnzimmer wiegt nicht weniger als 100 Kilogramm.

Luft ist übrigens keine einheitliche Substanz wie zum Beispiel sauberes Wasser. Luft ist eine Mischung aus verschiedenen **Gasen.** Mehr als zwei Drittel sind **Stickstoff.** Das ist ein Gas ohne besonders interessante Eigenschaften. Stickstoff riecht nach nichts, schmeckt nach nichts, verbrennt nicht und nutzt Menschen und Tieren ebenso wenig wie er ihnen schadet. Fast der gesamte Rest der Luft besteht aus **Sauerstoff.** Das ist ein sehr wichtiges Gas. Ohne Sauerstoff könnten wir nicht leben. Wir nehmen ihn in uns auf, wenn wir atmen. Und ohne Sauerstoff könnte nichts auf der Welt verbrennen, kein Holz, keine Kohle, kein Heizöl.

Neben Stickstoff und Sauerstoff gibt es noch eine ganze Reihe anderer Gase in der Luft, aber sie alle kommen nur in verschwindend geringen Mengen vor.

# Regen, Schnee und Hagel

Von den Meeren verdunsten täglich unvorstellbar große Mengen Wasser. Das flüssige Wasser wird gasförmig und die warme Luft nimmt es auf. Wenn die Luft abkühlt, kann sie nicht mehr so viel Wasser halten. Der überschüssige Dampf wird sofort wieder zu flüssigem Wasser, das sich in feinen Tröpfchen in der Luft verteilt. Es bilden sich **Wolken.**

Kühlt die Luft weiter ab, dann werden die Wassertröpfchen größer. Schließlich sind sie so groß, dass sie nicht mehr in der Luft schweben können, sondern herunterfallen: Es regnet aus der Wolke.

Damit **Regen** fällt, muss sich warme feuchte Luft abkühlen. Entweder weht der Wind feuchtwarme Luft in kalte Gebiete oder gegen ein Gebirge. Sie kann nicht weiter und muss vor den Bergen aufsteigen. In größeren Höhen ist es aber kalt und die Luft kühlt ab. Deshalb regnet es in bergigen Gegenden mehr als im Flachland.

Wasser kann auch fest werden, nämlich zu **Eis.** Es gefriert, wenn es unter 0 Grad Celsius kalt wird. Dabei bilden sich viele kleine Kristalle. Gut beobachten kannst du das, wenn im Winter eine Fensterscheibe beschlägt und abkühlt. Dann entstehen auf dem Glas so genannte **Eisblumen.**

Wenn es sehr kalt ist, dann ist jede Schneeflocke ein wunderschöner Kristallstern. Du kannst ihn unter der Lupe bewundern.

Wenn sich eine Wolke bei großer Kälte bildet, dann gefrieren schon die winzigen Tröpfchen zu feinen Eisnadeln. Werden sie größer, dann entstehen daraus Eiskristallsterne, die **Schneeflocken.**

Auch **Hagel** entsteht immer dann, wenn Wolken in großer Höhe nicht allzu kalte Luft vorfinden und sich dort abregnen. Ist es in tieferen Luftschichten kälter, dann gefrieren die Regentropfen beim Herabfallen zu Eisklümpchen. Regen, Schnee und Hagel nennt man auch **Niederschlag.**

# Wind und Wetter

Luft ist zwar leicht, aber sie hat doch ein Gewicht. Deshalb drückt sie auf alles, was unter ihr ist. Dieser **Luftdruck** wird natürlich immer stärker, je mehr Luft sich über dir befindet. Deshalb ist der Luftdruck im Tiefland höher als im Gebirge. Luft lässt sich aber zusammenpressen, dabei wird sie dichter. Im Tiefland wird die Luft wegen des höheren Luftdrucks viel stärker zusammengepresst und ist also dichter als auf einem Berg.

Luftdruckunterschiede bestimmen unser ganzes Wetter. Dazu muss man wissen, dass der Luftdruck nicht nur im Tiefland größer ist als auf den Bergen. Auch an demselben Ort kann er mal höher und mal niedriger sein.

Das hängt mit der **Lufttemperatur** zusammen. Erwärmt sich Luft über warmem Boden, dann wird sie dadurch leichter und steigt auf. Dadurch wird die Luft in Bodennähe weniger und dünner, der Luftdruck sinkt. Geschieht das in einem größeren Gebiet, dann nennen das die Wetterforscher ein **Tiefdruckgebiet.** Auf der Wetterkarte schreiben sie an dieser Stelle ein großes T.

In größerer Höhe kühlt sich die Luft ab und kann nicht mehr so viel Wasserdampf halten wie zuvor. Es entstehen Wolken und Regen. Tiefdruckgebiete sind also Schlechtwettergebiete.

**Hochdruckgebiete** funktionieren genau anders herum. Hier kühlen sich Luftmassen in großer Höhe ab. Dabei werden sie schwerer und sinken zu Boden. Luft, die herabsinkt und sich dabei aufwärmt, kann immer mehr Wasser aufnehmen. Deshalb bilden sich in ihr keine Wolken. Hochdruckgebiete sind also Schönwettergebiete. Auf der Wetterkarte erkennst du sie am großen Buchstaben H.

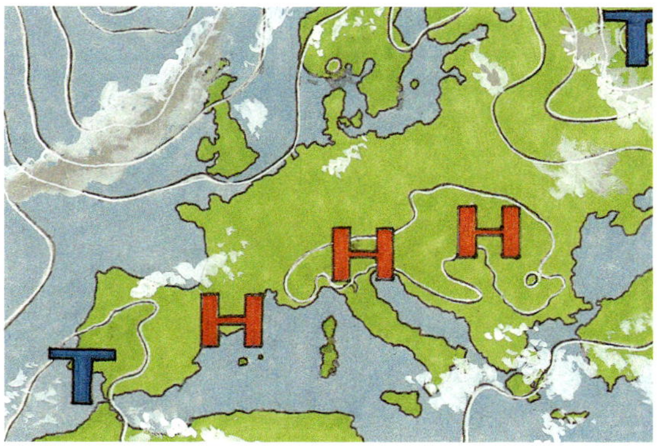


Liegen ein Tief- und ein Hochdruckgebiet dicht nebeneinander, dann verstärken sich die Luftwirbel an ihren Rändern gegenseitig. Zwischen beiden Gebieten entstehen starke **Stürme** und manchmal sogar heftige **Wirbelstürme** (-> Seite 170).

# Gewitter

Dass Blitze durch Elektrizität in der Luft entstehen, hat *Benjamin Franklin* im Jahr 1752 durch ein Experiment gezeigt. Er ließ bei **Gewitter** einen Drachen an einem nassen Band hochsteigen. Das Band war unten an einen Schlüssel geknotet, und dieser wurde durch ein trockenes Seidenband festgehalten. Wenn es blitzte, konnte Franklin aus dem Schlüssel Funken ziehen.

Franklin wusste noch nicht, dass er bei diesem Experiment sein Leben aufs Spiel setzte. Wenn ein **Blitz** in den Drachen geschlagen hätte, wäre er auf der Stelle tot gewesen!

Jahr für Jahr werden etwa 100 Menschen vom Blitz erschlagen. Sie beachten nicht, dass Blitze oft an der höchsten Stelle einschlagen.

Bei Gewitter musst du ein paar wichtige Regeln beachten:
Suche niemals unter einzelnen Bäumen Schutz und lasse niemals Drachen steigen! Schwimme nicht, fahre nicht im Boot oder mit dem Fahrrad. Im Auto bist du vor Blitzen geschützt. Wenn du im Freien von einem Gewitter überrascht wirst, hocke dich auf den Boden.

Die meisten Blitze springen von Wolke zu Wolke. Gefährlich sind nur die Blitze, die von einer Wolke auf die Erde überspringen.

**Gewitterwolken** entstehen, wenn starke Aufwinde vorhanden sind.
In diesen Aufwinden entstehen hoch aufgetürmte Wolken. In der Wolke bilden sich dann Hagelkörner. Die Hagelkörner zerschlagen Wassertröpfchen und werden dabei elektrisch geladen. Im unteren Teil der Wolke geben die Hagelkörner ihre Elektrizität ab. So wird dieser Teil immer stärker aufgeladen, bis die Elektrizität in einem Blitz zur Erde überspringt.

Der Blitz erhitzt die Luft schlagartig auf ein paar tausend Grad. Dabei glüht sie auf und dehnt sich so plötzlich aus, als würde sie explodieren. So entsteht der **Donner.**

Wie weit ein Blitz entfernt ist, kannst du mit einer Uhr herausfinden. Der Donner breitet sich in 3 Sekunden einen Kilometer weit aus. Wenn du zwischen Blitz und Donner 15 Sekunden zählst, war der Blitz also 5 Kilometer entfernt.

**Eine selbstgebaute Blitzmaschine**
Klebe ein Plastikdöschen mit Teppichklebeband oder UHU als Griff auf ein Blech. Lege eine Alufolie auf den Tisch, darauf eine Schallplatte. Reibe die Schallplatte kräftig mit einem Tuch. Setze das Blech auf die Schallplatte.

Wenn du nun eine überstehende Ecke der Alufolie so umbiegst, dass sie das Blech berührt, wirst du einen winzigen Funken überspringen sehen.

Nimm nun das Blech am Griff und bringe es ganz nah an ein Heizungsrohr oder eine Wasserleitung – am besten im Dunkeln. Dann springt ein wenige Millimeter langer Blitz vom Blech ins Heizungsrohr. Wenn du das Blech wieder auf die Platte legst und den kleinen Funken von der Alufolie überspringen lässt, kannst du wieder einen Blitz am Heizungsrohr erzeugen. Erst nach einigen Blitzen musst du die Schallplatte wieder reiben.

Schallplatte und Alufolie werden durch das Reiben mit Elektrizität aufgeladen. Die Elektrizität springt mit einem winzigen Funken auf das Blech und von dort ins Heizungsrohr.

Dass die Schallplatte beim Reiben elektrisch geladen wird, kannst du mit einem Spannungsprüfer kontrollieren. Wenn du ihn der geriebenen Schallplatte näherst, leuchtet die Glimmlampe in seinem Inneren kurz auf.

# Regenbögen

Hattest du schon mal das Glück, so einen herrlichen **Regenbogen** zu sehen?

Früher glaubten die Menschen, Regenbögen wären das Tor zum Himmel. Oder eine riesige Brücke, über die man in den Himmel gelangen kann. In der Bibel war der Regenbogen für Noah das Zeichen, dass die Sintflut zu Ende war und er die Arche mit seinen Tieren verlassen konnte.

Heute wissen wir, dass Regenbögen sich über den Himmel spannen, wenn es vor uns regnet und wenn auf diesen Regen die Sonne scheint.

Ein winziges Stück eines Regenbogens kannst du sogar in einem Spinnennetz sehen, wenn die Sonne auf die Tautropfen scheint. Genauso entstehen die Regenbogenfarben im Himmel: In jedem Regentropfen bricht sich das Sonnenlicht. Dabei wird es in die Regenbogenfarben aufgefächert (-> Seite 202). Manche Tropfen lenken rotes Licht in unsere Augen, andere grünes oder blaues.

Jeder Regenbogen ist ein Stück eines Kreises. Was meinst du wohl, was in der Mitte dieses Kreises ist? In der Mitte ist der Schatten deines eigenen Kopfes. Und wenn du zur Seite gehst, dann wandert dein Regenbogen mit, so wie dein Schatten. Wie dein Schatten zu dir gehört, so gehört auch der Regenbogen zu dir. Manchmal kannst du über dem Regenbogen noch etwas blasser einen Nebenregenbogen sehen. Ist die Reihenfolge der Farben dieselbe wie beim Hauptregenbogen?

# PFLANZEN

# Nadelbäume

Ein Nadelbaum fällt dir sicher sofort ein: der Weihnachtsbaum. Wir singen zwar „O Tannenbaum“, aber meistens ist unser Weihnachtsbaum eine **Fichte.**

Bei einer fünf Jahre alten Fichte siehst du übereinander einzelne astlose Stammstücke. Jedes Stück ist in einem Jahr gewachsen. Dazwischen kommt jeweils ein Quirl kräftiger Äste.

Weder die einzelnen Stammabschnitte noch die Astteile, die während eines Jahres gewachsen sind, wachsen in den Folgejahren weiter. Sie werden nur noch dicker. Das Längenwachstum besorgen immer nur die neuen Triebe.

Die Fichte ist der einzige Nadelbaum, bei dem das Wachstum bis ins hohe Alter so weiter geht wie beim jungen Baum. Deshalb sieht eine frei stehende alte Fichte genau so aus wie ein junger Weihnachtsbaum, nur viel größer eben.

*Freistehende Fichte*

Steht die Fichte aber im Wald, dann entwickeln sich die unteren Äste nicht Jahr für Jahr weiter. Sie sterben ab, weil sie im Schatten der anderen Bäume nicht mehr genügend Sonnenlicht erhalten, um gedeihen zu können. Aber der Wipfel der Fichte sieht noch aus wie ein junger Baum.

Anders als die Fichten verlieren die **Tannen** auch dann ihre alten Äste, wenn sie frei stehen. Dafür entwickeln sich jedes Jahr junge Äste hoch oben in der Krone. Eine Tanne ist deshalb unten niemals so breit wie eine Fichte.

*Junge Weißtanne*

Noch anders verhalten sich **Kiefern.** In den ersten Jahren wachsen sie ähnlich wie Fichten und Tannen. Später entwickeln sie kräftigere obere Äste und vernachlässigen die unteren. Im Alter werfen sie die alten

Äste ab und bilden so einen langen glatten Stamm. Ihre Krone wird dafür breiter und verzweigt sich ähnlich wie die Krone von Laubbäumen:

Die vierte Gruppe unserer einheimischen Nadelbäume bilden die **Lärchen.**

Sie fallen schon als junge Bäume dadurch auf, dass sie ihre Äste ziemlich unregelmäßig um den Stamm verteilen. Lärchen brauchen viel mehr Sonnenlicht als Fichten, Tannen oder Kiefern. Deshalb nutzen sie jeden Fleck aus, um einen Ast in die Sonne schieben zu können. Die Lärchen sind die einzigen Nadelbäume, die im Winter alle ihre Nadeln verlieren.

Alle Kiefernarten haben längere Nadeln als die anderen Nadelbäume. Ihre Zapfen sind dickschuppig und rundlich. Bei den Kiefernarten, die bei uns zu Hause sind, werden sie nur wenige Zentimeter groß. Fichten- und Tannenzapfen sind dagegen immer lang und schlank und haben feine, sehr dünne Schuppen. Sie lassen sich in der Natur aber doch gut unterscheiden. Ausgewachsene **Fichtenzapfen** hängen senkrecht nach unten:

**Tannenzapfen** bleiben aber immer aufrecht stehen:

Wenn du einen langen, schlanken und feinschuppigen Zapfen auf dem Waldboden findest, dann stammt er immer von einer Fichte. Tannenzapfen fallen nämlich niemals als Ganzes zu Boden.

**Lärchenzapfen** schließlich sehen noch anders aus. Sie sind kleiner als die kleinsten Kiefernzapfen, haben breite und dünne Schuppen und sind fast kugelrund.

# Laubbäume

Die ersten Nadelbäume der Welt entwickelten sich vor ungefähr 300 Millionen Jahren. Dann vergingen 200 Millionen Jahre, bis die ersten Laubbäume auftauchten.

Zu den ersten Laubbäumen gehörten die **Weiden** und die **Magnolien** mit ihren wundervollen großen Blüten. Weiden und Magnolien vertreten zwei sehr unterschiedliche Gruppen von Laubbäumen. Die einen haben **Kätzchen,** die anderen tragen Blüten wie Wiesenblumen.

Bäume mit Kätzchen sind so genannte **Windbestäuber.** Sie erzeugen große Mengen Blütenstaub, den der Wind manchmal in richtigen Wolken durch die Luft wirbelt und über weite Strecken davon trägt. Trifft nur ein einziges Staubkorn auf das klebrige weibliche Kätzchen eines anderen Baums, dann befruchtet es dieses, und es können sich Früchte und Samen bilden.

Alle Nadelbäume sind Windbestäuber. Insofern haben die Weiden und andere Kätzchen tragende Laubbäume nichts Neues erfunden. Die Magnolien und andere Laubbäume mit Blumenblüten haben aber gegenüber den Nadelbäumen etwas grundlegend Neues erfunden. Sie brauchen den Wind nicht mehr für ihre Bestäubung. Das besorgen bei ihnen die Insekten, z. B. die Bienen und die Hummeln.

In unseren Wäldern findest du wenige Laubbäume mit großen, auffälligen Blüten. Trotzdem sind viele Waldbäume **Insektenbestäuber.** Und so gut wie alle unsere Obstbäume sind auch Insektenblütler.

Die Früchte und Samen der Laubbäume kann man in zwei Gruppen teilen: solche, die vom Wind fortgetragen werden wie hier beim **Ahorn**

und solche, die durch Tiere verbreitet werden wie die Samenkörner in den roten Beeren des **Vogelbeerbaums.**

Am auffälligsten ist für den Nichtbotaniker, dass Laubbäume Laub tragen, Nadelbäume aber Nadeln. Blätter sind übrigens beide. Auch die Nadeln sind nämlich Blätter. Man kann sie sich vorstellen wie zusammengerollte Laubblätter.

Weil die Laubblätter im Gegensatz zu den Nadeln flach und groß sind, können sie natürlich viele verschiedene Formen annehmen. Die meisten sind so ausgeprägt, dass du allein am Blatt erkennen kannst, um was für einen Baum es sich handelt. Die Abbildung hilft dir, einige wichtige Laubbäume an ihren Blättern zu unterscheiden:

*a Esche, b Rotbuche, c Ahorn, d Eiche, e Birke, f Hainbuche, g Erle, h Ulme*

Laubbäume sind Meister der Anpassung. Sie wachsen im heißen feuchten Tropenurwald genau so wie in trockenen Wüsten, Steppen oder dem Grasland der Savannen. Sie kommen in unserem europäischen Klima mit seinen warmen Sommern und manchmal bitterkalten Wintern zurecht, indem sie während der kalten Jahreszeit einfach ihr Laub abwerfen und Winterschlaf halten.

Schneidet man einen Baumstamm durch, dann sieht man kreisförmige Ringe, die **Jahresringe**. Wenn du sie zählst, weißt du, wie alt der Baum ist.

# Wiesen

Von März bis Oktober freuen wir uns über die Blütenpracht in den Wiesen, über den Geruch des frischen Grases oder des Heus, über das Summen, Zirpen und Singen der Insekten.

Um zu gedeihen, brauchen Wiesen eine Mindestmenge an Feuchtigkeit und im Frühjahr die Sense oder die Mähmaschine. Fehlen Regen und Tau monatelang, dann entsteht statt feuchter, grüner Wiesen die dürre eintönige **Steppe** oder gar **Halbwüste.** Wo es jedoch das ganze Jahr lang feucht ist, aber die Sense fehlt, da siedelt sich bald Wald an.

**Natürliche Wiesen** sind sehr selten. Sie gibt es nur dort, wo die Natur selbst den Wald zurückhält. Einmal ist das im Hochgebirge oberhalb der Baumgrenze der Fall. Dort gedeihen natürliche **Bergwiesen.** Zum anderen trifft das dort zu, wo es Jahr für Jahr größere Überschwemmungen und womöglich auch noch treibende Eisschollen gibt. Aber solche naturbelassenen Flussauen sind bei uns selten geworden. Wir haben fast alle Bäche und Flüsse begradigt und die meisten **Auwiesen** trocken gelegt.

So sind denn fast alle Wiesen unserer Heimat künstliche, vom Menschen geschaffene bewirtschaftete Lebensgemeinschaften. Wunderschön sind sie trotzdem, denn die Natur sorgt dafür, dass sich hier ein vielfältiges und buntes Leben in einer Welt im Kleinen entwickelt.

Die wichtigsten **Wiesenpflanzen** sind nicht die bunten Blumen. Sie sind nur am auffälligsten. Am wichtigsten sind die Gräser. Eine Wiese ohne Gras gibt es nicht.

**Wiesengräser:**
*a Wiesenlieschgras, b Wiesenrispengras, c Deutsches Weidelgras, d Ruchgras, e Wiesenfuchsschwanz, f Flattergras, g Knäuelgras, h Wiesenhafer, i Zittergras, k Weiche Trespe*

Auf den natürlichen Wiesen in Flussauen ist der Boden ständig sehr feucht und manchmal sogar sumpfig. Solche Böden sind immer sauer. Hier gedeihen die typischen **Sauergräser** wie **Binsen** oder **Seggen.** Du erkennst sie daran, dass ihre Stängel oft dreikantig sind, auf keinen Fall aber innen hohl und niemals durch Knoten unterteilt. Diese Sauergräser liebt der Bauer nicht, denn sein Vieh frisst sie gar nicht oder nur sehr ungern.

Fast alle **Süßgräser** mit ihren hohlen, durch Knoten gegliederten Stängeln liefern dagegen ausgezeichnetes Viehfutter.

Gräser sind mit dem Wind befreundet. Er ist es, der ihren Blütenstaub von Pflanze zu Pflanze trägt. Bei den bunt blühenden Wiesenblumen ist das anders. Ihre Bestäubungshelfer sind die **Insekten.** Und weil es so unendlich viele und vor allem so verschiedene Wiesenblumen gibt, leben auf der Wiese auch so viele Insekten.

**Wiesenpflanzen:**

*a Wiesengoldstern, b Scharbockskraut, c Huflattich, d Schlüsselblume, e Kuckuckslichtnelke, f Wiesenschaumkraut, g Trollblume, h Löwenzahn, i Pastinak, k Ehrenpreis, l Bärenklau, m Wiesenglockenblume*

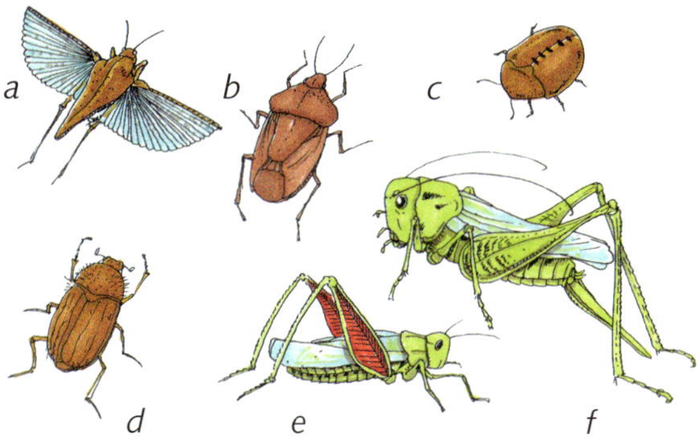


**Wieseninsekten:**

*a Dornschrecke, b Graswanze, c Alant-Schildkäfer, d Junikäfer, e Rotbeinige Feldheuschrecke, f Warzenbeißer (eine Laubheuschreckenart)*

Der **Löwenzahn** ist wohl die bekannteste Wiesenblume. Er heißt auch Butterblume, Kuhblume, Märzenbusch, Milchblume, und natürlich – Pusteblume. Man kann aus seinen jungen Blättern einen wertvollen Wildsalat zubereiten. Löwenzahn ist auch eine vielseitige Heilpflanze.

# Pflanzen am und im Wasser

Besonders gut gedeihen Pflanzen immer da, wo sich Wasser wenig bewegt und der Boden flach ist. Das gibt es auf sumpfigen Wiesen und im Uferbereich von **Teichen** und **Seen** im Flachland.

Die meisten Seen in Deutschland haben keine natürlichen Uferbereiche mehr. Bis dicht ans Wasser ist der Boden befestigt und trockengelegt. Nur so lassen sich direkt am Ufer Straßen oder Häuser bauen. Kleinere Teiche und Tümpel sind da besser dran. Wenn man klein ist, fällt man nicht so auf, und kaum jemand kümmert sich um einen.

Schon ein ganzes Stück vom Teichufer entfernt wird der Boden feuchter, steht aber noch nicht unter Wasser. Diese **Sumpfzone** fällt von weitem auf. Du erkennst sie vor allem an ihren sattgrünen, scharfkantigen Gräsern, an denen man sich leicht schneiden kann. Hier wachsen vor allem **Seggen** und **Binsen:**

Viel weiter kannst du nicht gehen, ohne nasse Füße zu bekommen. Manchmal ist der Boden sandig, und du kannst barfuß weiterkommen.

Nach der Sumpfzone kommt das **Uferröhricht.** Röhricht heißt es, weil hier viele hohe Grasarten wachsen, deren Stängel richtige dünne Rohre sind. Hier gedeihen vor allem **Schilf**arten, Rohrkolben, die gelb blühende **Schwertlilie** oder **Iris** und andere Pflanzen, deren Füße das ganze Jahr über etwas unter Wasser stehen. Diese Röhrichtzone ist die Heimat zahlreicher Wasservögel.

Wird das Wasser zur Teich- oder Seemitte hin allmählich tiefer, dann können die Pflanzen der Röhrichtzone nicht mehr gedeihen. Die Pflanzen, die hier gedeihen, sehen anders aus. Sie wurzeln zwar noch im Seeboden, aber ihre Stängel sind nicht mehr fest und gerade, sondern weich und biegsam. Sie reichen nur bis zur Wasseroberfläche. Du kennst die **Seerosen** und **Teichrosen** mit ihren wunderschönen großen Blüten, die oft von einem ganzen Kranz schwimmender Blätter umgeben sind.

Auch in noch tieferem Wasser gedeihen einzelne Teichpflanzen. Selbst dort noch, wo das Wasser sogar großen Erwachsenen über den Kopf reicht. Aber diese Pflanzen bekommst du nur selten zu sehen. Sie wurzeln im Teich- oder Seegrund, doch ihre Triebe und Blätter bleiben ständig unter Wasser. Einige von ihnen entwickeln kleine, meist weiße Blütchen, die bis zur Oberfläche hinauf reichen und dort manchmal für wenige Tage oder etliche Wochen richtige Blütenrasen bilden, wie hier der **Wasserhahnenfuß:**

Bei uns kann man einige besonders schöne Arten wie die **Wasserhyazinthe** oder den

**Wassersalat** in Gärtnereien kaufen und im Sommer in den Gartenteich werfen. Versuche es einmal, sie kosten kaum mehr als fünf Mark. Bis zu den ersten Frösten gedeihen sie dort recht gut. Und wer keinen eigenen Gartenteich hat, der kann sie auch in einer großen Schüssel oder in einem Eimer im Garten halten.

# Heilpflanzen und Giftpflanzen

Manche Medizinhersteller werben damit, ihre Produkte seien rein pflanzlich. Die Leute glauben dann, diese Mittel hätten keine Nebenwirkungen, weil Pflanzen „natürlich“ sind und die Natur harmlos sei. Aber viele pflanzliche Arzneien sind sogar außerordentlich giftig, wenn man sie falsch anwendet oder zu viel davon nimmt.

Fast alle tödlich giftigen Pflanzen gehören zu den allerbesten **Heilpflanzen,** die wir kennen. Wer es versteht, mit Pflanzengiften vorsichtig und richtig umzugehen, der ist ein großer Arzt. Das wissen alle Naturvölker, von den Indianern bis zu den schwarzen Medizinmännern in Afrika. Das wussten auch unsere Vorfahren, die vor allem in den Klöstern große Pflanzenapotheken einrichteten. Und das wissen auch die Chemiker der modernen pharmazeutischen Fabriken. Denn nach wie vor werden die meisten und oft auch die wirksamsten industriellen Arzneimittel aus **Giftpflanzen** hergestellt.

Wenn ein herzkranker Mensch z.B. Digitalistropfen einnimmt, dann stammen sie vom prächtig blühenden **Fingerhut,** einer der stärksten Giftpflanzen unserer Heimat.

Fingerhut

Erkältungs- und Grippemittel, aber auch Arzneien gegen Rheuma und Gicht enthalten oft „Aconitum“. Das ist der lateinische Name des **Eisen-** oder **Sturmhuts.**

Diese Pflanze mit den tief blauen Blütenkerzen gehört zu den giftigsten Pflanzen überhaupt. Wer Blätter, Blüten, Früchte oder Wurzeln des Eisenhuts isst, stirbt qualvoll und oft schon nach einer knappen halben Stunde. Trotzdem: Der Eisenhut ist eine hervorragende Heilpflanze.

Auf die richtige Menge kommt es an, und die ist beim Eisenhut äußerst gering. Stell dir vor, man würde einen Esslöffel voll Eisenhutsaft in eine große Badewanne voll Wasser schütten und gut umrühren. Dann würde man von dem Wasser aus der Wanne dreimal täglich zehn Tropfen nehmen.

Eisenhut

So stark und noch stärker verdünnt sind Giftpflanzen manchmal in Medikamenten.

Je gefährlicher eine Krankheit ist, desto giftiger sind die Pflanzen, die dagegen helfen. Und umgekehrt: Je harmloser eine Krankheit, desto harmlosere Heilpflanzen reichen meist aus, um ihr beizukommen. Ganz sicher stimmt das nicht in allen Fällen, aber so ungefähr ist es richtig.

Es gibt Hunderte von Heilpflanzen, die ganz und gar nicht giftig sind und ebenso viele, die erst dann unerwünschte Nebenwirkungen zeigen, wenn man sie in großen Mengen isst. Aber in sehr großen Mengen genossen sind sogar Bananen giftig.

Zwischen Heilpflanzen, Küchenkräutern, Gewürzpflanzen, Salatpflanzen und Gemüse kann man keine genaue Grenze ziehen. Gewiss gibt es reine Heilpflanzen, wie das **Johanniskraut,**

*Johanniskraut*

*Kamille*

*Schafgarbe*

aus denen niemand einen Salat oder einen Gemüseeintopf zubereiten wird. Meistens macht man heilende Tees daraus, manchmal auch Gurgelwasser, Zusätze zu Dampfbädern oder alkoholische Kräutertinkturen.

Heilwirkung haben auch die meisten **Gewürzpflanzen,** wie **Kümmel, Anis, Fenchel, Ingwer, Pfefferminze** oder **Salbei.** Viele sind besonders gut für Magen und Darm oder regen die Verdauung an.

Andere Heilpflanzen lassen sich auch verwenden, um Krankheiten vorzubeugen. Sehr gesund sind blutreinigende Frühjahrskuren mit **Löwenzahn, Brennnesselkraut** oder fein gehackten **Bärlauchblättern** im Frühstücksquark.

Als gesund und in vielen Fällen heilend bewähren sich aber auch die meisten Gemüsepflanzen, vor allem solche mit dunkelgrünen Blättern wie **Spinat, Wirsing** oder **Rosenkohl.**

Zu empfehlen sind vor allem die **Wurzelgemüse** wie **Sellerie, Rote Bete, Karotten, Wurzelpetersilie** oder **Kohlrabi.** Sie alle enthalten für den Menschen lebenswichtige Stoffe. Fehlen einige davon, dann werden wir krank. Liefern die Wurzelgemüse sie dem Körper wieder, dann werden wir wieder gesund.

Die *Kräuterhexen* aus dem Mittelalter haben ausgedient. Heute sind die Heilkräfte der Pflanzen kein Geheimnis mehr und wissenschaftlich anerkannt.

# Pilze

Die „Hütchen mit Stiel“ sind gar nicht die ganzen Pilze, sondern nur ein kleiner Teil davon. Man nennt sie **Fruchtkörper,** doch haben sie mit Früchten wenig zu tun.

Diese „Hutmännchen“ erscheinen nur, wenn sich die Pilze vermehren wollen. An der Unterseite der „Hüte“ gibt es viele kleine Fächer,

in denen sich **Sporen** bilden. Das ist ein mehlfeiner Staub, der vom Wind fortgetragen wird. Wo er niederfällt, kann aus den Sporen ein neuer Pilz wachsen.

Sieh dich um! Wenn du wissen willst, wie die eigentlichen Pilze aussehen, dann schau einmal unter der morschen Rinde umgefallener Bäume nach. Sie sehen aus wie ein Geflecht haarfeiner weißlicher Fäden. Diese Fäden nennt man **Hyphen.**

Das ganze Geflecht, also der eigentliche Pilz, heißt **Mycelium** oder **Mycel.** Aus ihm wachsen in wenigen Tagen die Fruchtkörper.

Pflanzensamen können überall keimen, wo feuchte Erde ist. Das Pilzmycel bildet sich dagegen nur, wenn ein Sporenkörnchen auf etwas Nahrhaftes wie eine tote Pflanze oder ein totes Tier gefallen ist. Im Gegensatz zu den Pflanzen brauchen Pilze nämlich grundsätzlich organische Nahrung, also Nahrung, die selbst einmal gelebt hat. Das haben die Pilze mit den Tieren gemeinsam. Deshalb sind Pilze auch keine Pflanzen. Aber Tiere sind die Pilze schließlich auch nicht. Sie zählen weder zum Pflanzen- noch zum Tierreich, sondern zum „Reich der Pilze“.

Die wichtigsten Pilze sind die Ständerpilze, die Schlauchpilze und die Schleimpilze.

Zu den **Ständerpilzen** gehören die meisten der Speisepilze, also z. B. der **Steinpilz,** der **Pfifferling** und der **Champignon.** Aber auch die Giftpilze sind Ständerpilze: der **Fliegenpilz,** der **Knollenblätterpilz** und andere.

Auch manche **Schlauchpilze** entwickeln essbare Fruchtkörper, wie die Trüffeln und Morcheln. Die meisten Schlauchpilze bilden aber gar keinen großen Fruchtkörper. Sie bestehen nur aus dem Mycel. Manche sind für uns nützlich, wie die Hefepilze, die der Bäcker braucht, um seinen Brotteig locker zu machen und die auch beim Bierbrauen und bei der Weingärung wichtig sind.

Die **Schimmelpilze,** die ihr von morschem Holz ebenso kennt wie vom Schimmelkäse, sind ebenfalls Schlauchpilze.

Die pharmazeutische Industrie stellt aus Schimmelpilzen wichtige Arzneimittel her, z.B. **Penicillin.**

Diese geheimnisvollen **Hexenringe** entstehen dadurch, dass sich das Pilzmycel nach allen Seiten ausbreitet und der innere Teil wegen Nahrungsmangel abstirbt.

*Hexenring*

Wenn im Spätsommer und Herbst bei feuchtwarmem Wetter die Hutpilze in großen Mengen aus dem Waldboden wachsen, ist für die Pilzfreunde die Zeit des Sammelns gekommen. Man sollte aber ein guter Pilzkenner sein, um essbare von giftigen Pilzen unterscheiden zu können.

Aber auch Kenner können noch Fehler machen. Zum einen wollen wir ja auch im nächsten Jahr noch Pilze finden. Deshalb dürfen wir die Pilze nicht einfach ausreißen. Besser ist es, sie dicht über dem Boden abzuschneiden. Dann bleibt das Mycel in der Erde und kann sich dort weiter entwickeln.

Gefährliche Fehler können Pilzfreunde zu Hause machen. Lässt man Pilze zu lange liegen oder wärmt fertige Pilzgerichte am nächsten Tag noch mal auf, dann können sich auch in sonst guten Speisepilzen gefährliche Giftstoffe bilden. Viele ernsthafte Pilzvergiftungen gehen auf sie und nicht auf Giftpilze zurück. Pilze sollte man deshalb immer rasch nach dem Pflücken zubereiten und sie auch bald essen.

*giftige Fliegenpilze*

# Essbare Wurzeln und Blätter

In der Steinzeit aßen die Menschen nur **Wildpflanzen,** die sie suchen und sammeln mussten. Aus diesen wählten sie sich die Pflanzen aus, die sie in der Nähe ihrer Hütte aussäen konnten. So brauchte man nicht mehr nach ihnen zu suchen.

In der Natur kommen die Pflanzen, die unsere Bauern kultivieren, kaum noch vor. Und sie schmecken inzwischen völlig anders als Wildpflanzen. Bekömmlich sind unsere **Kulturpflanzen** auch, aber an den Geschmack der Wildpflanzen, die unsere Vorfahren aßen, kommen sie nicht heran.

Du kannst aber auch heute noch viele gesunde Wildpflanzen essen.

Er wächst in feuchten Wäldern oft in ganzen Wiesen und sein Geruch verrät ihn: **Bärlauch** riecht stark nach Knoblauch. Du kannst Bärlauch immer dort verwenden, wo auch Schnittlauch passt.

**Gänseblümchen** findest du den ganzen Sommer hindurch auf jeder Wiese. Die Blätter eignen sich hervorragend als Gemüse, als Salat oder Suppeneinlage. Fein gehackt kannst du sie in Quark mischen.

Die **Brennnessel** ist eines der gesündesten Wildgemüse. Zum Pflücken ziehst du am besten feste Handschuhe an. Man nimmt nur die jungen Blätter und Stängel. Zubereitet werden Brennnesseln genau wie Spinat.

In einer Wildgemüseempfehlung darf der **Löwenzahn** nicht fehlen. Verwendet werden die jungen Blätter und die langen Wurzeln als kräftig schmeckender Frühlingssalat oder in Suppen und Eintöpfen.

Die angenehm sauren Blätter des **Sauerampfers** sind wie alle hier genannten Wildpflanzen sehr gesund. Sie empfehlen sich als Zugabe zu anderen Salaten und Gemüsen und in Suppen.

# Kartoffeln

Botaniker teilen die Pflanzen in Familien ein. Die Kartoffeln gehören zur Familie der **Nachtschattengewächse.** Zu dieser gehören übrigens auch die **Tomaten.** Kartoffeln und Tomaten sind also Verwandte. Zur selben Familie zählen aber auch viele gefährliche Giftpflanzen, z. B. Tollkirsche oder Stechapfel.

Mehr oder weniger giftig sind übrigens alle Nachtschattengewächse, auch die Kartoffel und die Tomate. Doch das Gift findet sich nur im Kraut und in den Blüten. Bekömmlich sind rohe Kartoffeln aber nicht.

Gekocht, gebraten oder frittiert sind die Kartoffeln ein sehr gesundes **Knollengemüse.** Knollen? Ja, die Kartoffeln sind Knollen und nicht etwa Früchte.

Genau genommen sind es Wurzelknollen, die dafür sorgen, dass die frostempfindliche Kartoffelpflanze gut über den Winter kommt. Kartoffeln lagern in ihren unterirdischen Knollen regelrechte Wintervorräte ein. Im nächsten Frühjahr treiben dann neue Pflanzen aus den Knollen. Das geschieht an den Stellen, die man **„Augen“** nennt. Schau dir einmal eine Kartoffel genau an. Sie hat in ihrer Haut hier und da eine kleine dunkle Vertiefung. Das sind die Augen. Lagern die Kartoffeln etwas länger, so siehst du die ersten Triebe:

Bei uns hat es früher keine Kartoffeln gegeben. Sie sind nämlich in Südamerika zu Hause, wo sie das Indianervolk der Inka schon lange anbaute, bevor wir Amerika überhaupt entdeckten. Spanier waren es, die nach 1550 die ersten Kartoffeln nach Europa brachten.

Die eigentlichen europäischen Kartoffelentdecker waren um 1800 die Deutschen. Damals wütete nämlich rund dreißig Jahre lang ein Krieg, und es gab große Hungersnöte. Da stellten kluge Menschen fest, dass gegen den Hunger wohl nur noch Kartoffeln helfen können. Sie sind nicht nur viel nahrhafter als Getreide, sie bringen auch viel reichere Ernten. Seitdem trat die Kartoffel ihren Siegeszug durch Europa an und wurde bald überall zum Hauptnahrungsmittel.

# Getreidearten

Wir Menschen sind in erster Linie Grassamenesser. Unsere Hauptnahrungsmittel wie **Brot** oder **Nudeln** sind alle aus **Mehl** gemacht. Mehl besteht aus gemahlenen Getreidekörnern, und die sind Grassamen. Aber das sind längst keine Wildgräser mehr, sondern gezüchtete und auf Feldern angebaute Gräser. Es gibt viele verschiedene davon:

Wildweizenarten haben schon die Steinzeitmenschen vor 8000 Jahren angepflanzt. In unserer Zeit ist der **Weizen** das wichtigste Getreide der Welt, vor allem **Saatweizen** und **Hartweizen.** Aus dem ersten machen wir Backmehl und Brot (-> Seite 219), aus dem zweiten Nudeln.

Die zweite große Getreidegattung ist die **Gerste.** Damals war sie für den Menschen ebenso wichtig wie der Weizen. Auch heute wird viel Gerste angebaut, aber wir essen nur wenig davon. Der größte Teil wird an Schweine verfüttert.

*Weizen*

*Gerste*

Außerdem brauchen die Brauereien sehr viel Gerste. Mit ihr wird nämlich auch **Bier** gemacht.

*Roggen*

In der Steinzeit pflanzte zunächst niemand **Roggen** an. Aber auf Hochflächen gab es wilden Bergroggen. Als die frühen Bauern dort Weizenfelder anlegten, wucherte dieser wilde Roggen dort als Unkraut. Aus der Not machten die Menschen damals eine Tugend und fingen an, statt Weizen Roggen anzubauen. Den Germanen diente der Roggen schließlich als wichtigstes Brotgetreide. Heute ist Roggen sehr beliebt. Alle dunklen Brotsorten sind Roggenbrote oder Roggenmischbrote. In anderen Ländern isst man fast nur Weißbrot, und das wird aus Weizenmehl gemacht.

Deshalb ist Roggen weltweit heute für die menschliche Ernährung nicht besonders wichtig. Etwa die Hälfte der Roggenernte wird heute als Viehfutter verwendet.

Wie der Roggen tauchte auch der **Hafer** zuerst als Unkraut in Weizen- und Gerstefeldern auf. Heute wird zwar nicht so viel Hafer angebaut wie Weizen oder Gerste, aber eines der wichtigsten Getreide ist er doch.
Du wirst kaum irgendwo Haferbrot finden, doch Haferflocken und Hafermüsli sind weit verbreitet. Die Bauern schätzen Hafer als Kraftfutter.

*Reis*

Der **Reis** ist nach dem Weizen die wichtigste Pflanze für die menschliche Ernährung überhaupt. Für mehr als die Hälfte aller Menschen bildet er die Hauptnahrung.

Reis kann man genau so verwenden wie Weizen oder Gerste. Das heißt, man mahlt ihn zu Mehl und macht daraus Reisgebäck oder flache Reisbrote. Wichtiger ist Reis aber zum Kochen. Damit ersetzt er in vielen Teilen der Welt die Kartoffeln und auch die Nudeln. Und auch Reiswein und Reisbier sind in manchen Ländern sehr beliebt. **Mais** war zuerst das große einheimische Getreide der Indianer. Nach Weizen und Reis ist er heute das drittwichtigste Getreide der Erde. Es gibt viele sehr unterschiedliche Maisgerichte. In Mexiko gehören zum Beispiel die flachen runden Maisfladen zum täglichen Leben. Natürlich kennst du auch das **Popcorn** und die vielen verschiedenen Frühstücksflocken aus Mais, zum Beispiel die **Cornflakes** (gesprochen Kornfleeks).

*Hirse*

**Hirse** war früher eines der wichtigsten Getreide. Man baute sie in warmen Ländern überall dort an, wo der Boden für Reis zu trocken war. Doch die Bedeutung der Hirse nimmt mehr und mehr ab. Vor allem Weizen und Mais verdrängen sie, denn die lassen sich leichter anbauen, bringen größere Ernteerträge und können vielseitiger verwendet werden.

# Obst, das an Bäumen wächst

**Kernobst**
Was Kernobst ist, sagt schon sein Name: Obst mit Kernen. Dazu gehören in unserer Heimat vor allem **Äpfel** und Birnen, aber auch die selteneren Quitten.

Die Früchte der Wildapfelbäume findet man heute noch in manchen Ländern auf dem Markt, z. B. in Saudi-Arabien. Sie sehen genau so aus wie die großen Äpfel, die man bei uns kaufen kann, sind aber so klein wie größere Kirschen. Sie schmecken ziemlich sauer und sind sehr aromatisch. Apfelgärten mit größeren Früchten gibt es aber schon lange. Heute kennen wir viele verschiedene Apfelsorten.

Die **Birnen** sind eng mit den Äpfeln verwandt. Dennoch unterscheiden sie sich deutlich. Apfelbäume haben eine ziemlich runde Baumkrone. Bei Birnbäumen erinnert schon die Form der Baumkrone eher an die Birnenform. Die reifen Birnen sind heller und weicher im Fleisch als die Äpfel und meistens etwas körnig, und fast immer sind Birnen saftiger als Äpfel.

Sehr nahe Verwandte von Äpfeln und Birnen sind die **Quitten.** Die Früchte sehen schon äußerlich recht ähnlich aus. Nur sind sie intensiv gelb. Quitten sind so hart, dass man sie nicht roh essen kann. Außerdem sind sie sehr sauer. Gekocht und zu Mus oder Marmelade verarbeitet sind Quitten aber nicht nur sehr schmackhaft sondern auch sehr gesund.

**Steinobst**
Wie die Kernobstarten, so sind auch die Steinobstarten untereinander alle nahe verwandt. Die bekanntesten sind die Kirschen, Pflaumen und Aprikosen.

Es gibt verschiedene Wildkirschenarten, die du auch heute noch im Wald finden kannst. Doch Vorsicht: Manche sind giftig. Wichtig ist die wild wachsende **Vogelkirsche.** Sie ist die Stammmutter all unserer **Süßkirschen**arten. Daneben gibt es die große Gruppe der **Sauerkirschen,** aus denen man vor allem Marmelade und Konfitüre herstellt.

Allein über die **Pflaumen** sind schon dicke Bücher geschrieben worden. Es gibt sehr viele unterschiedliche Arten: runde und längliche, große und kleine, blaue, rote und gelbe. Manche Sorten sind als **Zwetschgen** bekannt geworden, andere als Rund- oder Eierpflaumen. Wenn du willst, kannst du auch die **Renekloden** und die **Mirabellen** zu den Pflaumen zählen.

Pflaumen werden keineswegs nur als Obst gegessen. Konfitüren und Zwetschgenmus werden ebenso daraus hergestellt wie Kompotte, Trockenfrüchte und sogar alkoholische Getränke wie Pflaumenwein oder -schnaps.

Größer als die Pflaumen sind die **Pfirsiche** mit ihrer leicht wolligen Schale und ihrem dicken, stark runzeligen Kern. Bei uns in Deutschland werden sie kaum angebaut, denn gerade die besten Sorten sind frostempfindlich. Die meisten Pfirsiche, die wir bei uns kaufen können, kommen aus Italien. Übrigens: Es gibt auch Pfirsichsorten mit glatter Schale. Die nennen wir **Nektarinen.**

Weil die **Aprikosen** etwas später als die Pfirsiche blühen, lassen sie sich auch in Deutschland anpflanzen. Die Früchte sehen meistens so aus wie eine Kreuzung aus Pflaume und Pfirsich. Aprikosen sind jedoch eine völlig eigene Gattung.

**Schalenobst**

Schalenobst ist eine reine Handelsbezeichnung, die hartschalige Früchte zusammenfasst, die biologisch oft nicht das Geringste miteinander zu tun haben. Walnüsse und Haselnüsse werden ebenso zum Schalenobst gerechnet wie Edelkastanien, Paranüsse, süße Mandeln oder gar Erdnüsse.

Doch schon bei den Nüssen muss man sehr vorsichtig sein. Streng biologisch betrachtet, sind z. B. **Walnüsse** gar keine Nüsse, sondern Steinfrüchte wie die Kirsche.

*Walnuss*

*Haselnuss*

Genauso wenig wie die Walnuss ist die **Paranuss** eine Nuss. Wirkliche Nüsse sind aber die **Haselnüsse** und auch die **Edelkastanien** oder **Maronen.**

# Beeren

Was **Beeren** eigentlich sind, darüber könnte man lange streiten. Botaniker verstehen unter Beeren etwas ganz Anderes als wir. Sie werden eine **Erdbeere** nie als Beere bezeichnen, sondern als Scheinfrucht. Die eigentlichen Früchte der Erdbeerpflanze sind die kleinen dunkelbraunen Körnchen, die außen auf der roten Haut der Erdbeere sitzen. Die aber heißen Nüsschen. Genauso sind auch **Himbeeren** und **Brombeeren** keine Beeren.

Echte Beeren sind dagegen die **Stachelbeeren, Johannisbeeren, Blaubeeren, Preiselbeeren** oder auch die **Weinbeeren** und sogar die **Tomaten.** Sie alle sind fast kugelig rund und haben viele Kerne in ihrem weichen Fruchtfleisch.

Am einfachsten kommt man zu Beeren, wenn man sie auf Feldern oder in Gärten anpflanzen kann und nicht mühsam in der freien Natur sammeln muss. Das geht aber nicht bei allen Beerenarten. Deshalb spielen auch heute noch **Wildbeeren** eine größere Rolle als andere Wildobstarten. Zu den häufig gesammelten Wildbeeren zählen **Preiselbeeren, Maulbeeren, Holunderbeeren (Fliederbeeren)** und **Sanddorn.** Sie alle werden gar nicht oder kaum angebaut. Wer Wildbeeren sammeln will, muss sie sehr genau kennen. Die meisten bei uns wild wachsenden Beeren sind nämlich sehr giftig, auch wenn sie verlockend rot und saftig aussehen.

Erdbeeren, Brombeeren, Himbeeren und Blaubeeren oder Heidelbeeren wachsen sowohl wild als auch im Garten. Vor allem bei den Erd- und Heidelbeeren sind die Wildformen viel kleiner und deshalb mühsamer zu sammeln. Sie schmecken aber sehr viel besser als die Kulturformen.

Die dritte Gruppe der Beeren umfasst schließlich solche Arten, die es wild gar nicht mehr gibt, oder deren Wildformen nicht gesammelt werden. Dazu gehören vor allem die **Weinbeeren,** die roten und schwarzen **Johannisbeeren** und die **Stachelbeeren.**

*Erdbeere*

*Himbeere*

*Preiselbeere*

*Maulbeere*

*Holunder*

*Sanddorn*

*Brombeere*

*Blaubeere (Heidelbeere)*

# TIERE

# Die Entwicklung der Tiere

*Pteranodon*

*Tyrannosaurus Rex*

Einige Millionen Jahre lang beherrschten die **Dinosaurier** die Erde. Es gab viele verschiedene Arten von ihnen. Der riesige Fleisch fressende **Tyrannosaurus** ist dir bestimmt bekannt. Der **Pteranodon** konnte fliegen. Öffnete er seine Flügel, dann betrug die Strecke zwischen seinen Flügelspitzen acht Meter!

Die Dinosaurier sind ausgestorben. Warum? Genau weiß das keiner. Eine Vermutung ist, dass der Einschlag eines Meteoriten der Grund war.
Wie kam es zur Entwicklung der Dinosaurier? Wie entwickelte sich überhaupt das Leben auf unserer Erde? Welche Tiere gab es, welche starben aus und welche gibt es heute noch? Das sind spannende Fragen, mit denen sich viele Wissenschaftler beschäftigen. Auf einige der Fragen haben sie Antworten gefunden.

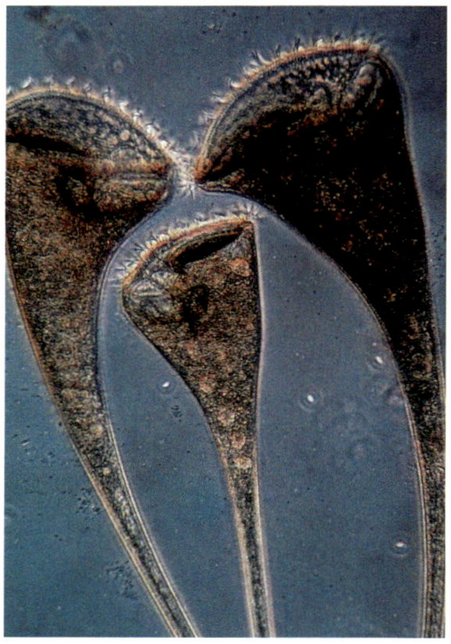

*Einzeller*

Das Leben begann in den Ozeanen mit Lebewesen, die aus nur einer Zelle bestanden, den **Einzellern.** Eine Milliarde Jahre ist es her, dass sich mehrzellige Tiere entwickelten, das waren zum Beispiel **Schwämme** und **Würmer.** Erst viele Millionen Jahre später gab es die ersten Tiere, die das Wasser verlassen konnten. Ihre Flossen waren so stark geworden, dass sie sich mit ihnen an Land fortbewegen konnten und sie hatten Lungen, um die Luft an Land zu atmen. Viele Tierarten entwickelten sich im Verlauf der Jahrmillionen aus ihnen, auch die ausgestorbenen Dinosaurier.

Alle diese Tiere waren wechselwarm. Das bedeutet, dass sich ihre Körpertemperatur der Lufttemperatur anpasste. Zur Zeit der Dinosaurier gab es die ersten Säugetiere. Nach dem Aussterben der Dinosaurier breiteten die Säugetiere sich über die ganze Erde aus und bildeten immer mehr Formen.

*versteinerter Seeigel*

Woher wissen wir, welche Tiere vor Millionen von Jahren lebten? Fossilien ermöglichen es Wissenschaftlern, die frühe Entwicklung im Tierreich zu erkennen. **Fossilien** sind die Überreste ausgestorbener Tiere. An Stränden und in Steinbrüchen kann man sie als Versteinerungen finden, zum Beispiel Seeigel.

Andere Fossilien sind Knochen oder Muschelschalen längst ausgestorbener Tiere.

Die ersten Fossilien von Dinosauriern wurden vor 160 Jahren in England gefunden. Man gab den Tieren den Namen Dinosaurier, auf Deutsch heißt das: Schreckensechsen. Später wurden Knochen von ihnen vor allem in Amerika entdeckt.

*Triceratops*

# Katzen

Die ersten **Katzen** waren Waldtiere. Aus der Zeit haben auch unsere Hauskatzen noch die Fähigkeit, gut zu klettern. Sie haben einen guten Gleichgewichtssinn. Den Schwanz benutzen sie, um besser balancieren zu können. Die **Krallen** sind beim Klettern von Nutzen. Diese Krallen bestehen – wie unsere Fingernägel – aus Horn. Das Besondere an den Krallen ist, dass sie eingezogen werden können. So kann die Katze leise schleichen.

Sollte eine Katze einmal fallen, dann kann sie sich in der Luft so drehen, dass sie mit den Füßen zuerst auf dem Boden aufkommt.

Alle Katzen sind **Raubtiere.** Sie fangen ihre Nahrung durch lautloses Anschleichen und einen schnellen Sprung.

Schon immer haben Menschen Katzen gehalten, um Mäuse zu fangen. Meistens jagen sie bei Nacht. Der Körper der Katzen ist dafür besonders gut ausgebildet:

Katzenaugen können auch dann noch sehen, wenn für unsere Augen nichts mehr erkennbar ist. Die **Pupillen** werden ganz weit, so dass viel Licht ins Auge fallen kann. Bei Tag dagegen sind die Pupillen nur schmale Schlitze.

Noch etwas fällt an den Augen der Katze auf: Sie leuchten in der Dunkelheit, sobald sie angestrahlt werden. Im hinteren Teil des Katzenauges ist eine Schicht, die das Licht zurückwirft wie ein Spiegel und sie leuchten lässt. Dieser *Spiegel* macht es der Katze möglich, bei wenig Licht gut zu sehen.

Die Schnurrbarthaare der Katzen sind besonders empfindlich. Mit ihnen kann sie abtasten, ob sie durch eine Öffnung passt oder nicht.

Wenn eine Katze mit uns zusammen lebt, dann fällt ihr eigensinniges Wesen auf. Wilde Hunde haben immer im Rudel gelebt und erkennen deshalb einen Rudelführer an. Wenn sie mit uns leben, sind es eben „Herrchen" oder „Frauchen", dem sie gehorchen. Ganz anders die Katzen: Sie sind Einzelgänger.

Mit dem **Schnurren** sagt dir eine Katze, dass sie sich wohlfühlt. Der Zungengrund der Katze besteht aus Knochen. Sobald diese Knochen in Schwingung versetzt werden, hörst du das Schnurren.

Hast du schon einmal gefühlt, wie rau die Zunge einer Katze ist? Diese raue Zunge nutzt ihr beim Putzen, denn sie kann sich damit richtig *bürsten*.

Um ihre Katzenkinder auf die Welt zu bringen, sucht sich die Katzenmutter einen ungestörten Platz. Sie bringt drei bis vier Katzenkinder zur Welt. Hast du schon einmal eine ganz junge Katze gesehen? Wenn du auf ihre Augen achtest, dann siehst du, dass die Kleinen blind sind. Erst nach neun Tagen öffnen sich die Augen.

Sechs bis acht Wochen lang trinken kleine Katzen die Milch ihrer Mutter. In dieser Zeit bringt die Katze ihren Jungen vieles bei. Sie zeigt ihnen, wie sie sich anschleichen müssen, um ihre Beute zu fangen, und wie sie sich sauber halten. Wenn du also mal ein Kätzchen haben möchtest, dann achte darauf, dass es nicht zu jung ist.

# Hunde

Wie verschieden doch die Hunde aussehen. Kennst du den kleinen **Pekinesen** und den riesigen **Bernhardiner?**

Sie alle wurden im Laufe einiger Jahrtausende aus dem **Wolf** gezüchtet. Viele Hunderassen sollen eine bestimmte Leistung erbringen. Manchmal verrät schon der Name, zu welchem Zweck sie gezüchtet wurden: Der **Schäferhund** half dem Hirten dabei, die Herde zusammen zu halten.

Verschiedene **Jagdhunde** wurden gezüchtet. So sind die **Terrier** darauf abgerichtet, Füchse aus unterirdischen Bauten zu treiben.

Hunde haben ein **Revier,** aus dem sie alle Eindringlinge vertreiben. Diese Eigenschaft haben die Menschen sich zu Nutze gemacht und Hunde als Wachhunde gezüchtet. Die größte Hunderasse, die **Deutsche Dogge,** eignet sich als Wachhund.

Wertvolle Dienste leisten die **Huskys** in der Arktis: Die Schlittenhunde arbeiten als Zugtiere.

Bestimmt hast du auch schon von Hunden gehört, die dabei helfen, von Lawinen verschüttete Menschen aufzuspüren. Ein Bernhardiner kann einen Menschen riechen, auch wenn der von einer dicken Schneeschicht

bedeckt ist. Ebenso dienen Hunde blinden Menschen als Führer im Straßenverkehr. Andere Hunderassen sollen den Menschen vor allem Gesellschaft leisten. Für all diese Tätigkeiten sind Hunde so geeignet, weil sie gelehrig und gesellig sind und ausgezeichnete Sinne haben, insbesondere eine feine Nase und ein gutes Gehör.

Hat ein Hund die **Witterung** eines Tieres oder eines Menschen aufgenommen, dann kann er ihr mit seiner feinen Nase über weite Strecken folgen. Bei ungewohnten Geräuschen ist ein schlafender Hund sofort wach und reagiert mit Knurren oder Bellen. Die Ohren der Hunde hören Geräusche, die Menschenohren nicht wahrnehmen können.

Weniger gut sind die Augen eines Hundes. Der **Wolf,** von dem der Hund abstammt, lebt in Rudeln und ordnet sich dem Leittier unter.
Lebt ein Hund in einer Familie, dann erkennt er einen Menschen als Leittier an. Wichtig ist die **Dressur,** das heißt, die Erziehung des Hundes.

Die **Welpen** kommen blind und taub zur Welt. Nach zwei Wochen können sie sehen und hören.

Sieh dich um! Beobachte Hunde in deiner Umgebung: Wedeln sie mit dem Schwanz, dann freuen sie sich, dich zu sehen. Doch pass auf, wenn der Hund die Ohren anlegt. Dann solltest du ihn nicht streicheln!

# Goldhamster und Meerschweinchen

Diese beiden Tiere sind die häufigsten und beliebtesten Haustiere. Vielleicht besitzt auch du eines dieser kleinen Tiere?

Die Vorfahren des **Goldhamsters** stammen aus den Steppen Syriens. Nur dort leben die Hamster wild. Ihr goldschimmerndes Fell hat ihnen ihren Namen gegeben.

Sie sind in der Natur selten geworden. **Hamster** bewohnen unterirdische Bauten, in denen sie den Tag verbringen und ihren Winterschlaf halten. Erst in der Dämmerung werden sie aktiv und begeben sich auf die Suche nach Nahrung. Sie fressen vor allem Samen, aber auch andere Pflanzenteile. Das typische Merkmal der Hamster sind ihre Hamsterbacken. In ihnen tragen sie Vorräte in den Bau.

Hamster sind **Nagetiere,** die ihre Vorderzähne durch Nagen schärfen. Die Zähne wachsen ständig nach. Hamster leben – abgesehen von der Paarungszeit – allein. Deshalb ist es völlig in Ordnung, einen Hamster allein zu halten. Hast du Weibchen und Männchen gemeinsam, dann kannst du mit viel Nachwuchs rechnen: Etwa sieben Mal im Jahr bekommt das Weibchen 8-10 Junge. Alle Weibchen, die bei diesem ersten Wurf geboren werden, können bereits nach zehn Wochen wieder Junge bekommen.

Dieser **Feldhamster** ist ein Verwandter unseres Goldhamsters. Er ist doppelt so groß und hat eine andere Fellfarbe. Der Bau des Feldhamsters hat eine Wohnhöhle mit einem oder mehreren Zugängen. Ist einmal ein Verfolger dem Hamster ganz dicht auf den Fersen, dann kann er sich durch eine Fallröhre in seine Höhle retten.

Hamster können die Vorderpfoten wie Hände benutzen, um sich zu putzen oder etwas zu fressen in den Mund zu stecken.

Woher hat das **Meerschweinchen** seinen seltsamen Namen? Ganz einfach – es kam über das Meer und es quiekt wie ein Schwein. Das Meerschweinchen kommt aus Südamerika.

Vor etwa 300 Jahren wurden die ersten Meerschweinchen nach Europa gebracht. In Südamerika leben die Meerschweinchen in größeren Gruppen bis zu 20 Tieren in Erdhöhlen. Tagsüber begeben sie sich auf Nahrungssuche, nachts schlafen sie.

Das Fell der wilden Meerschweinchen ist lang und grau-braun bis schwarz gefärbt. Bei den gezüchteten Meerschweinchen gibt es viele verschiedene Farben und Haarkleider.

Meerschweinchen werden ausgesprochen zutraulich, wenn du dich regelmäßig um sie kümmerst. Erstaunlich ist, wie viele verschiedene Laute sie von sich geben – schrilles Pfeifen oder aufgeregtes Schnarren.

Ein Meerschweinchen bekommt bis zu fünf Junge. Die Jungen sind **Nestflüchter,** das bedeutet, dass sie sofort nach der Geburt sehen und hören können und ihr Fell haben. Drei Wochen lang werden sie noch von der Mutter gesäugt, können aber auch schon Gras oder Getreide fressen.

# Pferde und Ponys

Pferde und Ponys werden nach ihrer Fellfarbe bezeichnet.

*Rotbrauner*

*Schimmel*

*Apfelschimmel*

Pferde und Ponys können nach ihrem **Stockmaß** unterschieden werden. Das Stockmaß wird am Rücken des Pferdes gemessen. Ponys sind höchstens 1,48 m, Pferde können bis zu zwei Meter groß werden.

*Falabella*

Das kleinste Pony, das es auf der Welt gibt, ist das **Falabella.** Es wird nur so groß wie ein Schäferhund.

Ursprünglich haben Pferde in Wüsten und Steppen gelebt. Da sie sich dort nirgends vor ihren Feinden verstecken konnten, waren sie darauf angewiesen, schnell fliehen zu können. So kommt es, dass du ein Pferd selten schlafen siehst. Sie legen sich nur dann zum Schlafen hin, wenn sie sich ganz sicher fühlen. Im Stehen dösen Pferde oft vor sich hin, schrecken aber schon beim leisesten Geräusch wieder auf. Pferde können besonders gut hören und riechen.

Pferde sind Herdentiere. Zu einer Herde gehörten ein **Hengst,** mehrere **Stuten** und die **Fohlen.**

Die neugeborenen Fohlen sind schon weit entwickelt. Bereits wenige Minuten nach der Geburt können sie aufstehen und am Tag nach der Geburt laufen sie schon mit der Herde mit.

Weißt du, wie lange es gedauert hat, bis du laufen konntest? Frage doch einmal nach!

Pferde sind Pflanzenfresser. Neben Gras und Heu fressen sie auch Getreide und gepresstes Kraftfutter. Erstaunlich ist es, wie viel Wasser ein Pferd trinkt: 30 bis 50 Liter am Tag. Das sind drei bis fünf große Eimer!

Die **Hufe** des Pferdes wachsen — wie unsere Finger- und Zehennägel — ständig nach. Der Hufschmied entfernt das nachgewachsene Horn, bevor er dem Pferd das **Hufeisen** einsetzt. Das Hufeisen schützt den Huf. Pferde, die ein Hufeisen verloren haben und weite Strecken auf hartem Boden laufen müssen, verletzen sich.

Im Reitstall lernst du, dass dein Pferd oder Pony gründlich geputzt werden muss. Tiere, die nicht von Menschen geputzt werden, helfen sich: Sie kratzen sich gegenseitig mit den Zähnen am Hals und kämmen die Mähne des anderen durch. Der Körper wird durch das Reiben an Bäumen oder Felsen von Haaren und Schmutz gereinigt.

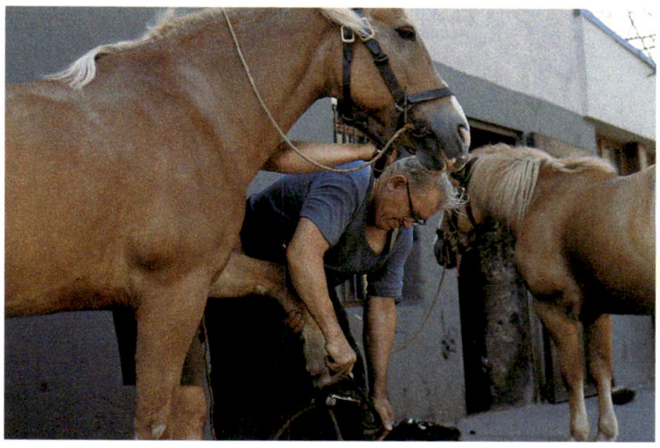

Manchmal kannst du beobachten, wie die Pferde sich im Staub wälzen. Mit der Staubschicht schützen sie sich vor Insektenstichen.

Viele Jahrhunderte lang hat das Pferd dem Menschen geholfen:
Es hat Kutschen gezogen oder die Arbeit getan, die jetzt Traktoren tun. Viele Biogemüse-Bauern arbeiten heute wieder mit dem Pferd, da es nicht so schwer ist wie ein Trecker und deshalb den Boden weniger fest tritt.

# Schafe und Ziegen

**Ziegen** und **Schafe** werden schon viele Tausend Jahre als Haustiere gehalten. Sie geben uns Milch und Fleisch, Leder und Wolle (-> Seite 222).

Die **Schafschur,** das Schneiden des Haarfells, findet im März bis April statt. Ein geübter Mensch schafft das mit einer elektrischen Haarschneidemaschine in einer Minute. Dass Schafe Wolle geben, das weiß jeder.

*Angoraziege*

*Kaschmirziege*

Aber wusstest du auch, dass die feinsten und teuersten Wollsorten von Ziegen kommen? **Angoraziege** und **Kaschmirziege** sind die Lieferanten.

Neugeborene Schafe werden von der Mutter abgeleckt, damit das Fell trocknet. Ein trockenes Fell wärmt besser. Eine halbe Stunde nach der Geburt kann das **Lamm** schon aufstehen. Es ist aber noch wackelig auf den Beinen. Zuerst trinkt es dann bei der Mutter Milch.

**Widder** oder Schafbock heißen die männlichen Tiere. Einige Arten haben Hörner.

Schafe bleiben den Winter über im Stall. Im Frühling bis in den Herbst hinein werden sie von **Schäfern** auf die Weide geführt. In der Heide und auf Deichen sind große Schafherden zu sehen. Dadurch, dass Schafe dort weiden, bleibt die Landschaft erhalten. In der Heide fressen sie die kleinen Triebe der Bäume, so dass kein Wald entstehen kann. Auf den Deichen sorgen die Schafe dafür, dass das Gras kurz und kräftig bleibt.

**Ziegen** lebten ursprünglich im Gebirge. Sie sind gewandte Kletterer.

Bei einigen Rassen tragen die männlichen Tiere, die **Ziegenböcke,** mächtige Hörner. Die Hörner der weiblichen Tiere sind dagegen kleiner. Gezüchtete Milchziegen sind oft hornlos. Die schweizer Saanenziege kann bis zu 5-6 Liter Milch am Tag geben.

Werden Ziegen freilaufend gehalten, sind sie bei der Nahrungssuche Konkurrenten für die Wildtiere. Da sie gern junge Triebe von Bäumen und Sträuchern naschen, können sie ganze Landschaften kahl fressen und damit zerstören.

Ohne Ziegen wären weite Teile des Mittelmeergebietes heute noch bewaldet.

# Kühe und Schweine

**Bullen** oder **Stiere** nennt man die männlichen **Rinder. Färsen** sind weibliche Tiere, die noch kein Kalb bekommen haben. **Kälber** heißen die Jungtiere bis zu einem Jahr. Kuh ist das Wort für ein weibliches Rind, das schon ein **Kalb** geboren hat. Viele Tiere, die wir *Kuh* nennen, haben also genau genommen eine andere Bezeichnung.

Rinder fressen Gras, indem sie ein Büschel mit der rauen Zunge umfassen und abreißen. Unzerkaut wird das Gras hinuntergeschlungen. Es gelangt in den **Pansen,** den vorderen Teil des Magens.

Legen die Rinder sich später hin, dann kommt das Futter in kleinen Portionen wieder in den Mund. Es ist jetzt aufgeweicht und kann von den Backenzähnen zerrieben werden. Diesen Vorgang nennt man **Wiederkäuen.**

Wieso machen die Rinder das – erst schnell fressen, später wiederkäuen? Diese Art zu fressen stammt noch aus der Zeit, als die Rinder wild lebten. Sie gingen ins Grasland und schlangen schnell viel Gras hinunter, ohne Zeit mit Kauen zu verschwenden. Anschließend konnten sie sich in den Wald zurückziehen und – geschützt vor wilden Tieren – wiederkäuen.

Hier kannst du in einen Kuhstall sehen. Die Kühe werden von modernen Anlagen gefüttert und gemolken. Eine Milchkuh liefert 14 Liter Milch am Tag, das sind im Jahr 5000 Liter! Rinder, die wir auf der Wiese sehen, sind meist **Masttiere.** Sie werden gezüchtet, damit wir ihr Fleisch essen können.

Die **Schweine**familie besteht aus der **Sau,** dem **Eber** und den **Ferkeln.** Unser Hausschwein ist aus dem **Wildschwein** gezüchtet worden. Bei

der Züchtung wurde der Körper des Schweines länger und größer, das Gehirn aber kleiner. Trotzdem zählen die Schweine zu den intelligentesten Haustieren.

Das Schwein ist der wichtigste Fleischproduzent. Die meisten Schweine werden heute in großen Ställen gehalten und wir können nur selten welche draußen sehen. Das war früher anders: Die Schweine wurden zum Fressen in den Wald getrieben. Dort haben sie mit ihrer Rüsselnase im Boden nach Nahrung gegraben. Werden Schweine im Freien gehalten, dann lieben sie es, sich im Schlamm zu suhlen. Die Schlammschicht schützt ihre Haut.

Die Schweine im Stall werden gemästet, das heißt, mit kräftigem Futter gefüttert. Nach einem halben Jahr haben sie ein Gewicht von 100 Kilo und werden geschlachtet.

Zwei Mal im Jahr bekommt die Sau 8-14 Ferkel.

Schweine gehören wie Rinder, Pferde und Hirsche zu den **Huftieren.**

# Bienen, Hummeln, Wespen

*Biene*

*Hummel*

*Hornisse*

Sehen wir im Garten eines der vier Insekten, dann ist es schwer sie zu unterscheiden. Wenn du dir die Bilder genau anschaust, dann erkennst du die Unterschiede aber gut.

*Wespen*

Die **Hummel** ist das größte der drei Tiere. Ihr Körper ist auffällig behaart. Bei der **Wespe** ist die schwarz-gelbe Zeichnung sehr ausgeprägt. Es gibt noch zwei andere Merkmale, auf die du zur Unterscheidung achten kannst:

Im Vorfrühling ist nur die **Biene** oder die Hummel zu sehen. Die Wespe taucht erst im Hochsommer auf. Wichtig ist auch, wo wir das Tier antreffen. Bienen und ihre nahen Verwandten, die Hummeln, ernähren sich von Blütenstaub und Nektar. Deshalb sieht man sie auf Blumen. Wespen und die großen **Hornissen** ernähren sich dagegen von anderen Insekten und von Obst. Sie können uns dadurch gefährlich werden, dass wir sie beim Essen von Obst oder beim Trinken süßer Getränke in den Mund bekommen.

Gemeinsam ist Bienen, Wespen, Hornissen und Hummeln, dass sie die **Warnfarben** Gelb-Schwarz haben. Dies zeigt den Vögeln an, dass sie stechen können. Der Stachel der Biene hat Widerhaken, so dass er

stecken bleibt. Die Biene stirbt dann. Anders ist das bei den Hummeln, Wespen und Hornissen. Sie haben einen glatten Stachel, mit dem sie immer wieder stechen können. Übrigens ist es nicht wahr, dass drei Hornissenstiche einen Menschen töten.

Gleich ist auch bei diesen vier Tieren die Entwicklung vom **Ei** über die **Larve** und die **Puppe** zum fertigen Insekt. Ihre Nester sehen aber unterschiedlich aus.

*Honigwaben*

*Papierwaben*

Die **Waben** der Honigbienen, die aus Wachs hergestellt sind, hast du sicher schon gesehen. Die Bienenkönigin legt ein Ei in jede der sechseckigen Waben. Aus Wachs ist auch der kleine Napf, in dem Hummeln sich entwickeln. Wespen und Hornissen bauen ein kugeliges Nest aus Papier. Dazu stellen sie aus Holz, das sie zerkauen, Papier her.

Honigbienen und die häufigsten Wespenarten leben in einem **Staat,** also in einer größeren Gemeinschaft wie Ameisen. Es gibt **Arbeiterinnen,** die die Aufgabe haben, die Königin und die Larven füttern, das Nest zu reinigen und es auszubauen.

Bienen und Hummeln sammeln Blütenstaub, mit dem sie die Larven füttern. Zu diesem Zweck haben sie ihr **Körbchen,** so heißen die Hinterbeine mit den kräftigen Haaren. Daran klebt viel **Blütenstaub,** der in Vorratszellen abgestreift wird.

Die Bienen haben eine besondere Art gefunden, um sich zu verständigen: die Tanzsprache. Sie zeigen durch Geschwindigkeit und Richtung des Tanzes, wo sie Nektar gefunden haben.

Während bei den Bienen der ganze **Schwarm** überwintert, überleben bei den Hummeln, Wespen und Hornissen nur die befruchteten Weibchen den Winter.

Die Verwandlung der Insekten vom Ei über die Larve oder Raupe und die Puppe nennt man vollständige **Metamorphose.** Schau dir die verschiedenen Insekten in diesem Buch an. Bei einem Insekt fehlt eine der Entwicklungsstufen. Findest du es?

# Schmetterlinge

Sicher hast du im Sommer schon die schönen bunten Schmetterlinge gesehen. Sie suchen nach wohlriechenden Blumen, denn die enthalten viel süßen Nektar in ihrer Blüte. Von diesem **Nektar** ernähren sich die Schmetterlinge. Dazu haben sie einen **Saugrüssel.**

Das ist eine Art Trinkhalm, den sie aus- und einrollen können. Schmetterlinge gehören zu den Insekten.

Bevor die Schmetterlinge herumfliegen können, haben sie eine lange Entwicklung hinter sich:

Nachdem das Schmetterlingsweibchen über tausend Eier abgelegt hat, schlüpfen aus diesen die **Raupen.** Die Raupen leben auf Blättern oder im Gras.

Sie sind schwer zu finden, denn ihre Farbe ist unauffällig. Als Schutz gegen Feinde haben viele Raupen Borsten. Die Raupen haben 16 Beine. Sie häuten sich vier bis fünf Mal während sie wachsen. So eine Raupe ist ein sehr gefräßiges Tier: Zuerst frisst sie ihr Ei auf, dann das Blatt, auf dem sie sitzt und schließlich die Pflanze.

Jede Raupe frisst aber nur eine bestimmte Pflanze. Die Schmetterlinge wissen dies und legen die Eier schon auf die richtige Pflanze. So fressen die

Raupen vom **Kleinen Fuchs,** vom **Tagpfauenauge** oder vom **Admiral** nur Brennnesseln. Andere Raupen fressen Disteln. Wenig beliebt bei Gärtnern sind die Raupen des **Kohlweißlings,** denn die fressen nur Kohlblätter.

Ist die Raupe ausgewachsen, spinnt sie um sich einen **Kokon,** das ist eine feste Hülle aus einem Faden, den sie selbst herstellt. Mit diesem Faden hängt sie sich an ein Blatt oder an einen Ast. Sie verwandelt sich in die **Puppe.**

Die Puppe ist ganz unbeweglich in ihrem festen Kokon und frisst nichts. Sobald im Inneren der Puppe die Verwandlung beendet ist, platzt die Kokonhaut auf und der Schmetterling schlüpft ins Freie. An der Sonne lässt er seine Flügel trocknen. Schließlich fliegt er davon, auf der Suche nach süßem Nektar.

Schmetterlinge können mit ihren *Facettenaugen* (-> Seite 138) sehr gut sehen. Sie nehmen jede Bewegung schnell wahr, um vor Gefahr gewarnt zu sein.

Schmetterlinge haben keine Nase zum Riechen, sie riechen aber hervorragend mit ihren Fühlern. Die **Fühler** können in alle Richtungen gedreht werden. So finden Schmetterlinge gut duftende Blumen.

Etwas Besonderes haben die Beine des Schmetterlings. Sie werden zum Gehen, zum Festhalten aber auch zum Schmecken benutzt! Der Schmetterling weiß sofort ob eine Blume gut schmeckt, sobald er sich auf sie setzt.

Die Flügel sind mit winzig kleinen Schuppen bedeckt. Von oben sehen wir die Schmetterlingsflügel mit ihren schönen Farben. Sitzen sie jedoch still und legen ihre Flügel aneinander, dann sind viele Schmetterlinge durch ihre Farben gut getarnt.

Wird es kalt, dann sterben viele Schmetterlinge; einige überwintern in Häusern und Schuppen.
Die Schmetterlingsraupen und Puppen aber überstehen den Winter, so dass wir im nächsten Sommer neue Schmetterlinge sehen können.

# Spinnen

Fester als Stahl gleicher Dicke ist der Faden, aus dem die **Spinnennetze** sind. Den Faden produziert die Spinne mit **Spinndrüsen,** die am Hinterleib sitzen. Aus ihnen kommt ein feiner, flüssiger Strahl, der an der Luft hart wird.

Eine Spinnenart, die bei uns häufig ist, ist die **Kreuzspinne.** Siehst du die Zeichnung auf ihrem Rücken? Daher hat sie ihren Namen.

Hier kannst du sehen, wie das komplizierte Gespinst ihres Fangnetzes zustande kommt: Die Spinne knüpft einen Rahmen, in den zuerst die Speichen, dann die Spirale eingewebt werden. In den klebrigen Fäden der Spirale bleibt die Beute hängen. Wieso bleibt dann eigentlich die Spinne selbst nicht in ihrem Netz kleben? Das liegt daran, dass ihre Haut von einem Ölfilm bedeckt ist.

Die Kreuzspinne baut alle zwei Tage ein neues Spinnennetz, mit dem sie ihr Futter fängt. Vom Netz baumelt ein Faden herunter. Bewegt dieser Faden sich, dann weiß die Spinne, dass ihr Beute ins Netz gegangen ist. Sie lähmt die Beute durch einen Biss, wickelt sie in viele Spinnfäden ein und saugt sie aus.

Die **Hausspinne** baut in Zimmerecken ihre Netze, die wie Trichter aussehen.

Die Weibchen der **Wolfsspinnen** kümmern sich besonders nett um ihre Kleinen: Sie tragen den Eikokon und später ihre Jungen auf dem Rücken mit sich herum. Die Wolfsspinnen

sind schnelle Läufer, die ihre Beute im Sprung fangen. Anders als die meisten Spinnenarten können Wolfsspinnen gut sehen.

Ganz typische Netze, die besonders im Herbst zu sehen sind, baut die **Baldachinspinne.**

Es gibt sogar eine Spinnenart, die im Wasser lebt: die **Wasserspinne.** Diese Tiere bauen Tauchglocken aus Spinnenfäden. Zum Atmen holen sie sich Bläschen voller Luft unter die Tauchglocke.

Alle Spinnen haben acht Beine zum Laufen und zwei zum Tasten. Anders als die Insekten haben Spinnen keine Facetten- sondern Punktaugen, immerhin acht Stück.

Die meisten Arten sehen trotzdem nicht gut. Sie orientieren sich vielmehr über den Tastsinn.

Die meisten Spinnen sind giftig. Mit dem Gift töten sie die Beutetiere. Gefährlich für den Menschen sind einheimische Spinnenarten aber nicht. Sie sind sehr nützlich, da sie Unmengen Insekten fressen.

Im Herbst legt das Weibchen **Eikokons** aus Spinnfäden mit einigen Hundert Eiern. Im Frühjahr schlüpfen daraus die jungen Spinnen, die sich mehrmals häuten.

Wenn du eine Fliege fängst und sie in das Netz einer Kreuzspinne legst, dann kannst du gut beobachten, wie sie eingewickelt und ausgesaugt wird.

# Schnecken

Wie Regenwürmer sind auch Schnecken nur bei nassem Wetter zu sehen. Ist es trocken, dann verstecken sich die Landschnecken an feuchten Plätzen oder kriechen in ihr Schneckenhaus.

Die Häuser dieser beiden Schnecken kannst du leicht finden. Es sind die **Weinbergschnecke** (unten) und die **Hain-Bänderschnecke** (oben).

Der Bauch der Schnecken ist ein langgestreckter Fuß, auf dem sie gleiten.

Dabei hilft ihnen der Schleim, der als Spur sichtbar ist. Schnecken haben 2 oder 4 **Fühler,** auf denen die Augen sitzen. Doch besser als mit den Augen können Schnecken die Umgebung durch das Tasten mit Fühlern und Lippen wahrnehmen. Die *Zähne* der Schnecken sitzen auf der Zunge. Sie sind aus Horn und zerreiben die Nahrung.

Für die kalten Wintermonate haben Schnecken einen besonderen Schutz: einen Kalkdeckel, der das Haus verschließt.

Schnecken ohne Haus heißen **Nacktschnecken.** Sie richten im Garten in feuchten Jahren großen Schaden an, denn sie fressen Blätter und Früchte.

Viele Schneckenarten leben im Meer, in Seen oder Tümpeln. Diese **Strandschnecke** lebt im Meer. Ihr Gehäuse findest du am Strand.

Die meisten Schneckenarten sind **Zwitter.** Sie sind Männchen und Weibchen zugleich. Zur Fortpflanzung befruchten sich zwei Schnecken gegenseitig, die dann beide Eier legen.

# Regenwürmer

Ist dir schon einmal aufgefallen, dass du einen **Regenwurm** fast nur bei Regenwetter siehst? Der Grund dafür ist, dass er keinen Schutz gegen die Sonne besitzt wie unsere Haut. Er würde also ganz schnell austrocknen. Bei trockenem Wetter oder bei Kälte liegt der Regenwurm lieber in seinem Erdbau. Wie es da wohl aussieht unter der Erde?

Die unterirdischen Gänge des Regenwurms können bis zu zwei Meter tief sein. Diese Gänge halten den Erdboden schön locker. Wasser und Wärme gelangen gut zu den Wurzeln der Pflanzen. Deshalb ist der Regenwurm bei Gärtnerinnen und Gärtnern ein beliebtes Tier.

Noch aus einem anderen Grund ist der Regenwurm im Garten ein ausgesprochen nützliches Tier. Er zieht welkes Laub und Früchte, die am Verrotten sind, hinunter in seine Gänge und verwandelt sie dadurch, dass er sie frisst, in fruchtbare Erde.

Der Körper des Regenwurms besteht aus zwei Muskelschichten. Die eine Schicht geht vom Kopf bis zum Hinterende, die andere Schicht liegt ringförmig um den Körper. Diese Muskeln helfen dem Regenwurm sich zu bewegen, denn er hat ja keine Beine.

Fallen dir die vielen kleinen **Borsten** am Körper auf? Mit diesen Borsten kann sich der Regenwurm im Boden festhaken. Das ist für ihn recht praktisch, wenn Vögel ihn fressen wollen. Mit den Borsten hält der Wurm sich so fest, dass es dem Vogel oft nicht gelingt, ihn aus dem Boden zu ziehen. Manchmal reißt dabei ein Stück vom Wurm ab. Das ist aber nicht so schlimm, denn der Regenwurm kann sein Schwanzende nachwachsen lassen.

Bei den Regenwürmern gibt es — wie bei den Schnecken — keine Männer und Frauen. Zum Kinderkriegen müssen sich dennoch zwei Regenwürmer treffen. Sie legen dann einen **Kokon** mit etwa 20 Eiern in den Boden. Diese Eier können Kälte und Hitze überstehen. Aus einem Kokon schlüpft nach einiger Zeit ein neuer Regenwurm, der sofort für sich sorgen kann.

# Marienkäfer und andere Käfer

Alle **Käfer** haben sechs Beine. Sie gehören zu den **Insekten.** Die zwei dünnen Flügel der Käfer werden unter den bunten, harten Flügeldecken geschützt, wenn sie nicht fliegen. 1000 unterschiedliche Käferarten gibt es bei uns.

Der **Marienkäfer** ist ein nützliches **Insekt,** da er im Garten die grünen **Blattläuse** frisst. Mit den Fühlern tastet er nach Nahrung.

Auch die orangefarbenen Marienkäfereier findest du auf Pflanzen mit Blattläusen. Aus den Eiern schlüpfen nach 5-8 Tagen **Larven.**

In den 10-15 Tagen, bis sie ausgewachsen sind, fressen sie einige Hundert Blattläuse! Dann verpuppen sich die Larven. Die **Puppen** hängen an der Unterseite von Blättern. Aus ihnen schlüpfen die Marienkäfer.

Die gepunkteten Marienkäfer bekommen ihren Namen von der Anzahl der Punkte: Am häufigsten ist bei uns der 7-Punkt, aber auch den 22-Punkt kannst du finden. Die leuchtenden Farben der Marienkäfer — rot, gelb oder orange — haben einen Sinn. Es sind **Warnfarben,** die den Vögeln sagen: Ich schmecke scheußlich!

Hattest du schon einmal einen Marienkäfer auf der Hand? Vielleicht ist dir eine gelbe Flüssigkeit aufgefallen? Sie kommt aus den Beingelenken. Mit dieser unangenehm riechenden Flüssigkeit wehrt sich der Marienkäfer, denn sie hält Vögel und Ameisen von ihm ab.

Ein Käfer, den du in Teichen findest, ist der **Gelbrandkäfer.** Um zu atmen, streckt er seinen Hinterleib aus dem Wasser und bildet eine Luftblase unter den Flügeldecken. Der Gelb-

randkäfer überwintert im Schlamm auf dem Boden des Teiches. Er ist ein gefährlicher Räuber mit kräftigen Kiefern, der sich von Larven, Wasserinsekten, Kaulquappen und sogar kleinen Fischen ernährt.

Die Oberkiefer des **Hirschkäfers** sehen aus wie ein Geweih. Damit kämpfen die Männchen und versuchen, sich gegenseitig umzuwerfen. Hirschkäfer leben in Baumstämmen und morschen Baumstümpfen.

Die **Mistkäfer** haben ihren Namen, weil sie in der Nähe von Mist und Dung leben, in dem ihre Larven aufwachsen.

Besonders schön glänzt der Panzer des **Goldlaufkäfers.** Er lebt auf Feldern und in Gärten und ist nützlich, da er sich von Schädlingen ernährt. Fliegen kann der Goldlaufkäfer nicht. Seine Flügel sind verkümmert und die Deckflügel miteinander verklebt. Fühlt er sich bedroht, dann spuckt der Goldlaufkäfer aus, was er im Magen hat. Und da das ganz schön stinkt, vergeht vielen Tieren der Appetit auf den Käfer.

Der **Maikäfer** braucht vier Jahre für seine Entwicklung. Die meiste Zeit verbringt er dabei in der Erde: Drei Jahre lebt die Larve, die **Engerling** heißt, im Boden. Der Engerling verwandelt sich in die Puppe. Im Herbst schlüpft der Maikäfer, der noch den Winter über im Boden verbringt, bis er im Frühjahr auftaucht. Heute ist der Maikäfer selten geworden.

# Hasen und Kaninchen

**Hasen** und **Kaninchen** sehen sich recht ähnlich und werden deshalb oft miteinander verwechselt. Aber sowohl im Aussehen als auch in den Lebensgewohnheiten gibt es deutliche Unterschiede.

Schau dir die Bilder an. Wenn sie so nebeneinander stehen, erkennst du schon etliche Unterschiede:

Der Hase ist größer als das Kaninchen und wiegt etwa das Doppelte: Das Kaninchen wiegt ungefähr 2 kg, der Hase 4 kg. Die Ohren, die bei Hase und Kaninchen **Löffel** heißen, sind beim Hasen deutlich länger, ebenso die **Hinterläufe,** also die Hinterbeine. Auch die Fellfarbe ist unterschiedlich: grau mit weißem Bauch ist das Kaninchen, gelb-braun der Hase.

Viel vertrauter sind wir Menschen mit den Kaninchen. Sie werden gerne als Haustiere gehalten, aber auch Wildkaninchen lassen sich bei Spaziergängen durch Felder oder im Park beobachten.

Und so leben die Kaninchen:
Sie bauen sich lange Gänge und Höhlen unter der Erde, in denen sie in einer Kolonie, das heißt, mit mehreren Großfamilien zusammen, leben.

Kaninchen vermehren sich rasch.
Jede Kaninchenmutter bekommt 4 bis 7 Mal im Jahr bis zu 9 Junge. Das sind in einem Jahr also 40-50 Kaninchen-

kinder. Die Kaninchenjungen kommen mit geschlossenen Augen und nackt, d.h. ohne Fell, auf die Welt. Deshalb ist es für sie besonders wichtig, in einem geschützten Erdbau zu wohnen. Feinde, wie z.B. Füchse, gelangen nicht so leicht in den Erdbau hinein.

Hasen leben nicht in Höhlen unter der Erde. Sie bauen sich eine **Sasse,** das ist eine Mulde in der Erde. In einer Sasse lebt nur ein Hase. Hasen sind Einzelgänger. Liegt der Hase tagsüber in seiner Sasse, so ist er durch seine Fellfarbe gut getarnt. Der Hase passt sehr gut auf, dass sein Schlafplatz nicht entdeckt werden kann. Er geht deshalb nicht direkt dorthin, sondern hoppelt erst einmal im Abstand von drei Metern daran vorbei. 20 Meter weiter dreht er um, läuft in seiner eigenen Spur zurück und springt mit einem großen Satz in seine Sasse.

Ein Hase kann besonders gut hören. Die großen Löffel können in verschiedene Richtungen gewandt werden und warnen ihn bei Gefahr. Sofort springt der Hase weg. Er erreicht dabei Geschwindigkeiten bis zu 70 Stundenkilometern! Die langen Hinterbeine hat der Hase also, um schnell fliehen zu können. Der Hase wendet auf der Flucht noch einen Trick an: Er schlägt **Haken.** Ganz plötzlich ändert er seine Richtung, um den Verfolger zu verwirren.

Eine Hasenmutter bekommt drei bis vier Mal im Jahr 2 bis 5 Kinder, also 10 bis 20 jedes Jahr. Hasenkinder, die ja nicht im Schutz einer Höhle zur Welt kommen, werden mit Fell geboren und öffnen ihre Augen bald.

# Igel und Maulwurf

Eine Igelmutter bekommt einmal im Jahr 3-7 Junge, die nach der Geburt noch blind sind. Siehst du, dass auch die ganz kleinen Igelkinder schon **Stacheln** haben? Während der Geburt sind die Stacheln in Hautpolster eingebettet, damit die Igelmutter sich nicht verletzt. Bei den Igeljungen sind die Stacheln noch weich und weiß. Sie härten erst mit der Zeit aus.

Ein ausgewachsener Igel hat schließlich 6000 harte Stacheln. Durch besondere Muskeln kann der Igel sich zu einer Kugel zusammenrollen. Die spitzen Stacheln stehen jetzt zu allen Seiten ab. So ist er vor größeren Tieren, die ihn fressen wollen, sicher geschützt. Leider rollt der Igel sich auch in diese Verteidigungshaltung, wenn er auf der Straße ist und ein Auto näher kommt. Dadurch werden sehr viele Igel überfahren.

Igel schlafen am Tag und sind nachts wach. Deshalb können sie besser riechen, hören und tasten als Menschen, aber nicht so gut sehen. In der Dämmerung und nachts fallen sie durch ihr lautes Schnüffeln und Schmatzen auf. Mit der Nase und den Ohren erkennt der Igel seine Feinde und findet Nahrung. Ein Igel ist im Garten nützlich, denn er frisst gerne Schnecken, Insekten, Würmer und im Herbst Fallobst. Wird im Garten aber Schneckengift ausgestreut, so stirbt daran auch der Igel.

In einem Reisig- oder Laubhaufen haben die Igel ein gutes Versteck für ihren **Winterschlaf.**

Sind das nicht tolle Schaufeln? Die braucht der Maulwurf um Gänge und Kammern unter der Erde anzulegen.

Die Erde, die dabei herausgeschaufelt wird, finden wir als **Maulwurfshügel.** Unter einem besonders großen Hügel befindet sich das Nest des Maulwurfs. Er hat es mit welken Blättern, Moos und Gräsern weich ausgepolstert.

In diesem Nest werden einmal im Jahr 4-5 nackte, blinde Junge zur Welt gebracht. Nach 2 Wochen ist ihnen ein Fellkleid gewachsen. Ihre Augen öffnen sich nach 22 Tagen.

Der Maulwurf hat ein samtweiches, kurzes dichtes Fell. Ohrmuscheln hat er nicht, die würden ihn in seinen schmalen Gängen stören. Er kann trotzdem gut hören. Die Augen sind tief im Fell verborgen. Sehr wendig bewegt der Maulwurf sich vorwärts und rückwärts durch die engen Gänge. Dabei sucht er nach Schnecken, Insektenlarven und Würmern, die in seine Gänge geraten sind.

Igel und Maulwürfe gehören zur Gruppe der **Insektenfresser.** Typisch für diese Tiere ist die spitze Schnauze, die vielen spitzen Zähne und der riesengroße Appetit auf Insekten, Würmer und Schnecken. Gemeinsam ist ihnen auch, dass sie schlechte Augen haben, aber hervorragend riechen, hören und tasten können. Diese gut ausgebildeten Sinne brauchen sie, da sie sich im Dunklen zurechtfinden müssen.

Igel haben oft Flöhe, was ihnen nicht viel ausmacht. Dass Igel soviel Flöhe wie Stacheln haben, ist aber sicher ein Märchen. Da sie sich jedoch im Garten gern an den selben Stellen aufhalten wie Katzen, sind sie die Hauptüberträger des Katzenflohs.

Findest du im Herbst einen kleinen schmächtigen Igel, dann kannst du bei einem Naturschutzverein oder im Tierheim anrufen. Dort fragst du nach, wie du dem Igel helfen kannst, den Winter zu überleben.

# Mäuse und Ratten

*Hausmaus*

Die beiden Mäuse hier gehören zur Familie der **Echten Mäuse.** Es sind **Nagetiere** mit spitzen scharfen Zähnen. In der Dämmerung und nachts sind sie munter. Echte Mäuse sind schlank und haben einen Schwanz, der noch einmal so lang ist wie ihr Körper.

Ihren Namen haben die Mäuse nach dem Ort , an dem sie sich am liebsten aufhalten. Die **Hausmaus** lebt also vorwiegend in Gebäuden, in Vorratskammern oder Ställen. Dort baut sie sich ein Nest aus Stoff- und Papierresten, die sie findet. In diesem Nest bringt sie mehrmals im Jahr zwischen 6 und 12 Junge zur Welt. Die Hausmaus ist ein Allesfresser, doch ihre besondere Vorliebe sind Körner.

Die **Waldmaus** fällt durch ihre großen Augen und Ohren auf. Waldmäuse können schnell laufen und weit springen. Sie graben sich Erdhöhlen, in denen sie schlafen und ihre Jungen großziehen. Ihre Nahrung sind Samen von Gräsern, aber manchmal auch Insekten.

Die **Zwergmaus** ist die kleinste Maus, die es gibt. Sie ist auch in Wirklichkeit nicht größer als auf dem Bild. Um an Grassamen oder Getreidekörner zu kommen, kann sie an den Halmen emporklettern. Beim Hinunterklettern benutzt sie den Schwanz, um sich festzuhalten.

*Waldmaus*

Auch die Ratten gehören zur Familie der Echten Mäuse. Bei uns kommen die **Wanderratte** und die **Hausratte** vor. Die Wanderratte ist ein ganz besonders fruchtbares Tier. Etwa alle 45 Tage wirft sie 20 bis 22 Junge!

Die Wanderratte ist ein Tier, das sich an verschiedene Lebensbedingungen sehr gut anpassen kann. Deshalb ist es ihr in einigen Jahrhunderten gelungen, sich von Asien – das war ursprünglich ihre Heimat – über die ganze Welt zu verbreiten. Viele der Wanderratten sind mit Schiffen in andere Teile der Welt gefahren worden. Dort konnten sie sich dann schnell vermehren.

Sie leben in der Nähe des Menschen, in Abwasserkanälen oder auf Müllplätzen, in Kellern oder Ställen. Wanderratten leben in Rudeln, die eng zusammenhalten. Sie helfen sich gegenseitig und kämpfen gemeinsam gegen Feinde. Am liebsten fressen Ratten Samen. Doch als Allesfresser dienen ihnen auch Früchte, Abfälle und tote Tiere als Nahrung.

Ratten sind als Krankheitsüberträger gefürchtet. Im Mittelalter waren sie für die Verbreitung der schrecklichen Pest verantwortlich.

Die **Hausratte** lebt ähnlich wie die Wanderratte. Bei uns ist sie selten geworden.

*Feldmaus*

Alle Mäuse und Ratten, über die du bis hier gelesen hast, gehören zur Familie der Echten Mäuse. Daneben gibt es noch die Familie der **Wühlmäuse.** Den Namen haben sie bekommen, weil sie sich Gänge unter der Erde wühlen, in denen sie leben. Bei den Gärtnern sind sie deshalb recht unbeliebt. Sie fressen dann von unten die Wurzeln der Pflanzen ab. Anders als die Echten Mäuse haben Wühlmäuse nur einen kurzen Schwanz. Zu den Wühlmäusen gehört die **Feldmaus,** die bei uns sehr zahlreich vorkommt.

# Fledermäuse

Fledermäuse fliegen und jagen nachts. Die meisten Arten ernähren sich von **Insekten,** wie Mücken oder Nachtfaltern, die sie sich im Flug schnappen. Lange dachte man, sie hätten besonders gute Augen (-> Eulen, Seite 120, -> Katzen, Seite 90). Doch vor 200 Jahren machte ein Wissenschaftler einige Versuche mit ihnen: Er ließ sie in dunklen Räumen fliegen – sie stießen nie an. Er blendete sie – trotzdem flogen sie sicher. Aber dann steckte er ihnen Stöpsel in die Ohren – und sie fielen zu Boden!

Heute weiß man, dass die Fledermaus ständig ganz hohe, für uns unhörbare Töne von sich gibt. Diese Schallwellen reichen etwa vier bis fünf Meter weit. Sobald die Töne in diesem Umkreis auf ein Hindernis stoßen, kommt ein **Echo** zurück.

Dieses kann die Fledermaus mit ihren großen Ohren auffangen. Sie kann so auch unterscheiden, aus welcher Richtung ein Geräusch kommt. Nur an diesem Echo kann sie erkennen, wie groß ein Hindernis ist – ob sie also einem Baum ausweichen muss,

oder eine Mücke fressen kann – und wie weit das Hindernis von ihr entfernt ist. Die Fledermaus kann sich mit diesem Echo so gut orientieren, dass sie eine wahre Flugkünstlerin ist und sich von kleinen Insekten ernähren kann, die sie mit ihren Ohren findet. Die Augen der Fledermaus sehen nicht gut. Mit ihnen kann sie nur unterscheiden, ob es hell oder dunkel ist.

Fledermäuse leben in Baumhöhlen, Dachspeichern und Höhlen. Dort verbringen sie den Tag kopfunter schlafend. An jeder der fünf Zehen der Hinterhand ist eine Kralle, mit der sie sich sicher festhaken können. Auch den Winter verbringen sie im Winterschlaf in ihren Höhlen. Dabei sinkt ihre Körpertemperatur auf einige Grad ab.

Fledermäuse sind **Säugetiere,** das bedeutet, dass sie keine Eier legen wie Vögel, sondern lebende Junge zur Welt bringen. Die Fledermäuse bringen im Juni ein, manchmal zwei Junge zur Welt. Neugeborene Fledermäuse sind blind und nackt, doch sie können sich sofort nach der Geburt festklammern, so dass sie hängen. Nach etwa sechs Wochen beginnen sie — zunächst noch unsicher — zu fliegen.

Der Fledermausflügel hat lange dünne *Finger*, die durch eine Haut miteinander und mit dem Körper verbunden sind. Dieser Flügel kann zusammengeklappt werden, wenn die Fledermäuse schlafen. Wichtig ist die Pflege der Flügel: Die Fledermaus hat Drüsen, die beim Putzen Fett absondern. Damit werden die Flügel eingerieben, denn so trocknen sie nicht aus.

Im Flug unterscheiden sich Fledermäuse von Vögeln durch die schnelleren Flügelbewegungen und den schnellen Zick-Zack-Flug.

Fledermäuse sind sehr scheue Tiere, deren Lebensraum durch den Menschen stark eingeschränkt wird. Durch die Verwendung von Insektenbekämpfungsmitteln finden sie immer weniger Futter. Alle heimischen Arten sind vom Aussterben bedroht.

Fledermäuse kannst du an warmen Sommerabenden in Dörfern beobachten, wo sie zwischen den Bäumen Insekten jagen.

# Eulen und Käuze

Uhu

Waldkauz

Eulen und Käuze nennt man zusammen Eulenvögel. Dazu gehören bei uns zum Beispiel der **Uhu** und der **Waldkauz.** Sie hausen unter Dächern von alten Häusern und Scheunen, der Uhu in Baumhöhlen.

Bei manchen alten Bauernhäusern kannst du noch eine runde Öffnung unter dem Giebel sehen. Diese *Uhlenflucht* oder Eulenflucht war eigentlich dazu da, dass der Rauch des offenen Herdfeuers abziehen konnte. Aber

Eulen und auch Fledermäuse haben diese Öffnung als Ein- oder Ausflugsloch genutzt.

Eulenvögel jagen nachts. Sie fressen Frösche, Mäuse, Kaninchen, Tauben, aber auch Insekten und Würmer.

Ihre Augen brauchen zum Sehen weniger Licht als wir. Etwas können Eulenaugen jedoch nicht: Sie können sich nicht bewegen, um nach rechts oder links zu sehen. Sie sehen immer nur, was direkt vor ihnen ist. Dafür ist der Hals sehr beweglich. Hört die Eule hinter sich ein Geräusch, dann kann sie den ganzen Kopf nach hinten drehen, um zu gucken. Würde sie sich ganz umdrehen, dann würde sie mehr Lärm verursachen. Aber besonders leise muss die Eule sein, will sie ihre Beute erwischen. Lautlose Jagd wird der Eule auch durch ihr **Gefieder**

ermöglicht. Sie hat sehr weiches Körpergefieder und gefranste Schwungfedern, die sehr leises Fliegen ermöglichen.

Eulen, die nachts jagen, müssen ein gutes Gehör haben, um im Dunkeln ihre Beute entdecken zu können. Kannst du bei der Eule Ohren erkennen? Nein, aber du kannst den **Gesichtsschleier** sehen, einen Kranz von starren Federchen, die wie unsere Ohrmuscheln den Schall auffangen. Die eigentlichen Ohren, die nicht zu sehen sind, liegen neben den Augen.

Die Greiffüße der Eule packen die Beute mit den spitzen Krallen. Das Tier wird dann in großen Stücken mit Haut, Fell und Knochen hinuntergeschlungen.

Junge Eulen verlassen ihr **Nest** schon, bevor sie richtig fliegen können. Sie hocken dann in der Nähe des Nestes und werden von den Eltern beschützt und gefüttert. Solltet ihr also einmal eine junge Eule finden, so nehmt sie nicht auf!

So ein **Gewölle** kannst du hin und wieder finden. Es sind die Teile der Beutetiere, die die Eule nicht verdauen konnte, und die sie deshalb später wieder ausgewürgt hat. Untersuchst du so ein Gewölle mit einer Pinzette, dann erfährst du, was die Eule gefressen hat. Es lassen sich Federn, Haare und Knochen finden und bestimmen.

# Greifvögel

Schau dir die Füße dieser Vögel an: Du erkennst die gebogenen, langen und spitzen Krallen. Mit ihnen ergreift der Vogel seine Beute – daher der Name Greifvogel. Besonders scharf sind ihre Augen. Noch aus großer Höhe müssen sie kleine Tiere, zum Beispiel Mäuse, erspähen können. Beim Betrachten des Schnabels fällt auf, dass er hakenförmig gebogen ist. Die Ränder sind scharf wie ein Küchenmesser. Mit diesem Schnabel kann ein Greifvogel seine Beute aufreißen und zerteilen.

Die Nester der Greifvögel heißen **Horst.** Sie sind zumeist gut versteckt an abgelegenen Stellen, hoch auf einem Baum oder an einer Felswand. Hier siehst du das Nest eines **Baumfalken.** Die jungen Greifvögel werden mit Fleischstücken aus den Beutetieren der Eltern gefüttert. Wie die Eulen, so würgen auch Greifvögel unverdauliche Teile der gefressenen Beute wieder aus, das **Gewölle.**

Typisch für den **Milan** ist der gegabelte Schwanz. Milane sind gute Segelflieger.

Im Winter kannst du den **Mäusebussard** gut beobachten. Er wohnt im Wald, geht aber über Feldern und Wiesen auf Mäusejagd.

**Adler** und Bussarde ernähren sich überwiegend von Mäusen und anderen kleinen Tieren. Eine Ausnahme

bildet der **Wespenbussard.** Seine Lieblingsspeise sind Wespen und Bienen.

Der stärkste Greifvogel, der bei uns lebt, ist der **Steinadler.** Ein ausgewachsener Adler kann sogar ein Reh angreifen und töten.

**Fischadler** und **Seeadler** ernähren sich von Fischen, die sie an der Oberfläche ergreifen.

Die schnellsten und gewandtesten Flieger unter den Greifvögeln sind die **Falken.** Ein Falke kann beim Sturzflug eine Geschwindigkeit von 300 Stundenkilometern erreichen! Sehr viel schneller, als euer Auto fahren kann. Das Bild zeigt einen **Turmfalken,** der — wie sein Name dir verrät — in Türmen wohnt.

Typisch für den **Habicht** sind die kurzen, runden Flügel und der lange Schwanz. Der Habicht jagt Vögel, Mäuse, Kaninchen und sogar Hasen. Viele Greifvögel sind heute sehr selten geworden. Adlerhorste werden seit einigen Jahren in der Brutzeit bewacht.

Sieh dich um! Erkundige dich, welche Greifvögel in deiner Umgebung noch zu finden sind. Im Winter kannst du sie am besten beobachten.

# Singvögel und Zugvögel

Bist du schon einmal früh am Morgen aufgewacht? Alles war ganz still. Doch dann konntest du lautes Gezwitscher in der Stille des Morgens hören. Das war das Morgenkonzert der **Singvögel.**

*Rotkehlchen*

*Blaumeise*

*Amsel*

Hier sind einige der Singvögel, die bei uns heimisch sind: **Rotkehlchen, Buchfink, Amsel, Kohlmeise, Sperling** (das ist der **Spatz), Star** und **Zaunkönig.**

Singvögel haben einen zweiten Kehlkopf, mit dem sie die schönen Töne hervorbringen. Bei den meisten Singvögeln sind es die Männchen, die singen. Sie verfolgen zwei Ziele mit ihrem Gesang: die Weibchen sollen angelockt werden und andere Männchen sollen erfahren, dass das Revier besetzt ist.

Besonders in den frühen Morgenstunden im Frühling sind die vielfältigen Gesänge zu hören. Du kannst an einer **Vogeluhr** ablesen, welcher der Vögel gerade erwacht ist. Hier sind die Uhrzeiten angegeben, zu denen die Vögel ihr Konzert beginnen:

$3^{10}$Uhr: Rotkehlchen, $3^{15}$ Uhr Amsel, $3^{20}$ Uhr Zaunkönig, $3^{40}$ Uhr Kohlmeise, $4^{00}$ Uhr Buchfink, $4^{20}$ Uhr Sperling, $4^{40}$ Uhr Star. Ist die Uhr auf Sommerzeit umgestellt, dann musst du zu den angegebenen Zeiten eine Stunde dazurechnen.

**Zugvögel** werden die Vögel genannt, die jedes Jahr wandern. Sie verlassen ihre Brutgebiete bei uns und fliegen bis nach Afrika. Der Grund für ihre langen Wanderungen ist der, dass sie bei uns im Winter keine Insekten mehr finden würden. Andere Zugvögel kommen aus dem Norden und überwintern bei uns, da in ihrer Heimat die Gewässer zugefroren sind. Zu diesen Vögeln gehören Enten und Gänse.

*Schwalbe*

*Kuckuck*

Zu den Zugvögeln gehören **Schwalbe, Kuckuck** und **Storch.** Wissenschaftler interessieren sich dafür, welche Wege die Zugvögel nehmen. Es gibt zwei Methoden, um die Wege nachzuvollziehen: Die Vögel bekommen kleine Ringe um das Bein. Auf dem Ring stehen wichtige Daten wie Vogelart, Geschlecht, Zeitpunkt und Ort der Beringung und eine Nummer, die jeder Vogel erhält.

*Storch*

Die andere Methode ist die der Radarbeobachtung: Die Vögel bekommen kleine Sender, die sie auf dem Rücken tragen. Die Funksignale werden von Satelliten empfangen und an eine Vogelwarte gemeldet.

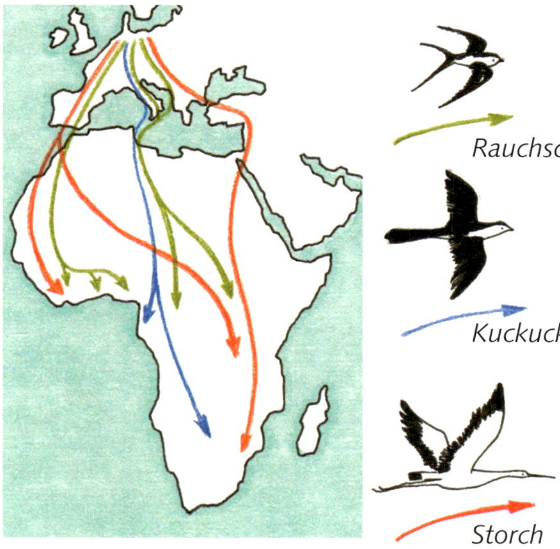


Aus den Angaben werden **Zugkarten** mit Brutgebiet, Zugweg und Überwinterungsgebieten erstellt. Vögel benutzen jedes Jahr die gleichen **Zugstraßen.**

Eine spannende Frage ist die, wie die Vögel wohl ihren Weg finden. Experimente haben gezeigt, dass die Vögel das Wissen, in welche Richtung sie fliegen müssen, schon mit der Geburt besitzen. Aber wie finden sie dann ihren weiten Weg in den Süden? Eine Hilfe ist ihnen während des Fluges die Orientierung am Stand der Sonne oder an den Sternen, aber auch an der Lage der Berge oder Meere. Wie genau die Zugvögel es aber schaffen, über so weite Entfernungen ihren Weg zu finden, ist noch ein Geheimnis.

# Rehe und Hirsche

Auf dem unteren Bild siehst du eine Rehmutter, die **Ricke,** mit ihren Jungen. Ein Rehjunges heißt **Kitz.** Eine Ricke bekommt ein bis drei Kitze. Einige Wochen lang bleibt das Rehkitz im Gebüsch versteckt. Die Ricke beschützt es. Füchse, die das Kitz angreifen, werden von ihr mit Schlägen der Vorderläufe vertrieben.

Der **Rehbock** trägt ein kurzes **Stangengeweih** mit 4-6 Enden. Das Geweih wird im November abgeworfen und wächst im nächsten Jahr wieder neu. Vielleicht hast du so ein kleines Geweih schon einmal gefunden?

Im Herbst und Winter schließen sich die Rehe zu Rudeln zusammen, den Rest des Jahres sind sie Einzelgänger.

Rehe sind scheue Tiere, die du in der Natur nur selten sehen wirst. Den Rehen ähnlich sehen ihre größeren Verwandten, die Rothirsche.

Auch die **Kälber** dieser **Hirschkuh** ducken sich dicht auf dem Boden ins Gras, um nicht entdeckt zu werden.

Der **Rothirsch** trägt ein **Geweih,** das meistens zwölf Stangen hat. Im Frühling wird das Geweih abgeworfen. Ein neues Geweih mit fellbewachsener Haut, dem **Bast,** wächst nach. Den Bast scheuert der Hirsch an Bäumen ab.

Die Geweihe werden bei Kämpfen eingesetzt. Die Hirsche verletzen sich bei diesen Kämpfen nicht. Sie wollen nur herausfinden, wer der Stärkere ist. Während der Paarungszeit tönt das laute Röhren des Hirsches durch den Wald. Damit suchen sie sich Hirschkühe. Je stärker ein Hirsch ist, desto mehr Hirschkühe sammelt er um sich. Die Hirsche leben das ganze Jahr in Rudeln.

Rehe und Hirsche haben vieles gemeinsam. Sie gehören zu einer Familie. Bei beiden ist das Sommerfell rot-braun, im Winter wird es dichter und verändert seine Farbe zu Grau-Braun. Der **Spiegel,** ein heller Fleck um den kurzen Schwanz herum, ist beim Hirsch gelb, beim Reh weiß. Kitze und Hirschkälber tragen ein Kinderkleid: Ihr Fell hat ein halbes Jahr lang weiße Flecken. Damit sind sie besser getarnt.

Siehst du einmal ein Junges, so solltest du es nie streicheln, da wir Menschen unseren Geruch auf das Junge übertragen. Dieser Geruch ist der Mutter so fremd, dass sie ihr Junges nicht mehr annimmt und säugt.

*Hirsch* *Reh*

Den Tag über sind Rehe und Hirsche in Dickichten verborgen und ruhen sich aus. Erst in der Dämmerung werden sie munter und gehen auf Nahrungssuche. Sie sind Pflanzenfresser und ernähren sich von Gräsern, Kräutern, Knospen und Laub. Rehe und Hirsche gehören zu den **Wiederkäuern** (-> Seite 100). Die Tiere streifen nachts nicht ziellos durch den Wald. Sie bewegen sich vielmehr auf festen Pfaden, die sie immer wieder benutzen. Diese Pfade nennt man **Wildwechsel.**

Sieh dich um! Bist du einmal im Wald, dann schau doch, ob du Spuren von Reh oder Hirsch findest. Besonders gut kann man das im Winter im Schnee sehen.

# Wildschweine und Füchse

Hier siehst du eine Wildschweinmutter, die **Bache,** mit ihren Jungen. Die Jungen heißen **Frischlinge.** Im Frühjahr bringt die Bache zwischen vier und elf Frischlinge zur Welt. In der Zeit danach können die sonst scheuen Wildschweine gefährlich sein, wenn sie Menschen begegnen. Sie wollen ihre Jungen beschützen. Einige Monate lang haben die Frischlinge hellbraune Streifen im Rückenfell. Dies dient ihnen zur Tarnung im Unterholz. Später wird ihr Fell so dunkel wie das der Eltern. Weil das Fell ausgewachsener Wildschweine so dunkel ist, werden sie auch **Schwarzwild** genannt.

Das männliche Wildschwein heißt **Keiler.** Beeindruckend sind die unteren Eckzähne, die **Hauer,** die bis zu 20 cm lang werden können.

In der Dämmerung und nachts sind Wildschweine aktiv und suchen Nahrung. Sie können nicht gut sehen, aber ausgesprochen gut riechen. Sie riechen Nahrung, die unter der Erde liegt, und wühlen dann gezielt mit ihrer rüsselartigen Schnauze danach. Wildschweine sind **Allesfresser,** die sich von Bucheckern, Eicheln, Wurzeln, Gräsern, Würmern und Larven ernähren. Gerne baden sie auch im matschigen Boden, bis ihr Fell schlammverkrustet ist, dann

reiben sie sich an Bäumen. Das hilft ihnen, Ungeziefer aus den Borsten zu halten. In Wäldern mit Wildschweinen kannst du deshalb Stellen finden, die wie umgepflügt aussehen. Wildschweine brauchen einen Lebensraum, der sumpfige Stellen und genügend Unterholz zum Verstecken bietet.

Schau dich einmal in den Wäldern in eurer Umgebung um: Bieten sie Wildschweinen einen geeigneten Lebensraum?

Der Fuchs, der bei uns lebt, hat ein rotbraunes Fell. Deshalb wird er **Rotfuchs** genannt. Sein Fell ist auf der Unterseite weiß. Typische Merkmale des Fuchses sind die spitze Schnauze und der lange, buschige Schwanz.

Der Fuchs ist ein intelligentes **Raubtier** mit scharfen Sinnen. Seine Pupillen ähneln denen der Katzen. Mit ihnen kann er nachts gut sehen. Den Tag verbringt er in unterirdischen Bauten. In der Dämmerung und nachts jagt der Fuchs dann nach Mäusen, Kaninchen oder Hasen, frisst aber auch Obst oder Beeren. Füchse leben an Waldrändern oder auf Feldern. Manchmal kommen sie in die Nähe von Dörfern oder Städten. Wenn sie können, dann stehlen sie dort Hühner oder Gänse. Obwohl Füchse bei uns zahlreich sind und oft in die Nähe menschlicher Siedlungen kommen, sind diese scheuen und vorsichtigen Tiere kaum einmal zu sehen.

Die Füchsin bekommt in ihrem Erdbau 3-6 Junge, die nach zwei Wochen die Augen öffnen. Während das Weibchen die Jungen säugt, bringt der Fuchs ihr Futter. In den anderen Zeiten sind die Füchse Einzelgänger.

Weil die Füchse **Tollwut** zum Beispiel auf Hunde übertragen können, wurden sie von den Menschen gefürchtet. Heute werden Köder mit Impfstoffen ausgelegt. Fressen die Füchse diese Köder, dann sind sie gegen Tollwut geimpft. Dadurch sind tollwütige Füchse sehr selten geworden.

# Ameisen

Ein **Ameisenhügel** aus Tannennadeln, Blättern und kleinen Zweigen geht mit seinen Gängen und Kammern zwei Meter tief in die Erde. In ihm lebt der Staat der **Waldameise.** Kleine Gänge führen ins Innere. Dadurch kommt Luft in den Hügel. Eier, Puppen und Larven werden durch diese Gänge an die Luft gebracht, damit sie nicht verschimmeln. Später werden sie wieder hineingetragen. Abends werden alle Gänge mit Baumharz verschlossen.

Die Waldameisen sind besonders nützliche Tiere, denn sie fressen viele für die Bäume schädliche Käfer oder Raupen. Gäbe es davon zu viele, dann würden sie die Blätter der Bäume kahl fressen.

Im Ameisenstaat gibt es Gruppen, die verschiedene Aufgaben erfüllen, zum Beispiel Nahrung beschaffen, den Ameisenhügel weiter bauen oder den Bau verteidigen.

Die jungen **Königinnen** haben Flügel. Sie fliegen gemeinsam mit jungen Männchen, die auch Flügel haben, auf den **Hochzeitsflug.** Dabei befruchten die Männchen die Königinnen. Die Männchen sterben anschließend. Die Königinnen werfen ihre Flügel ab und kehren zurück in ihren Hügel. Dort sitzen sie dann den Rest ihres Lebens. Sie können dick und fast unbeweglich 25 Jahre alt in ihrer Kammer werden und legen Eier.

Und warum brauchen sie sich nicht zu bewegen? Sie werden ihr ganzes Leben lang von den **Arbeiterinnen** versorgt.

Es gibt Kammern für die Arbeiterinnen und Königinnen, für Larven und Puppen und für Vorräte. In den untersten Kammern halten die Ameisen ihre Winterruhe, denn dort sind sie geschützt vor der Kälte. Die Königin legt Eier in ihre Kammer.

Die Eier werden von Arbeiterinnen in besondere Brutkammern gebracht. Nach 10 Tagen sind aus den Eiern die Larven geschlüpft, kleine weiße Maden. Die Larven spinnen sich nach 12 Tagen ein. Aus der Puppe schlüpft nach 12 Tagen die fertige Ameise.

Ameisen sind ganz besonders starke Tiere. Sie können fünf Mal soviel tragen, wie sie wiegen. Rechne aus, wieviel das bei deinem Gewicht wäre! Findest du etwas, das soviel wiegt? Dann versuche doch einmal es anzuheben.

Besonders interessant ist bei den Ameisen, dass sie sich Dinge *erzählen* können. Durch gegenseitiges Betasten mit den Fühlern können Ameisen zum Beispiel um Hilfe beim Tragen bitten. Wenn Ameisen ein Beutetier gefunden haben, legen sie eine Duftspur. An dieser Duftspur können sich die anderen Ameisen orientieren, denn sie können sehr gut riechen.

Was wollen die Ameisen von den **Blattläusen** auf dem Baum? Fressen sie sie? Nein! Sie *melken* sie, indem sie ihnen den Rücken streicheln. Die Läuse geben dann einen leckeren Saft, den **Honigtau,** den die Ameisen besonders gerne trinken. Kommt dann ein Marienkäfer daher, der die Läuse fressen will, dann schubsen die Ameisen ihn einfach vom Ast. So beschützen sie ihre Blattläuse.

# Leben unter einer Rindenborke

Wenn du vorsichtig ein Stück Rinde von einem abgestorbenen Baum oder Ast abnimmst, dann kannst du darunter viele winzige Lebewesen entdecken. Einige der Tierchen werden hier gezeigt. Vielleicht findest du noch ganz andere?

Ein nützlicher Käfer ist der **Puppenräuber,** da er und seine Larven schädliche Raupen fressen.

Der **Steinläufer** gehört zu den **Tausendfüßern.** Er hat bis zu 15 Beinpaare.

Auch die Larve der **Kamelhalsfliege** ernährt sich unter der Rinde von schädlichen Insekten und deren Eiern und Larven und nützt deshalb dem Wald. Lang und dünn wie die Kamelhalsfliegenlarve ist, kann sie gut rückwärts in den engen Gängen laufen.

Die **Borkenkäfer** legen ihre Eier unter der Rinde ab. Die Larven, die dann schlüpfen, fressen das Holz. Dabei entstehen Gänge, die schöne Muster bilden. Es gibt unter den Borkenkäfern leider einige Arten, die unter der Rinde lebender Bäume ihre Gänge graben. Treten diese Arten zu zahlreich auf, dann sterben die befallenen Bäume. Ein Beispiel dafür ist der **Buchdrucker,** der Fichten befällt und ganze Fichtenwälder vernichten kann.

Der **Rindenkäfer** jagt unter der Rinde von Laubbäumen nach Insekten. Er frisst zum Beispiel Borkenkäfer.

**Schließmundschnecken** kannst du an Baumstämmen beobachten, an denen sie heraufklettern. Sind sie oben angekommen, dann lassen sie sich fallen. Ihren Namen haben sie von einer kleinen Platte aus Kalk, mit der sie ihr Gehäuse verschließen können.

Die langbeinigen **Weberknechte,** die zu den Spinnentieren gehören, kannst du auch im Haus finden. Mit den langen Beinen können sie schnell laufen. Bei Gefahr bricht ein Stück des Beines ab, das dann weiter zappelt und die Feinde ablenkt.

**Kellerasseln** findest du überall dort, wo es feucht ist, z. B. unter Steinen, und — wie ihr Name schon sagt — in Kellern. Asseln gehören zu den **Krebsen.** An den Hinterbeinen haben sie **Kiemen** zum Atmen. Die Kiemen müssen immer feucht gehalten werden. Unter dem Bauch haben die Tiere einen *Wassertank*, den sie immer wieder mit einem kleinen Saugröhrchen auffüllen. In diesem Wasser liegen die Eier, bis die Jungen schlüpfen.

Es ist spannend, im Wald selbst nach den kleinen Tieren zu suchen. Du beobachtest sie am besten mit einer Lupe. Ein Lupenbecher ist auch gut geeignet. Für ganz kleine Tiere kannst du dir ein Saugglas bauen:

# Schlangen, Blindschleichen und Eidechsen

Schlangen, Blindschleichen und Eidechsen gehören zu den **Kriechtieren** oder **Reptilien.** Es sind Tiere, die keine eigene Körperwärme erzeugen. Ihr Blut ist immer so warm wie die Umgebung. Das ist der Grund dafür, dass sie sonnige, warme Plätze lieben. Sobald es im Herbst kälter wird, suchen sich die Reptilien einen Platz unter Baumwurzeln oder Steinhaufen und fallen in die **Winterstarre.**

Das Kleid der Reptilien besteht aus vielen kleinen Plättchen, die aus Horn sind – wie deine Nägel.

**Schlangen** sind übrigens völlig taub. Ihre Augen sehen Dinge, die sich bewegen, weitaus besser als unbewegliche. Ihre Beute finden sie über den Geruchssinn. Sehr gut spüren sie die Erschütterung des Bodens, wenn sich ihnen Tier oder Mensch nähert. Dann verschwinden sie gewöhnlich blitzschnell.

Ungewöhnlich ist bei Schlangen, dass sie keine Lider besitzen, die Augen also nie schließen. Statt dessen werden ihre Augen von einem durchsichtigen Schild geschützt.

Die wichtigsten Schlangen bei uns sind die Ringelnatter und die Kreuzotter.

Die **Kreuzotter** ist unsere einzige Giftschlange. Allerdings überleben gesunde Menschen ihren Biss trotz der Giftzähne. Die zwei Giftzähne der Kreuzotter richten sich auf, wenn sie das Maul öffnet, beispielsweise, um eine Maus zu beißen. Bei geschlossenem Maul liegen diese Zähne in Falten verborgen am Gaumen. An dem Zick-Zack-Band auf ihrem Rücken und einem X-förmigen Zeichen auf dem Kopf kannst du sie erkennen. Sie lebt oft an Waldrändern und auf Lichtungen. Die Weibchen bringen im Sommer zwischen 5 und 18 lebendige Junge zur Welt.

Die **Ringelnatter** bringt keine lebenden Jungen zur Welt. Sie legt Eier in Laub- oder Komposthaufen. In deren Wärme werden die 20 Eier ausgebrütet. Die Ringelnatter ist eine ganz harmlose Schlange. Sie hat zwei gelbe Halbmonde am Hinterkopf. Der Rücken ist grau, die Unterseite schwarz-weiß gewürfelt. Die Ringelnatter mag das Wasser und lebt an den Ufern von Gewässern. Sie liegt dort gerne in der Sonne.

Kommt jemand vorbei, dann verschwindet sie blitzschnell im Wasser. Diese Schlange kann sehr gut schwimmen und ernährt sich von Fröschen und kleinen Fischen. Kann die Ringelnatter bei Gefahr nicht fliehen, dann zischt sie und scheidet eine stinkende Flüssigkeit aus.

Obwohl dieses Tier wie eine Schlange aussieht und sich ebenso schlängelt, ist es keine. Die **Blindschleiche** ist mit den Eidechsen verwandt, hat aber keine Beine. Im Unterschied zu den Schlangen sind die Augenlider der Blindschleiche beweglich. Im Frühjahr bekommt die Blindschleiche lebende Junge.

Kreuzottern, Ringelnattern und Blindschleichen stehen unter Naturschutz.

**Eidechsen** leben gern in Gärten oder auf sonnigen Wiesen. Sie fressen dort Kleintiere wie Spinnen und Würmer aber auch Früchte. Die Weibchen legen Eier in die Erde.

Um Feinde abzulenken können Eidechsen und Blindschleichen ihre Schwanzspitze abwerfen. Die Spitze zappelt noch eine Zeit lang weiter, als wäre sie lebendig, während die Eidechse flieht. Später wächst die Schwanzspitze wieder nach.

# Enten und Schwäne

Stockente

Schwarzschwan

Die Jungen sind **Nestflüchter,** die am Tag des Schlüpfens schon laufen und schwimmen können. Sie werden aber noch einige Wochen gefüttert. Das Federkleid der Jungen ist in graubraunen Tarnfarben gehalten.

Enten und Schwäne sind nahe verwandt. Gemeinsam ist ihnen, dass sie Ruderfüße mit **Schwimmhäuten** besitzen, gut schwimmen können und gute Flieger sind. Speziell für **Wasservögel** eingerichtet sind die kurzen, breiten **Seihschnäbel.** Am Rand des Schnabels befinden sich Rillen. Holen die Vögel sich Nahrung aus dem Wasser, dann bleibt sie in diesen Rillen, während das Wasser wieder abläuft. So müssen die Vögel nicht zu viel Wasser mitschlucken.

Die bei uns häufigste Entenart ist die **Stockente.** Sie ist dir sicher von Teichen in deiner Umgebung bekannt: Der **Erpel** – das ist der Entenmann – mit seinem buntem Gefieder und die unscheinbar gefärbte Ente. Durch ihr braunes Kleid ist die Ente im Schilf beim Brüten getarnt. Ihr Nest ist weich gepolstert mit Federn, Daunen und Schilfhalmen. Verlässt die Ente das Nest, dann deckt sie die Eier mit Federn oder Blättern zu. So werden die Eier warmgehalten und vor Feinden geschützt.

Die Stockente ist ans Leben im Wasser angepasst und übersteht dort auch gut die kalte Jahreszeit. Ihrer **Bürzeldrüse** entnimmt sie Fett zum Einfetten des Gefieders. Dadurch wird das Gefieder wasserdicht und wärmt. Im Winter können Stockenten zur Not zwei Wochen ohne Nahrung überleben.

Typisch für Enten ist das **Gründeln:** Im flachen Wasser am schlammigen Boden suchen sie nach Nahrung, die aus Wasserpflanzen, Würmern oder Schnecken besteht.

Schwäne leben auf Teichen oder Seen mit einem Schilfgürtel und gründeln wie die Enten. Die Schwäne, die bei uns leben, haben einen orangefarbenen Schnabel und einen schwarzer Höcker auf der Stirn, durch den sie den Namen **Höckerschwan** erhalten haben. Der lange Hals des Schwanes ist beim Schwimmen wie ein S gebogen, beim Fliegen gerade nach vorn gerichtet.

Schwäne gehören zu den größten Vögeln, die fliegen können. Das Starten vom Wasser ist bei ihrem großen Gewicht schwierig. Sie schlagen schnell mit ihren riesigen Flügeln und laufen auf dem Wasser, bevor sie abheben.

Schwäne bauen große Nester aus Ästen und Schilfhalmen. Der Schwan bewacht seine brütende Frau. Nähert sich jemand dem Nest oder später den Jungen, dann stellt er die großen Flügel in einer Drohgebärde auf und zischt. Ein Schwanenpaar bleibt das ganze Leben zusammen. Die Jungen haben bis ins zweite Lebensjahr ein graues Daunenkleid. So sind sie getarnt.

# Libellen

Siehst du die zarten durchsichtigen Flügel der **Libelle?** Sie hat zwei Paare, mit denen sie bis zu 30 Schlägen in der Sekunde machen kann. Jedes der beiden Flügelpaare kann unabhängig von dem anderen bewegt werden. Das macht die Libelle zu einer besonders geschickten Fliegerin. Sie kann auf der Stelle schweben und sogar rückwärts fliegen. Diese Geschicklichkeit braucht die Libelle, um sich zu ernähren. Die Libelle frisst kleinere Insekten, wie Mücken oder Fliegen. Diese fängt sie sich im Fluge mit ihren Beinen und kann sie auch während des Fluges fressen.

Damit es ihr gelingen kann, im Flug ihre Beute zu finden, hat die Libelle zwei Sorten Augen:
Sie hat ganz einfache Augen, mit denen sie hell und dunkel unterscheiden kann. Sie hat aber auch noch sehr komplizierte Augen — **Facettenaugen** genannt. Diese Facettenaugen bestehen aus bis zu 30 000 Einzelaugen. Jedes dieser vielen, vielen Einzelaugen sieht ein kleines Bild. Wie ein Puzzle werden all diese Bilder zu einem sehr genauen Bild zusammengesetzt. Libellen können mit diesen Augen fliegende Beutetiere schnell sehen, da sie sehr genau Entfernungen abschätzen und Bewegungen wahrnehmen.

Die Fühler dienen den Libellen als Geschwindigkeitsmesser, denn je nach dem wie schnell die Libelle fliegt, werden die Fühler mehr oder weniger stark vom Gegenwind gebogen.

Libellen sind wie alle Insekten wechselwarme Tiere, das bedeutet, sie passen sich mit ihrer Körpertemperatur der Außentemperatur an. Schnelles Bewegen gelingt ihnen deshalb nur bei warmem Wetter, bei Frost müssen sie sterben. Aber die Eier und Larven überleben auf dem Grunde von Seen.

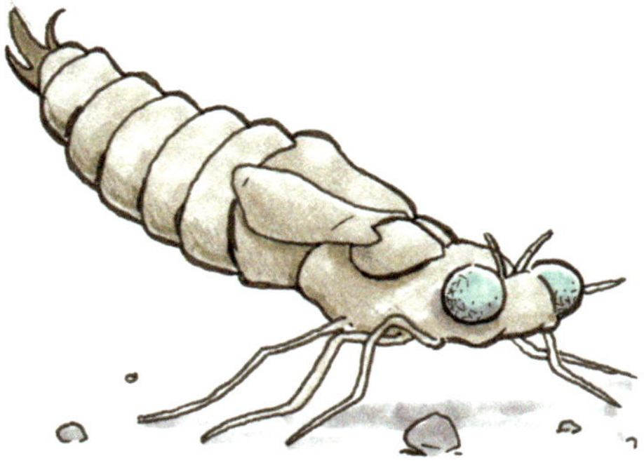

Libellenlarve – ein Räuber im Wasser

Libellen legen ihre Eier im Wasser ab. Aus dem Ei schlüpft dann die Junglarve, die nur 2 mm lang ist. Die **Larve** ist umgeben von einem harten Panzer aus Chitin, der nicht mitwächst. Deshalb muss die Larve sich 7-13 Mal häuten. Immer, wenn sie ein Stück gewachsen ist, fällt die alte, zu eng gewordene Haut ab und es kommt eine neue zum Vorschein.

Aus der Nymphe schlüpft die Libelle

In ihrer Zeit als Larve ist die Libelle ein besonders räuberisches Tier, das sich auf alles stürzt, was sich im Wasser bewegt. So frisst sie kleine Wassertiere, wie Würmer oder Insekten, aber auch Kaulquappen und sogar kleine Fische. Dafür hat sie eine besondere Vorrichtung: Die Unterlippe ist zu einer Greifzange umgebildet, mit der die kleinen Tiere blitzschnell geschnappt werden können.

Die ausgewachsene Larve heißt **Nymphe.** Sie frißt nicht mehr und klettert schließlich an einem Halm aus dem Wasser. Die Haut der Nymphe platzt an Kopf und Brust auf und ganz langsam kommen Libellenkopf und -körper zum Vorschein. Es dauert eine Zeit, bis der Körper der Libelle fest geworden ist. Dann entfalten sich die Flügel und trocknen an der Sonne. Doch schließlich, zumeist am frühen Morgen, fliegt die Libelle davon.

# Frösche und Kröten

Der Froschkönig oder die Fee, die von der Hexe in eine Kröte verzaubert wurde – so begegnen uns Frosch und Kröte im Märchen. Die Verwandlung spielt hier eine Rolle. Der Frosch ist eigentlich ein Prinz und auch aus der Kröte wird am glücklichen Ende wieder die schöne Fee. Frösche und Kröten machen wirklich eine erstaunliche Verwandlung durch: Aus Wassertieren werden im Laufe ihrer Entwicklung Landtiere!

*Laich, Kaulquappen, Frosch*

Frösche und Kröten gehören zu den **Lurchen** oder **Amphibien.** Es sind **wechselwarme** Tiere, deren Körpertemperatur sich danach richtet, wie warm oder kalt es gerade ist. Typisch für die Lurche ist es, dass sie ihre Eier, den **Laich,** ins Wasser legen. Die **Kaulquappen** sind noch richtige Wassertiere mit Kiemen. Im Laufe der Entwicklung zu ausgewachsenen Tieren werden sie zu Landtieren, die mit Lungen atmen. Wie du siehst, haben die Kaulquappen noch keine Beine, aber einen kräftigen Ruderschwanz.

*Wasserfrosch*

Diese grasgrünen **Wasserfrösche** sind es, die du so laut quaken hören kannst. Nur die Männchen quaken. Sie haben seitlich am Hals zwei Schallblasen. Diese Schallblasen verstärken die Rufe so, dass sie weithin zu hören sind. Das Weibchen legt mehrere Tausend Eier in Klumpen ab. Aus ihnen schlüpfen nach 7 bis 10 Tagen die Kaulquappen. Aber es dauert noch einmal fast vier Monate, bis aus den Kaulquappen kleine Frösche geworden sind. Wasserfrösche fressen Insekten und andere kleine Tiere, die sie im Wasser finden. Winterruhe hält der Wasserfrosch im Schlamm des Teiches. Bis April fällt er in Kältestarre.

*Grasfrosch*

Bei uns häufig sind die **Grasfrösche,** die aber sehr versteckt leben. Ihre Eier

legen sie schon im März in die Teiche. Sobald die Eier abgelegt sind, halten die Grasfrösche sich nicht mehr in der Nähe des Teiches auf. Sie leben dann auf feuchten Wiesen, in Sümpfen, aber auch in Parks.

Wie kannst du erkennen, ob du einen Frosch oder eine Kröte vor dir hast? Kröten sind in ihrer Gestalt plumper als Frösche. Sie haben eine warzige Haut mit Giftdrüsen: Diese schützt sie vor Feinden. Die Hinterbeine der Kröten sind nicht so lang. Daher gehen sie und hüpfen nicht wie die Frösche. Um ihre Eier abzulegen, machen Kröten lange *Wanderungen,* denn sie legen die Eier in das Gewässer, aus dem sie selbst stammen. Dabei überqueren sie oft Straßen, und viele von ihnen werden von Autos überfahren. An vielen Orten gibt es Menschen, die Zäune entlang den Straßen bauen, um das zu verhindern. Die Kröten werden morgens in Eimer gesammelt und sicher über die Straße getragen.

Die **Erdkröte** kommt im März aus ihrem Winterversteck und macht sich auf die Wanderung zum Laichgewässer. Dort legt sie bis zu 7 000 Eier ab!

*Erdkröte*

Eine seltene Krötenart ist die **Kreuzkröte.** Du erkennst sie an dem gelben Strich auf ihrem Rücken. Die Männchen haben eine riesige Schallblase an der Kehle, die ihre Rufe verstärkt.

Frag nach! Erkundige dich doch mal, ob auch in eurer Nähe Zäune zum Schutz der Kröten gebaut werden!

# Fische

Fische sind durch ihren Körperbau besonders gut an das Leben im Wasser angepasst: Mit ihrer Schwanzflosse und den schlängelnden Bewegungen des Körpers kommen sie vorwärts. Rücken- und Bauchflossen halten ihr Gleichgewicht.

Fische atmen durch **Kiemen,** die seitlich hinter ihrem Kopf sitzen. Die Kiemen nehmen Sauerstoff aus dem Wasser auf. An der Luft würden Fische ersticken. Jede Bewegung im Wasser wird den Fischen durch ihre **Seitenlinie** mitgeteilt. Das ist ein Organ an jeder Körperseite, an dem zahlreiche Nerven entlang laufen.

Fische sind wechselwarme Tiere, deren Körpertemperatur sich der Temperatur der Umgebung anpasst. Der Körper der meisten Fischarten ist mit harten **Schuppen** aus Knochen oder Knorpel bedeckt, die die dünne Haut schützen. Diese Schuppen sind wie die Ziegel eines Daches übereinandergeschichtet.

Das Skelett der meisten Fische besteht aus Knochen, es gibt aber auch **Knorpelfische.** Zu denen gehören zum Beispiel die **Haie.** Um sich im Wasser zurechtzufinden haben viele Fische scharfe Augen und ein gutes Gehör. Ihre Nahrung besteht aus kleineren Fischen oder Wasserpflanzen.

Die wenigsten Fischarten bringen lebende Junge zur Welt. Bei den meisten Arten legen die Weibchen Eier ins Wasser, die von den Männchen außerhalb des Körpers befruchtet werden. Viele, viele Eier, ja einige Tausend legt jedes Weibchen.

Fische leben in Seen, Teichen oder Flüssen, also in Süßwasser. Andere Arten kommen im Salzwasser des Meeres vor. Es gibt aber auch Fischarten, die sowohl im Süß- als auch im Salzwasser leben.

*Schuppenkarpfen*

Der **Karpfen** lebt in Teichen. Er wird seit Jahrhunderten zum Essen gezüchtet. Sein Maul kann er vorstülpen wie einen Rüssel. Mit diesem sucht er den Schlamm des Teiches nach Fressbarem ab.

*Stichling*

Bewegliche Stacheln auf dem Rücken haben dem **Stichling** seinen Namen

gegeben. Bei den Stichlingen sind es die Männchen, die das Nest bauen und sich um die Eier und Jungfische kümmern. Bei Gefahr verstecken sie ihre Kinder im Maul, um sie später ins Nest zurückzuspucken.

*Aal*

Auch die schlangenartig langen **Aale** gehören zu den Fischen. Ihre Haut hat keine Schuppen. Das Blut vieler Aalarten ist giftig. Das Gift zerfällt aber beim Kochen schnell, so dass sie genießbar sind. Die Aale legen im Laufe ihres Lebens eine lange Wanderung zurück. Sie schlüpfen im Sargassomeer vor Amerika und wandern dann durch den Atlantik und durch Flüsse bis in Seen hier bei uns. Drei Jahre brauchen die Aale für diese Wanderung. Sind sie ausgewachsen, dann wandern sie den gleichen langen Weg zurück, paaren sich, legen ihren Laich ab und sterben.

*Heringsschwarm*

**Heringe** tun sich zu riesigen Schwärmen zusammen. Die meisten Arten leben im Meer. Heringe haben keine Zähne. Statt dessen haben sie eine Art Sieb im Maul, mit dem sie kleine Pflanzenteilchen aus dem Wasser filtern können.

Vom Mittagstisch bekannt ist dir vielleicht auch die **Forelle.** Forellen leben vorwiegend in Bächen oder Flüssen. Sie brauchen fließendes Wasser zum Leben, da dies viel Sauerstoff enthält. Sie fressen kleine Tiere, die sie im Wasser finden. Aber sie springen auch aus dem Wasser, um sich Insekten aus der Luft zu fangen.

*Forelle*

# Säugetiere des Meeres

**Säugetiere** im Meer? Leben im Meer nicht nur Fische? Nein, es gibt Tiere, die ursprünglich als Säugetiere auf dem Land gelebt haben, dann aber – vor vielen Tausend Jahren – zurückgegangen sind ins Meer. Bei dieser Entwicklung sind die Beine zu Flossen umgebildet worden. Nach wie vor sind sie aber auf Luft zum Atmen angewiesen und bringen lebende Junge zur Welt, die gesäugt werden. Zwei Gruppen von Tieren gehören zu den Meeressäugetieren: die **Robben** und die **Wale.**

Auf dieser Seite kannst du einige Säugetiere sehen, die im Meer leben. Sicher kennst du ihre Namen.

Die Robben, zu denen auch die **Seehunde** gehören, sind Wasserraubtiere. Ihre Nahrung besteht überwiegend aus Fischen. Ganz erstaunlich erscheint, welche Tiere den Robben nah verwandt sind: Das sind die Bären!

Auf den Sandbänken im Wattenmeer sind Seehunde von Schiffen aus zu beobachten. Auf den Sandbänken kommen auch die Jungen zur Welt, die schon wenige Stunden nach der Geburt schwimmen können! Zwanzig Minuten lang können Seehunde tauchen. Leider lösen Verschmutzungen des Meeres Massensterben unter den Seehunden aus.

**Delfine** gehören zu den Walen. Sie leben dauernd im Wasser und kommen nur an die Wasseroberfläche um zu atmen. Bekannt sind Delfine für die weiten Sprünge über die Wasseroberfläche. Delfine senden für Menschen unhörbare Ultraschalltöne aus, die von Hindernissen zurückgeworfen werden. So orientieren sie sich durch ihr Gehör im Wasser.

Die kleinsten Wale, die es gibt, sind die **Schweinswale.** Diese Wale sind hin und wieder auch in der Nordsee zu beobachten.

Neben den Delfinen gibt es ein anderes Tier, das sich über Ultraschallwellen orientiert. Dieses Tier lebt in einer ganz anderen Umgebung. Findest du heraus, welches Tier das ist?

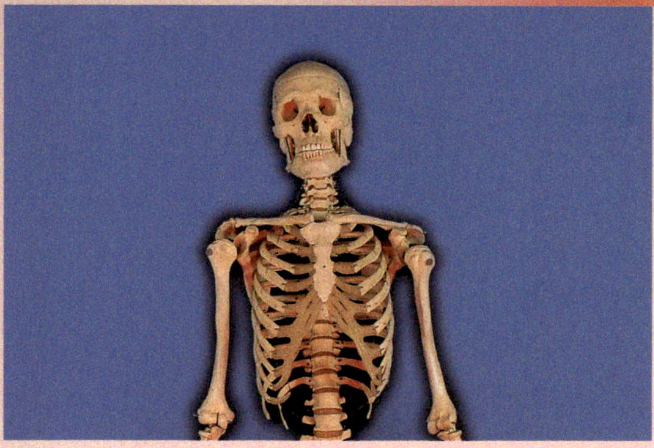

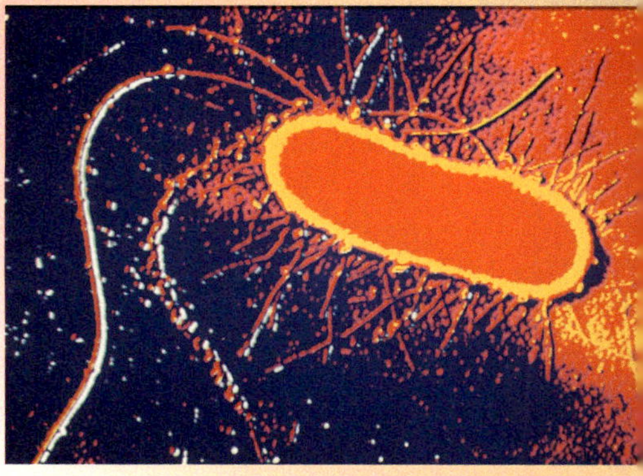

# DER MENSCH

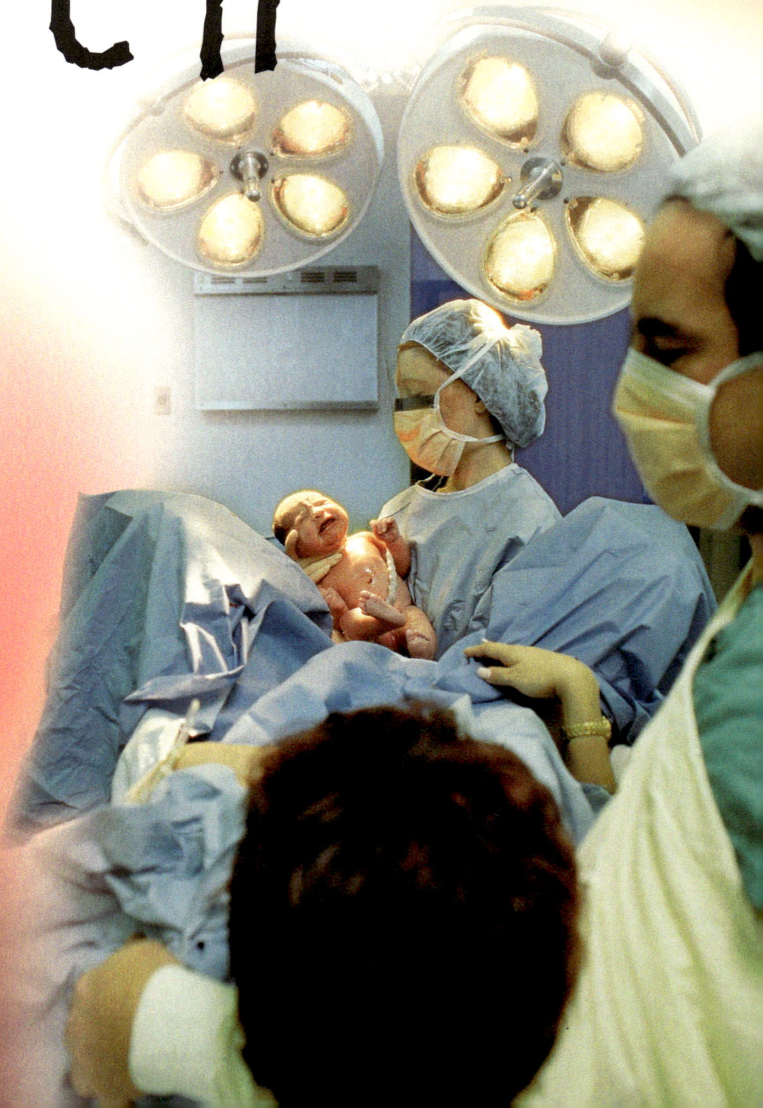

# Stammen wir vom Affen ab?

Das war eine Aufregung: Vor rund 130 Jahren behauptete ein englischer Naturforscher, unsere Vorfahren seien nicht Adam und Eva gewesen, sondern schlicht und einfach Affen. Dieser Mann hieß Charles **Darwin.**

Darwins Theorie klang plausibel. Die großen Menschenaffen, die Schimpansen, Gorillas und Orang-Utans, sehen uns ja auch ziemlich ähnlich. Erst mit den modernen Methoden der **Genforschung** gelang es, den Streit um Darwin zu klären. Anhand deiner **Gene** kann man beweisen, dass dein Vater dein Vater und deine Mutter deine Mutter ist. Und so haben die Genforscher auch herausgefunden:

Wir Menschen stammen zwar nicht von den heutigen Affen ab. Doch Menschen und Affen entwickelten sich aus denselben Vorfahren. Die lebten vor rund 30 Millionen Jahren. Im Laufe von Jahrmillionen gingen aus diesen gemeinsamen Vorfahren alle heute lebenden Affen hervor. Erst vor etwa sechs Millionen Jahren entstanden die **Gorillas** und die **Schimpansen.** Ungefähr zur gleichen Zeit entwickelten sich aber auch erste primitive Menschen.

Wie kam es dazu, dass aus affenähnlichen Tieren langsam Menschen wurden? Das geschah in Afrika. Vor etwa sechs Millionen Jahren veränderte sich das Wetter in Afrika stark. Es wurde trockener. Die großen feuchten Urwälder, auf deren Bäumen unsere Vorfahren durch die Äste turnten, verschwanden, und schließlich war überall trockenes Grasland. Wer dort leben wollte, der musste sich an die veränderte Umgebung anpassen. Arme und Hände waren wichtig, um Früchte und Wurzeln sammeln und tragen zu können. Aber um schnell weite Strecken zurücklegen zu können, muss man auf zwei Beinen aufrecht gehen. Genau das lernten unsere Vorfahren damals. Die ersten menschenähnlichen Wesen aus dieser Zeit nennen wir **Australopithecus.** Sie lebten in Afrika einige Millionen Jahre lang.

Vor etwa drei Millionen Jahren entwickelten sich dann noch andere Frühmenschen aus den gemeinsamen Vorfahren. Sie waren kleiner und flinker als der Australopithecus und auch klüger. Und sie aßen nicht nur Pflanzen wie der Australopithecus. Sie lebten von der Jagd. Diese flinken Vormenschen nennen wir heute **Homo habilis.** Homo heißt Mensch, habilis heißt fähig.

Der klügere und gewandtere Homo habilis verdrängte den Australopithecus. Der Australopithecus starb aus.

Wer klug ist, lernt. Und wer lernt, wird im Laufe der Zeit immer klüger. Deshalb entwickelte sich der Homo habilis ziemlich rasch weiter. Eine neue Frühmenschenform ging aus ihm hervor, der **Homo erectus,** der *aufrechte Mensch*. Dieser Homo erectus entstand vor knapp zwei Millionen Jahren und muss uns heutigen Menschen schon recht ähnlich gesehen haben. Er konnte auch schon mehr als der Homo habilis. Er beherrschte bereits das Feuer und entwickelte eine Art einfacher Sprache.

Aus dem Homo erectus entwickelte sich schließlich vor etwa vierhunderttausend Jahren der **Homo sapiens,** der einsichtige Mensch. Mit dem sind die heutigen Menschen schon so nahe verwandt sind, dass die Wissenschaftler sie zur selben Art zählen. Es gab mehrere Rassen, darunter die kleinen, sehr kräftigen **Neandertaler** und später die größeren, schlanken **Cromagnon-Menschen.** Letzterer ist unser direkter Vorfahr. Ob der Neandertaler auch zu unseren Vorfahren zählt, ist heute umstritten.

*Cromagnon-Mensch*

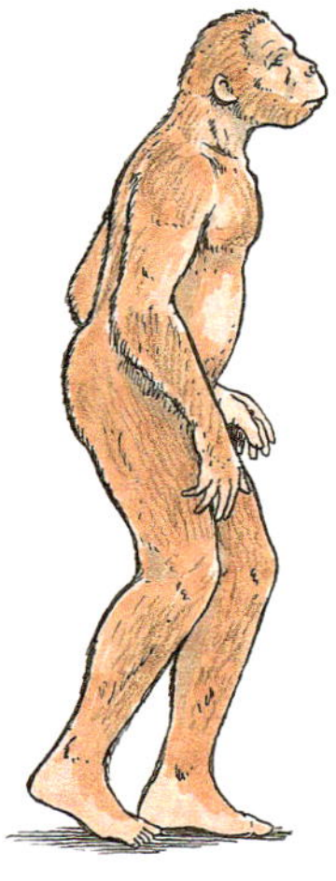

*Australopithecus*

*Homo habilis*

*Homo erectus*

# Atmung

Stelle einmal über eine brennende Kerze ein umgestülptes großes Glas. Es wird nicht lange dauern und die Kerze geht aus. Zum Brennen braucht die Kerze Luft, genauer gesagt **Sauerstoff,** der in der Luft enthalten ist. Nichts kann ohne Sauerstoff verbrennen.

Es gibt zwei Arten der **Verbrennung.** Etwas kann schnell mit heller Flamme oder es kann sehr langsam ohne Flamme und Hitze verbrennen. Die langsame Verbrennung spielt sich ständig in deinem Körper ab. Die **Nahrung** wird in deinem Körper mit Sauerstoff verbrannt und liefert dir Energie, damit du dich bewegen kannst und dein Körper arbeiten kann.

Der Automotor *ernährt* sich mit Benzin und wird bei der Verbrennung heiß, und auch du kommst ganz schön ins Schwitzen, wenn du dich körperlich anstrengst. Du brauchst für die Verbrennung in deinem Körper ständig Sauerstoff. Den bekommst du beim **Atmen.**

Das Auto hat einen Auspuff für die Verbrennungsabgase. Darunter ist das Kohlendioxidgas, auf das die Umweltschützer heute so viel schimpfen. Auch dein Körper erzeugt bei der Verbrennung vor allem **Kohlendioxid.** Er braucht auch einen Auspuff.

Bevor du nun aber anfängst zu lachen: Die menschlichen Abgase gelangen mit der Atmung ins Freie!

Beim **Einatmen** nehmen wir sauerstoffreiche Luft auf, beim **Ausatmen** geben wir kohlendioxidreiche Luft wieder ab.

Die **Nase** ist viel mehr als nur die Eingangstür für unsere Atemluft. In ihr wird kalte Luft angewärmt, befeuchtet und von Staub und Bakterien gereinigt, bevor sie in die Lunge gelangt.

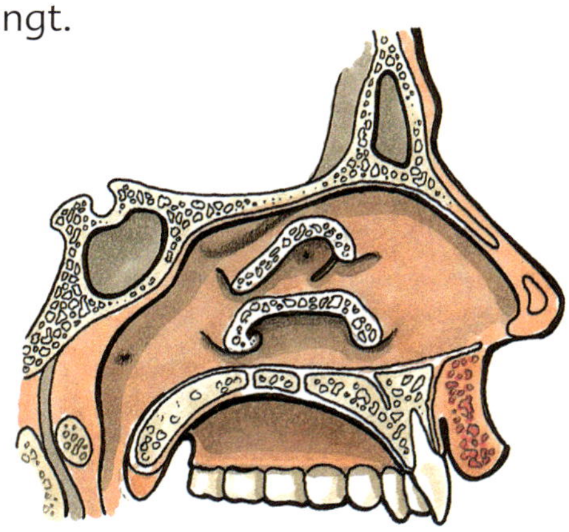

Dazu streicht sie an gut durchbluteten Schleimhäuten vorbei, auf denen viele feine Flimmerhärchen wachsen. Die filtern die Staubteilchen und Bakterien heraus und schieben sie zum Rachen, wo sie mit Speichel verschluckt werden. Außerdem enthält die Nase auch den Geruchssinn. Der prüft, ob die Luft gut genug zum Atmen ist. Stinkt sie zum Beispiel nach Qualm und Rauch oder riecht sie gar stechend scharf, dann schlägt die Nase Alarm: Hier musst du weg!

Von der Nase gelangt die Atemluft zur **Lunge** durch die **Luftröhre.** Die sieht ähnlich aus wie ein Gartenschlauch mit Verstärkungsringen aus Knorpel.

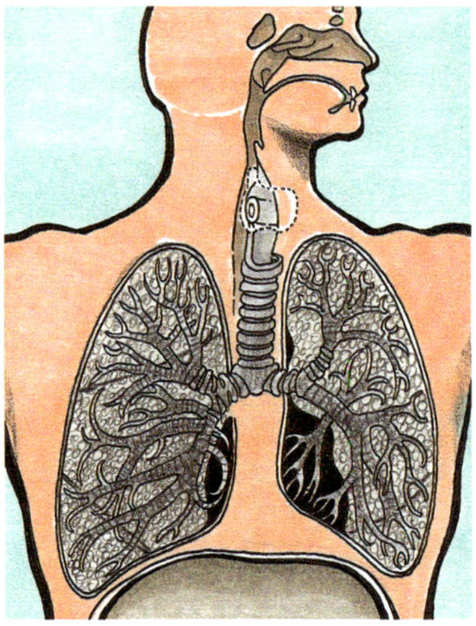

Die Luftröhre hat innen auch viele Flimmerhärchen. Sie fangen Schleim und noch vorhandene Staubteilchen ab und befördern sie nach oben. In der Brust gabelt sich die Luftröhre in zwei Äste, von denen jeder in einen Lungenflügel führt. In der Lunge verzweigen sich die Äste weiter, wie in einer Baumkrone. Dies sind die Bronchien. Die feinsten Zweigspitzen enden alle in einem runden **Lungenbläschen.** Diese Bläschen sind winzig klein.

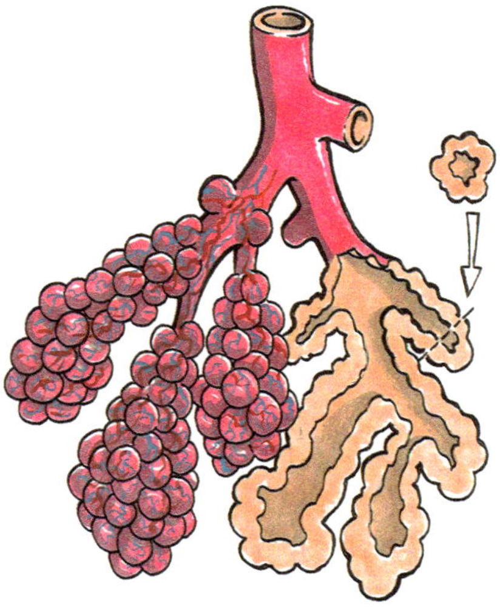

In unserer Lunge haben wir rund 300 Millionen solcher Bläschen.

Würde man die Bläschenwände glatt streichen und alle nebeneinander legen, dann wäre das eine Fläche so groß wie der Fußboden eines Tanzsaals!

Die hauchdünnen Bläschenwände sind von einem dichten Netz aus feinsten Blutäderchen umsponnen. Es sind sogar zwei Netze: Das eine Netz nimmt den Sauerstoff aus der Atemluft ins Blut auf und leitet ihn zum Herzen. Das **Herz** pumpt das sauerstoffreiche Blut dann in den ganzen Körper weiter. Im anderen Netz wird vom Herzen Blut angeliefert, das schon durch den Körper geflossen ist und das Kohlendioxid enthält. Das wird aus den feinen Äderchen in die Lungenbläschen abgegeben und beim nächsten Ausatmen aus der Lunge befördert.

Das Atmen geschieht ganz unbewusst von selber. Die Atemmuskulatur drückt die Lunge wie einen Blasebalg rhythmisch zusammen und lässt sie sich dann wieder ausdehnen.

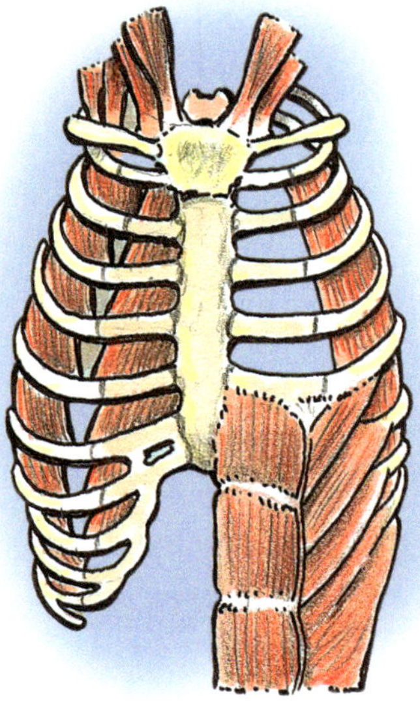

# Sinnesorgane

Eigentlich **hören** und **sehen** wir mit dem Gehirn. Das **Ohr** ist nur ein Mikrofon, das **Auge** nur die Linse einer Fernsehkamera. Weder Mikrofone noch Linsen hören oder sehen etwas. Sie nehmen nur etwas auf, wandeln es um und leiten es als elektrische Signale weiter.

Wir sehen vom Ohr nur die **Ohrmuschel.** Das Ohr ist größer und reicht bis tief in den Kopf hinein.

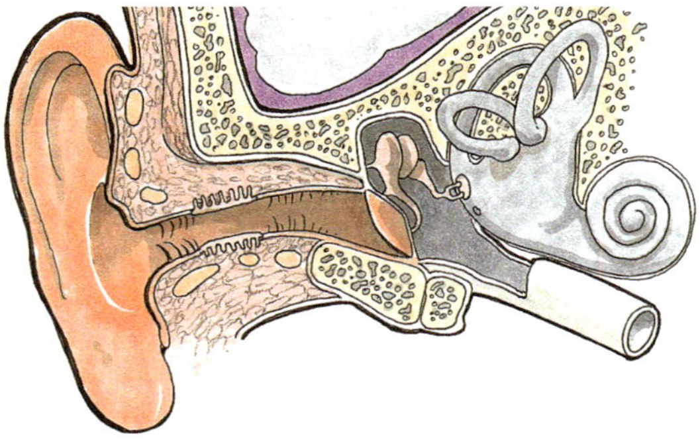

An die Ohrmuschel schließt sich zunächst der **Gehörgang** an. Der ist am Ende mit dem **Trommelfell** abgeschlossen. Kommt ein Geräusch an deine Ohrmuschel, dann schwingt die Luft in deinem Gehörgang, und diese Schwingungen macht auch das Trommelfell mit. Direkt hinter dem Trommelfell befinden sich drei winzige Knöchelchen. Sie heißen Hammer, Amboss und Steigbügel.

Der Hammer liegt mit seinem Stiel direkt auf dem Trommelfell und wird von diesem mitbewegt. Alle drei Gehörknöchelchen zusammen verstärken die Schwingungen des Trommelfells und leiten sie dann an das Labyrinth mit der Schnecke weiter. In der Schnecke befinden sich feine Tasthärchen, die die Schallschwingungen in elektrische Signale umwandeln. Diese werden dann von Nerven ins Gehirn geleitet. Das Labyrinth ist dein **Gleichgewichtsorgan.** Es sorgt dafür, dass du immer weisst, wo oben und unten ist.

Das **Auge** ist ähnlich aufgebaut wie ein Fotoapparat (-> Seite 199):

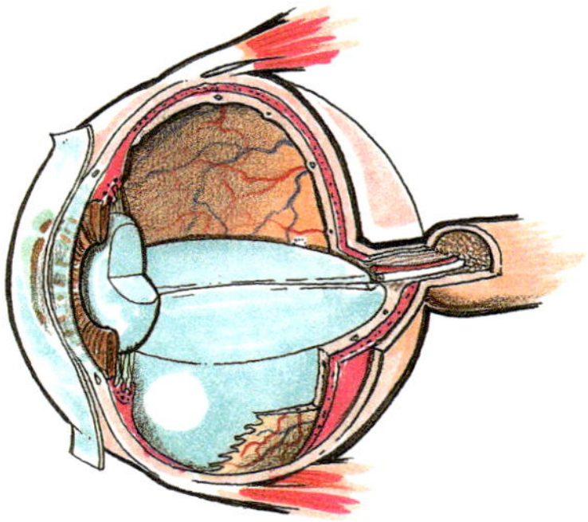

Vorn ist eine Linse. Sie sammelt die Lichtstrahlen, die ins Auge gelangen, wie eine Lupe. Dabei entsteht ein kleines Bild des Gesehenen auf der Augenhinterwand, der **Netzhaut.** Dort sitzen sehr viele winzige Stäbchen und Zapfen.

Die Stäbchen können feststellen, wie hell es ist. Bei den Zapfen gibt es verschiedene, die jeweils für eine andere Farbe empfindlich sind. Zapfen und Stäbchen machen aus den Lichtinformationen elektrische Signale. Die gelangen über Nervenfasern ins Gehirn, das dann den Bildeindruck daraus berechnet, der uns bewusst wird. Wie das Auge funktioniert, kannst du auf Seite 200 nachlesen.

Du spürst auf deiner **Haut,** wenn du gestreichelt wirst, wenn du gedrückt oder gestochen wirst. Auch Hautreizungen wie durch einen Mückenstich oder die Brennhaare einer Brennnessel **fühlen** wir auf der Haut, ebenso wie Wärme und Kälte.

Nehmen wir etwas in den Mund, dann sind es chemische Reize, die auf die Zunge und die **Mundschleimhaut** einwirken. Etwas kann bitter, sauer, süß oder salzig **schmecken.** Wir können besser riechen als schmecken: Unsere **Nase** kann rund viertausend verschiedene Gerüche unterscheiden.

Unsere **Sinneszellen** sind winzig klein. Sie sitzen in der Haut oder Schleimhaut und reagieren jeweils auf ganz bestimmte Reize. Immer, wenn sie ein solcher Reiz trifft, geben sie ein elektrisches Signal ab.

Sinneszellen sind mit **Nervenzellen** verbunden, die wie ein Stromkabel das elektrische Signal zum Gehirn weiterleiten. Das Gehirn erkennt blitzschnell, woher das Signal kommt und was es bedeutet.

Trittst du zum Beispiel barfuß auf eine Wespe und sie sticht dich, dann meldet eine **Schmerzzelle** in deinem Fuß dem Gehirn Alarm: Schmerz im linken großen Zeh. Aua!

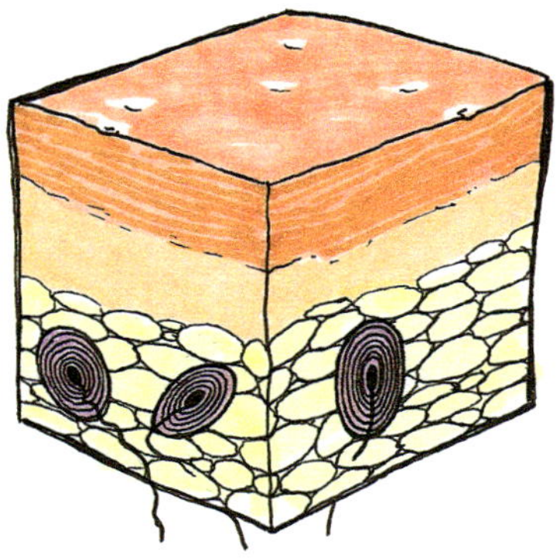

*Sinneszellen*

Manche Sinneszellen sehen aus wie kleine Kölbchen, die innen lauter Lamellen haben. Die **Geschmackszellen** befinden sich vor allem auf der Zunge, zum Teil aber auch in der Mundschleimhaut und einige sogar im Rachen. Die **Riechzellen** liegen an der Oberseite der beiden Nasengänge.

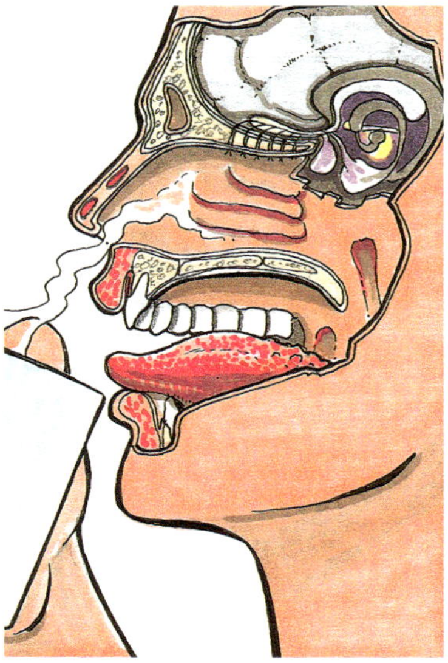

# Knochen, Muskeln, Sehnen, Zähne

Unsere Knochen sind aus Kalk, Bindegewebe und Wasser aufgebaut. Wären die Knochen völlig aus Kalk, würden sie sehr leicht brechen. Innen sind die Knochen porös, außen besitzen sie eine feste Knochenschale. Darüber liegt direkt die **Knochenhaut.** In ihr sind druck- und schmerzempfindliche Nervenzellen und viele feine Adern (Blutgefäße).

Unsere Knochen geben dem Körper Halt und seine äußere Gestalt. Sie schützen die empfindlichen inneren Organe und dienen als Speicher für Mineralstoffe, die der Körper braucht.

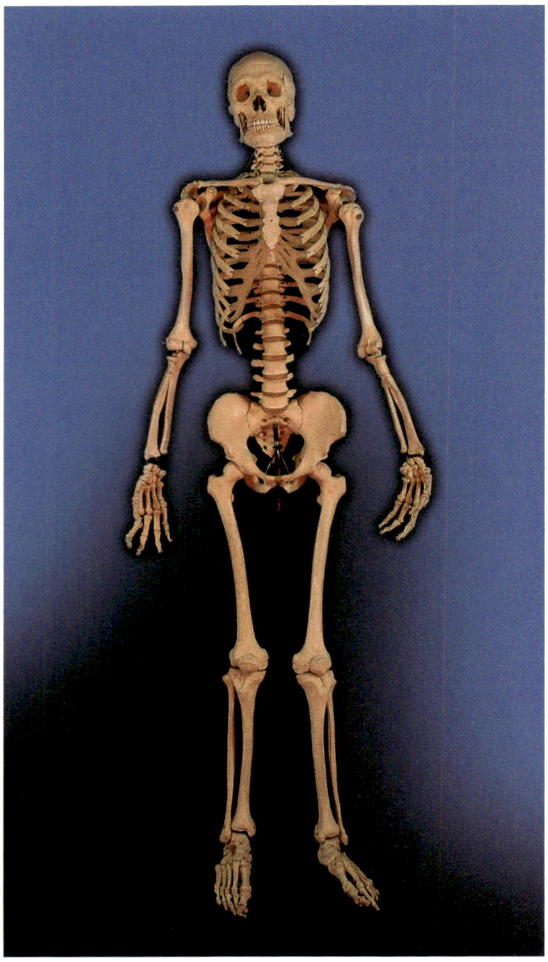

Schließlich gäbe es ohne Knochen kein **Blut.** Im Inneren der hohlen Röhrenknochen ist nämlich das weiche **Knochenmark.** Dieses Knochenmark bildet fortwährend neues Blut und schickt es in deine Adern.

Ohne das Zusammenspiel unserer Knochen, **Gelenke** und **Muskeln** könnten wir uns nicht bewegen und nichts tragen. Damit unser **Skelett** dies kann, brauchen wir etwa 204 bis 209 Knochen. Von Mensch zu Mensch kann das ein bisschen verschieden sein.

Du hast mehr als 700 Muskeln. Die brauchst du, um dich bewegen zu können. Aber auch wenn du stehst, ohne dich zu bewegen, halten dich deine Muskeln aufrecht. Ohne sie würde dein Knochengerüst mit den Organen und der Haut zusammensinken wie ein nasser Sack.

Muskeln haben noch andere Aufgaben. Sie liefern auch unsere Körperwärme. Sie können ganz schön warm werden, wenn du Sport treibst. Aber auch in völliger Ruhe, wenn du schläfst, erzeugen sie ständig Wärme. Den größten Teil der Energie, die wir durchs Essen aufnehmen, machen unsere Muskeln zu Wärme. Nur weniger als die Hälfte davon nutzen sie für körperliche Arbeit, zum Heben und Bewegen.

Starke Leute haben sichtbare, starke Muskeln. Damit sind die **Skelettmuskeln** gemeint, die unsere

Knochen und unser ganzes Skelett bewegen. Sie sind durch **Sehnen** fest mit den Knochen verbunden. Wir haben aber noch andere Muskeln im Körper. Sie bewegen keine Knochen und sind völlig anders aufgebaut. Zu ihnen gehören der Herzmuskel und die Magenmuskulatur. Man spricht hier von **glatter Muskulatur.**

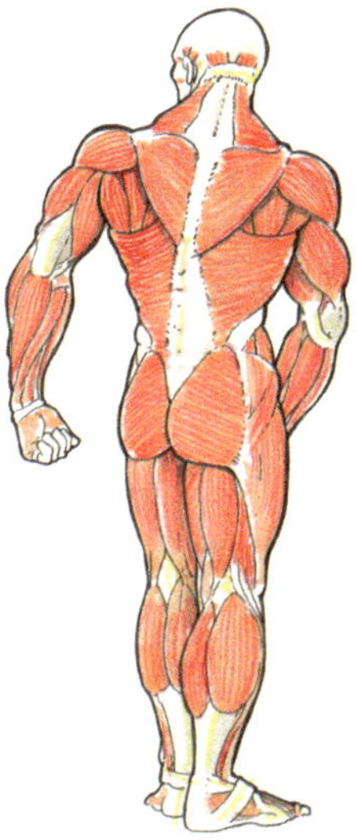

Unsere **Zähne** sind das Härteste, was unser Körper erzeugt. Je nach ihrer Aufgabe sind sie unterschiedlich geformt. Die meißelförmigen **Schneidezähne** vorn im Mund sind dazu da, etwas abzubeißen. Die *Eckzähne* dienen dem Festhalten und Herausreißen von Nahrungsstücken. Und die breiten **Backenzähne** sind unsere Mahl- und Kauzähne.

Das, was wir vom Zahn im Mund sehen, ist die *Zahnkrone*. Damit die nicht so leicht abnutzt, hat sie eine besonders harte Oberfläche, den *Zahnschmelz*. Unter dem Schmelz ist

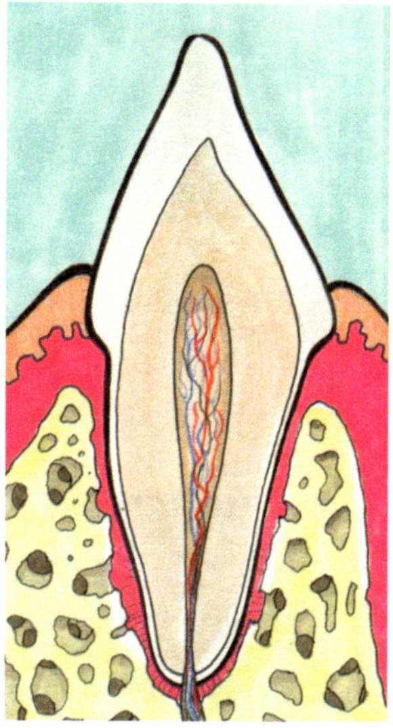

der eigentliche Zahn, das *Zahnbein* (oder *Dentin*). Es reicht von der Krone, über den Zahnhals bis zur Zahnwurzel, die im Kieferknochen eingewachsen ist. Innerhalb des Zahnbeins liegt schließlich noch die Zahnhöhle, in der die Blutgefäße und die Zahnnerven verlaufen.

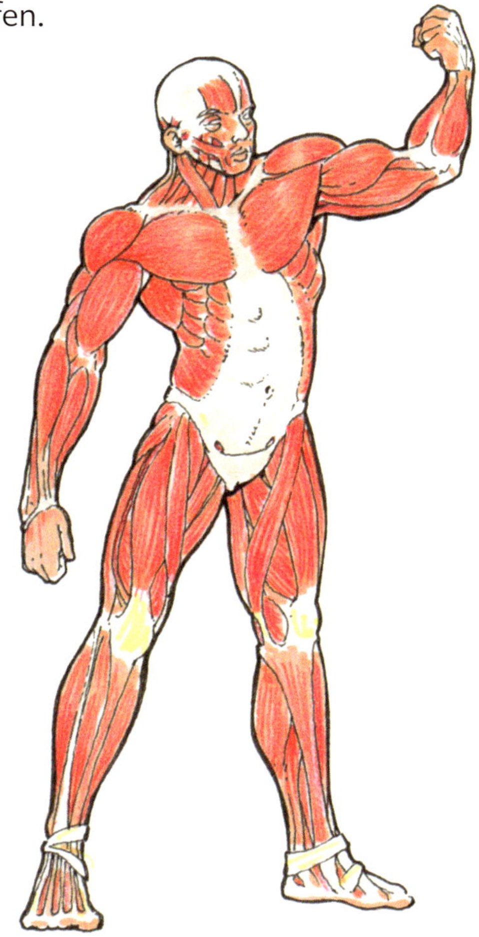

# Nahrungsverwertung und Blutkreislauf

Unsere **Verdauung** beginnt schon im **Mund.** Denn unsere Spucke, der **Speichel,** ist ein Verdauungssaft. Kaue einmal ein Stück trockenes Brot fünf bis zehn Minuten lang. Irgendwann schmeckt es dann süß. Dein Speichel hat aus dem Brot Zucker gemacht. Das kann der **Magen** nicht. Im Magen geht die Verdauung weiter. Das Essen wird gründlich zersetzt. Wasser und breiige Speisen laufen schnell durch. Größere Gemüsestücke oder Fleischbrocken bleiben hier mehrere Stunden.

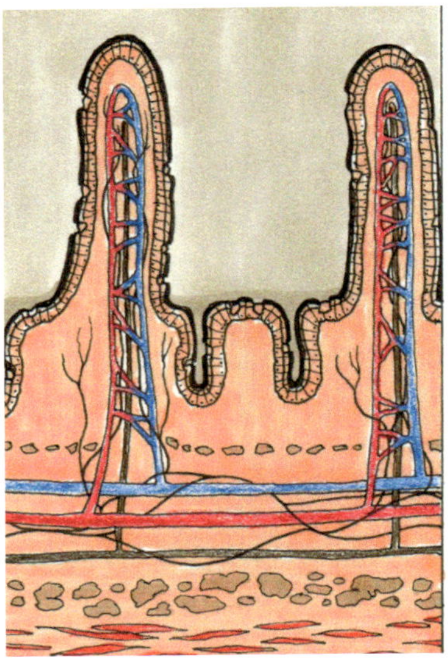

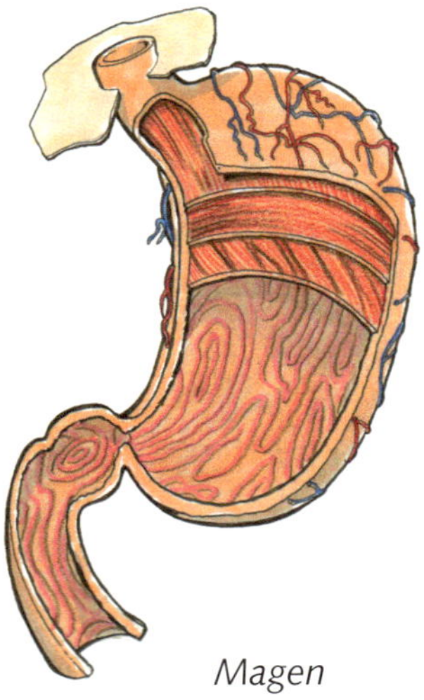

*Magen*

Der Magen hat kräftige Muskeln, die den Mageninhalt beim Verdauen gründlich durchkneten. Schließlich wird alles zu einem weichen Brei, der nun nach und nach aus dem Magen in den **Darm** gepresst wird. Der Darm ist stark gewunden und beim Erwachsenen rund siebeneinhalb Meter lang. Gleich nach dem Magen kommt der **Dünndarm.** Eine bis drei Stunden braucht die Nahrung, um durch den Dünndarm zu wandern. Vor allem Fette werden hier verdaut.

Im Dünndarm werden die Nahrungsbausteine in das **Blut** aufgenommen. Die Wand des Dünndarms hat eine riesengroße Oberfläche. Sie hat viele fingerförmige Zotten. Die sind gut durchblutet. Die verdauten Speisen sind jetzt völlig aufgelöst, so wie Zucker im Wasser. Sie gelangen durch die Wände der Zotten direkt ins Blut.

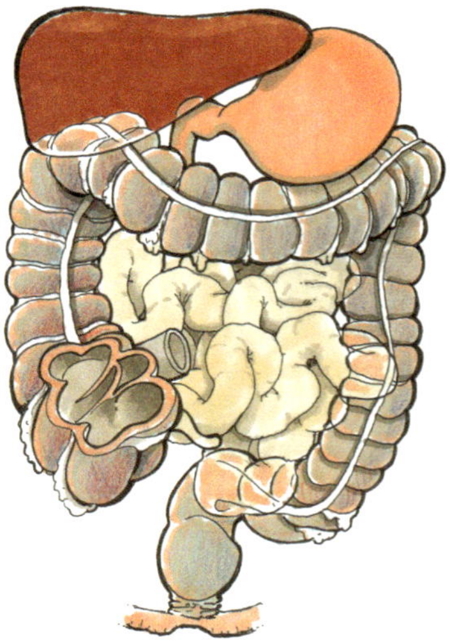

Der unverdauliche Nahrungsrest wandert vom Dünndarm weiter in den **Dickdarm.**

Mit dem Wasser entzieht der Dickdarm dem Restbrei auch noch wichtige Nährsalze. Er ist auch eine richtige Vitaminfabrik. Was wir Menschen nicht verdauen können, verdaut in unserem Dickdarm ein riesiges Heer von lebendigen **Darmbakterien.** Dabei produzieren sie wichtige Vitamine, die über die Darmwand in unser Blut gelangen. Das Ende des Dickdarms heißt Mastdarm oder Enddarm. Das ist eine Art Vorratsbeutel, der den Kot sammelt.

Die wichtigen Stoffe aus den verdauten Speisen werden mit dem Blut im ganzen Körper verteilt. Dazu gibt es zwei **Blutkreisläufe.** Das sind Netze aus Adern, durch die das Blut vom **Herzen** gepumpt wird.

Der erste Kreislauf ist der Lungenkreislauf. Er führt direkt vom Herz in die Lunge und zurück. In der **Lunge** nimmt das Blut **Sauerstoff** auf. Das ist ein Bestandteil der Luft, der für jede **Verbrennung** wichtig ist. Die aus der Nahrung gelösten Stoffe wie der Zucker werden nämlich in deinem Körper verbrannt. Das geht auch ohne Feuer. Aber du weißt, wenn die Muskeln arbeiten, wird dir warm. Im Lungenkreislauf gibt das Blut das darin gelöste „Verbrennungsabgas“ **Kohlendioxid** an die Atemluft ab.

Der zweite Blutkreislauf führt das sauerstoffreiche Blut vom Herzen zu allen Körperteilen und wieder zurück.

**Arterien** sind fingerdicke Adern, die vom Herzen wegführen. Sie verzweigen sich im Körper schließlich zu einem Netz haarfeiner **Kapillargefäße.** Sie versorgen unser Körpergewebe bis in die hinterste Ecke. Sie liefern den Sauerstoff und die energiereichen Nährstoffe zur Verbrennung ab.

Das mit Abfallstoffen beladene Blut sammelt sich in einem anderen Adernnetz, das für den Rückweg zum Herzen zuständig ist. Diese Adern nennen wir **Venen.** In der **Niere** werden die gelösten Abfallstoffe aus dem Blut entnommen und mit dem **Urin** ausgeschieden. In der **Leber** wird das Blut von Giften befreit. Und in der Lunge wird es das Kohlendioxid los und erhält neuen Sauerstoff. In der Darmwand wird das Blut wieder mit neuen Nährstoffen beladen.

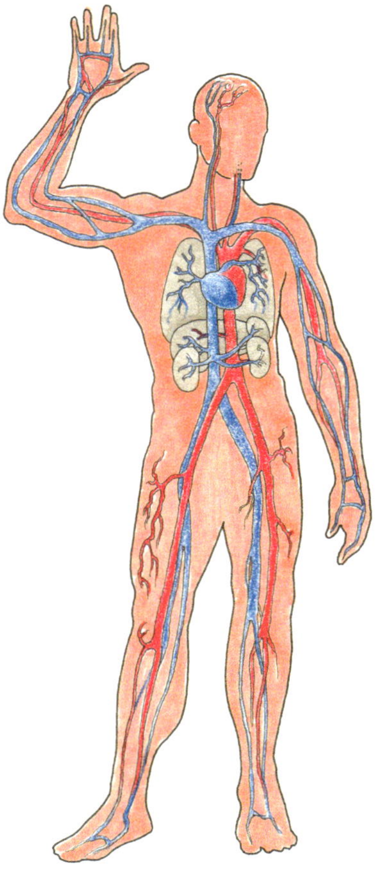

# Geschlecht und Sexualität

Alle Tier- und Menschenbabys entstehen aus einem **Ei.** Das muss die Menschenmutter aber nicht legen wie das Vogelweibchen. Das Ei liegt geschützt im Mutterleib, und das **Baby** entwickelt sich daraus, bis es groß genug ist, um allein atmen und trinken zu können. Erst dann wird es geboren.

Dafür, dass sich die Männchen und Weibchen der Tiere und die menschlichen Männer und Frauen zueinander hingezogen fühlen, sind die **Hormone** verantwortlich. Hormone sind chemische Stoffe, die der Körper entwickelt. Sie steuern viele Abläufe in uns und auch unsere Stimmungen.

Ein Baby kann sich nur aus einer befruchteten Eizelle entwickeln. Der Samen des Mannes muss dazu irgendwie in den Bauch der Frau gelangen. Das ist bei Tieren genau so wie bei uns Menschen. Bei Tieren haben wir dafür verschiedene Bezeichnungen. Der Bauer sagt, sein Stier bespringt die Kuh.

Bei Mann und Frau heißt das **Geschlechtsakt** oder auch **Koitus.** Man sagt auch: „Die beiden haben miteinander geschlafen."

Es gibt ja einige Unterschiede zwischen Mann und Frau. Manche sieht man außen am Körper, andere nicht. So hat die Frau am Unterleib eine kleine spaltförmige Öffnung, der Mann aber einen **Penis.** Die Öffnung bei der Frau ist der so genannte Scheideneingang. Direkt davor gibt es eine zweite kleine Öffnung, durch die der Urin ausgeschieden wird. Vom Scheideneingang führt eine Art Schlauch in den Unterleib. Das ist die **Scheide** oder **Vagina.** Dieser Schlauch mündet in die **Gebärmutter,** die du dir wie einen Beutel vorstellen kannst.

Von oben führen zwei Röhrchen, die **Eileiter,** in die Gebärmutter. Sie kommen vom **Eierstock.** Dort befinden sich die noch unbefruchteten Eizellen. Ungefähr alle 28 Tage gelangt eine Eizelle vom Eierstock durch einen der Eileiter in die Gebärmutter. Diesen Vorgang nennt man **Eisprung.** Das Ei verbleibt nur einige Stunden in der

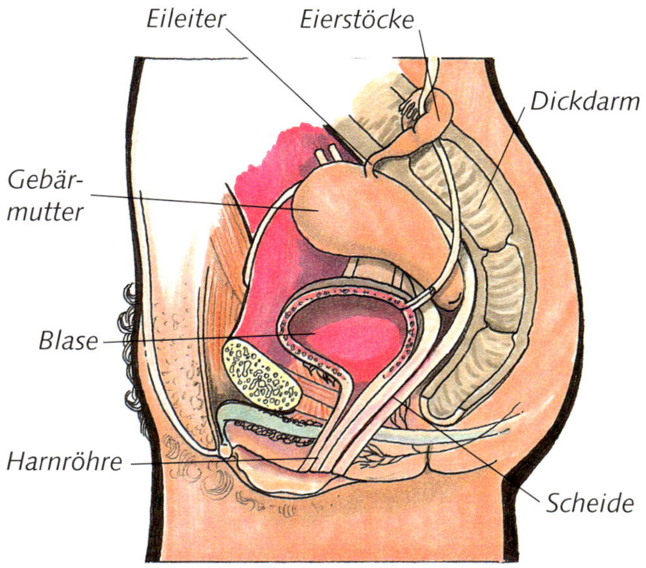


Gebärmutter und wartet darauf, befruchtet zu werden. Geschieht das nicht, stirbt es ab und wird ausgeschieden.

Dann wird auch die Schleimhaut abgestoßen, die die Gebärmutter von innen auskleidet. Dabei zerreißen auch einige kleine Blutgefäße. Blut fließt aus und gelangt in die Vagina. Diese monatliche Blutung der erwachsenen Frauen nennen wir **Menstruation** oder **Regelblutung,** denn sie kommt regelmäßig wieder. Das ist etwas ganz Natürliches. Sie dauert drei bis sieben Tage und ist für manche Frauen etwas unangenehm.

Wird die Eizelle in der Gebärmutter befruchtet, dann wächst aus ihr ein Baby. Die Schleimhaut wird dann natürlich nicht abgestoßen.

Und deshalb bleibt jetzt die Regelblutung aus. Das kann ein Zeichen sein, dass ein Baby unterwegs ist. Damit die mütterlichen Eizelle befruchtet wird, muss eine Samenzelle des Vaters in das Ei gelangen. Das geschieht, wenn der Mann seinen Penis tief in die Scheide seiner Frau steckt.

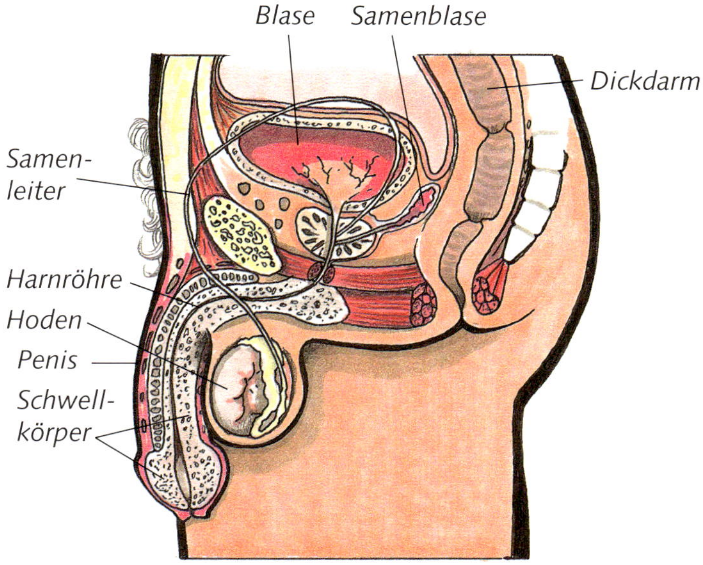


Dann kommt aus dem Penis die Samenflüssigkeit heraus, und viele winzige Samenzellen schwimmen von selbst zum Ei in der Gebärmutter. Nur eine davon wird es erreichen und in das Ei eindringen.

Damit der Mann seinen Penis oder sein Glied, wie wir dazu auch sagen, in die Vagina seiner Frau stecken kann, muss der Penis steif sein. Gewöhnlich ist er aber weich und recht kurz. Wenn sich aber Mann und Frau lieb haben, wird der Penis von allein steif. Dies kommt daher, dass sich Blut in Hohlräumen der Peniswand staut und diese prall füllt.

# Neues Leben entsteht

In jeder Körperzelle des Menschen gibt es eine ganze „Bibliothek“, in der all seine Merkmale und Eigenschaften aufgeschrieben sind, die **Chromosomen.** Das sind lange, spiralig gewundene Fäden.

Jede Körperzelle hat gleich mehrere Chromosomen. Und von jedem einzelnen Chromosom gibt es eine genaue Kopie. Jedes Chromosom ist also doppelt in jeder Zelle vorhanden. Nur in den **Eizellen** und **Samenzellen** gibt es jedes Chromosom nur einmal. Wenn also eine Samenzelle in eine Eizelle eindringt und mit dieser zu einer einzigen Zelle verschmilzt, dann kommen in dieser neuen Zelle wieder zwei Sätze Chromosomen zusammen, aber es sind nicht die gleichen. Der eine Satz stammt nämlich von der Mutter, der andere vom Vater. So kommen die verschiedenen Erbmerkmale beider Eltern in ein und derselben Zelle zusammen.

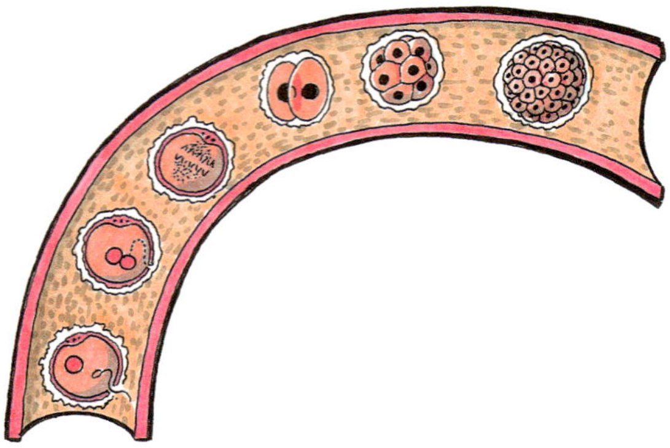

Unmittelbar nach der Befruchtung beginnt die Eizelle, sich zu teilen. Nach der Teilung teilen sich die entstandenen zwei Zellen wieder. Nun sind es schon vier. Die Teilung geht weiter. Etwa am vierten Tag sieht der zukünftige Mensch aus wie eine kleine Kugel aus vielen winzigen Zellen. In diese Kugel dringt Flüssigkeit ein und drängt die Zellen auseinander. Es entsteht eine Hohlkugel oder ein kleiner Ball. Der Ball stülpt sich nun ein und sieht dann aus wie eine Himbeere.

Beim „Himbeerstadium“ wandert der kleine Klumpen, der jetzt aus mehreren hundert Zellen besteht, zur Gebärmutterwand. Schon am zwölften Tag besteht das Gebilde aus einigen Tausend Zellen. Zwischen ihm und der Gebärmutterwand bildet sich schon jetzt die spätere Nabelschnur, das „Versorgungskabel“ zwischen Mutter und Kind.

Nach drei Wochen ist da ein längliches Würmchen von zwei Millimeter Länge. Am Ende der vierten Woche beginnen sich menschliche Formen zu zeigen.

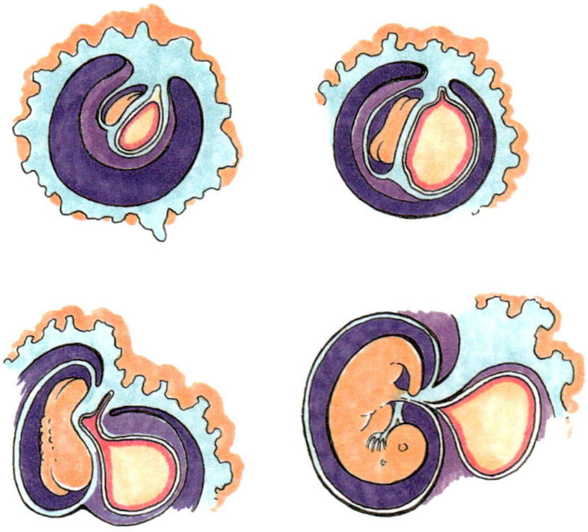

Der **Embryo,** wie das Kind im Mutterleib heißt, ist jetzt rund sechs Millimeter groß. Man erkennt an ihm schon deutlich den Anfang von

Gehirn und Wirbelsäule. Das winzige Herz pumpt bereits Blut zur genau so winzigen Leber und den anderen Körperteilen. Der kleine Mensch lebt!

Eine Woche später gibt es schon Ansätze von Augen, Mund und Nase. Am Ende der sechsten Woche ist der Embryo etwa 15 Millimeter lang, also etwas kleiner als ein Maikäfer. Sein Herz macht 140 bis 150 Schläge in der Minute, und auch das kleine Gehirn arbeitet schon. Mit acht Wochen ist der Embryo etwa vier Zentimeter lang. Alle Organe sind schon angelegt. Er heißt jetzt **Fötus,** hat einen etwas groß geratenen Kopf, einen Hals, Bauch und Rücken, einen Po, Arme und Beine mit Fingern und Zehen.

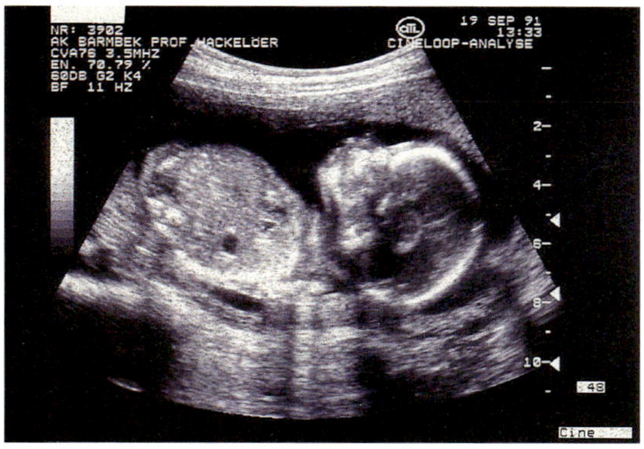


Mit fünfzehn Wochen wachsen die Finger- und Zehennägel. Die Hände können sich gegenseitig anfassen. Das kleine Wesen bewegt sich schon ganz munter.

Nach neun Monaten ist der Fötus fertig zur **Geburt.** Die **Wehen** setzen ein. Das sind ziehende Schmerzen im Unterleib. Muskeln werden ruckartig angespannt, sie wollen das Baby aus dem Mutterleib herauspressen. Das kann recht schmerzhaft sein. Bei der Geburt müssen sich die Vagina und auch die Beckenknochen stark dehnen. Hormone sorgen dafür, dass der Körper der Mutter bei der Geburt weich und elastisch wird.

Hat das Baby den Mutterkörper verlassen, beginnt es selbstständig zu atmen und meldet seine Ankunft mit kräftigem Geschrei.

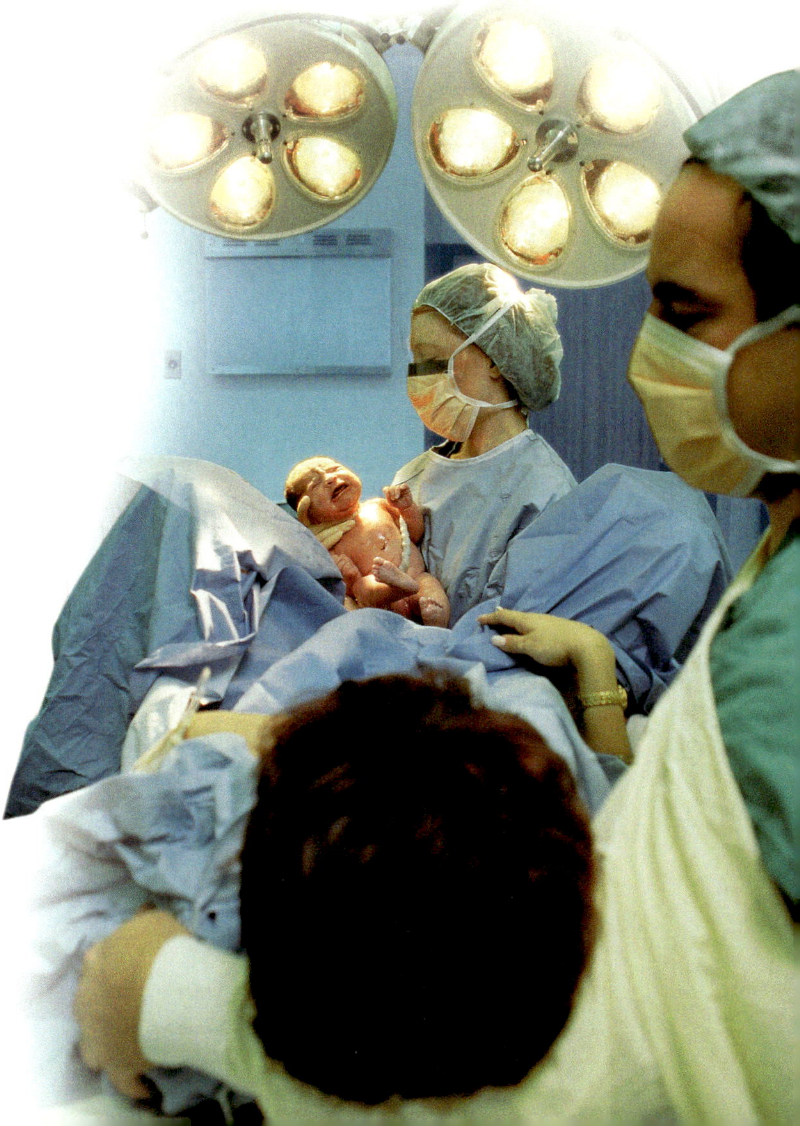

# Gesundheit und Krankheit

Auch wenn ein Mensch **gesund** ist, hat sein Körper ständig mit kleinen Krankheitsreizen zu tun. Mit denen wird er aber so rasch fertig, dass wir gar nichts davon merken. Dafür sorgt sein **Abwehr-** oder **Immunsystem.**

Nicht immer schafft es das, die Krankheitskeime sofort zu beseitigen, wenn sie auftreten. Dann werden wir **krank:** Unser Körper wehrt sich. Dazu nimmt er uns Kräfte, die wir sonst zum Laufen oder zum Denken brauchen. Wir fühlen uns schlapp und müde. Es kann auch sein, dass unser Körper zur Abwehr seine Temperatur erhöht. Dann haben wir **Fieber** und müssen ins Bett, damit wir die Krankheit besser besiegen können.

Manche Krankheiten können gefährlich werden. Das passiert dann, wenn unser Immunsystem den Kampf gegen die Erreger nicht gewinnt, auch nicht mit Hilfe des Arztes. Dann kann man in seltenen Fällen an einer Krankheit sterben.

Manchmal verschwindet die Krankheit zwar wieder, es bleiben aber „Kampfspuren". So kann eine starke Grippe das Herz schädigen. Dauert der Kampf zwischen Immunsystem und Krankheitserregern sehr lange, ohne dass eine Seite gewinnt, sprechen wir von **chronischen Krankheiten.**

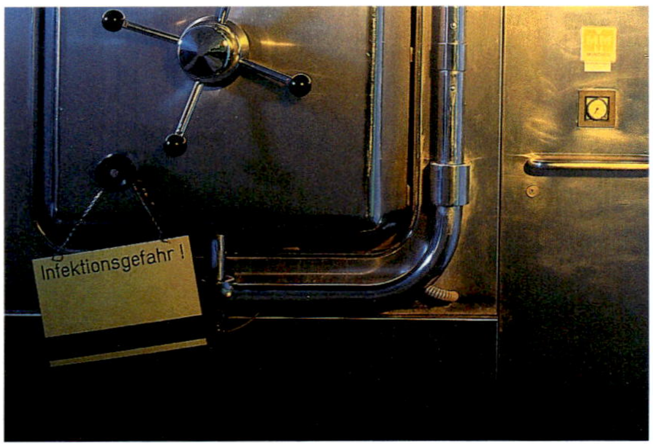


**Infektionskrankheiten** werden durch Krankheitserreger verursacht. Sie sind ansteckend. Wir unterscheiden dabei **Bakterien** und **Viren.**

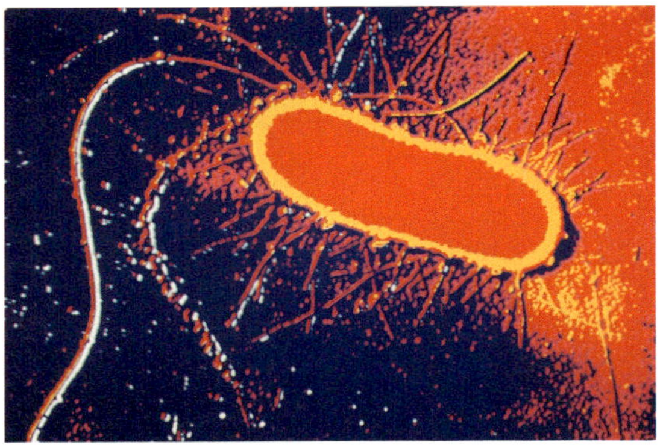

*Bakterium*

**Bakterien** sind winzige Lebewesen. Tausend von ihnen eng nebeneinander ergeben gerade mal einen Millimeter. Sie können sich rasch durch Teilung vermehren. Viele Bakterien sind sehr nützlich. Die Krankheitserreger unter den Bakterien verursachen zum Beispiel **Keuchhusten, Diphterie** oder **Wundstarrkrampf.**

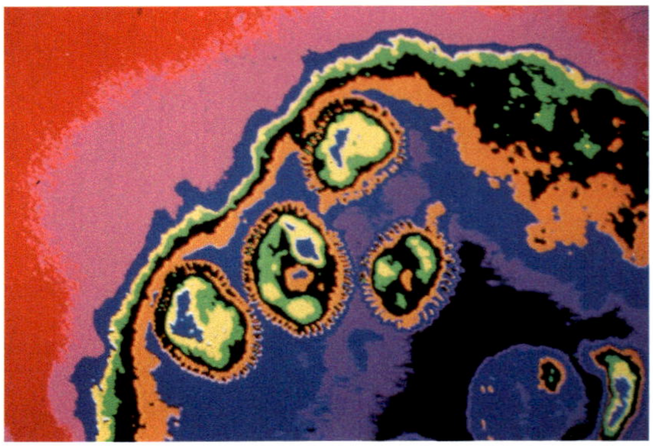

*Viren*

**Viren** können hundert mal kleiner sein als Bakterien. Sie sind eigentlich gar keine richtigen Lebewesen. Sie fressen nichts und wachsen auch nicht. Sie können sich nicht einmal selbst vermehren. Sie können aber in unsere Körperzellen eindringen und deren Bauplan durch den Virusbauplan ersetzen. Dann entstehen plötzlich keine normalen Körperzellen mehr, sondern neue Viren. Das ist ganz schön hinterlistig.

Viele **Erkältungen** und auch die **Grippe** werden durch Viren erzeugt, aber auch so gefährliche Seuchen wie die **Pocken** oder die **Kinderlähmung.** Glücklicherweise kann man sich heute gegen viele dieser Krankheiten durch **Impfungen** schützen.

Aber auch ohne Ansteckung oder Infektion kannst du krank werden. Da gibt es Hautabschürfungen und Knochenbrüche, offene Wunden und schmerzhafte Gelenkverrenkungen oder Schwellungen. Zu große Hitze kann uns auch krank machen: Denke an Verbrühungen, Verbrennungen oder an Sonnenbrand.

Eine weitere Gruppe von Krankmachern sind Chemikalien. Manche davon können unsere Haut schon bei bloßer Berührung verletzen. Andere vergiften uns von innen. **Gift** steckt im Rattengift ebenso wie im Mittel zur Unkrautvernichtung. Es ist verborgen in Giftpilzen ebenso wie in Suchtdrogen. Es kann aber auch in verdorbener Nahrung sein, wie in Fisch, wenn er „schlecht" geworden ist. Krank wird schließlich auch, wer nicht genug zu essen oder zu trinken hat, oder wer mit der Nahrung nicht genügend Vitamine und andere lebenswichtige Stoffe zu sich nimmt.

Krank werden kann man aber auch durch Sorgen, Ängste, Furcht, Stress, Verzweiflung, ebenso wie durch Neid, Hass oder Wut. Alle negativen Gefühle senken die Abwehrkraft unseres Immunsystems, alle positiven bewirken das Gegenteil.

Zu den Krankheiten, denen wir nicht aus dem Wege gehen können, gehören die **Erbkrankheiten.** So wie wir von unseren Eltern die blauen oder braunen Augen geerbt haben, so können auch Defekte in den Erbinformationen weitergegeben werden.

# Beim Arzt

Es ist nicht der Arzt sondern dein Körper, der dich wieder gesund macht. Das geschieht durch die **Selbstheilungskräfte** der Natur. Der Arzt kann aber versuchen, diese in Gang zu setzen und zu verstärken.

Wichtig ist, dass wir auch gesund werden wollen. Wenn jemand schon wegen jeder kleinen Erkältung zum Arzt läuft, traut er doch seinem Körper gar nicht zu, mit den paar **Viren** selber fertig zu werden. Ohne Arzt gehen leichte Krankheiten tatsächlich oft genauso schnell vorbei.

Bekämpfen wir jedes kleine Wehwehchen sofort mit starken Arzneimitteln und Antibiotika, dann bekommt unser Körper gar nicht die Chance, für den Ernstfall zu üben. Aber bei allen Erkrankungen und Unfällen, wo du oder deine Eltern nicht weiter wissen, musst du einen Arzt aufsuchen, am besten den **Hausarzt** und für spezielle Fälle einen **Facharzt.**

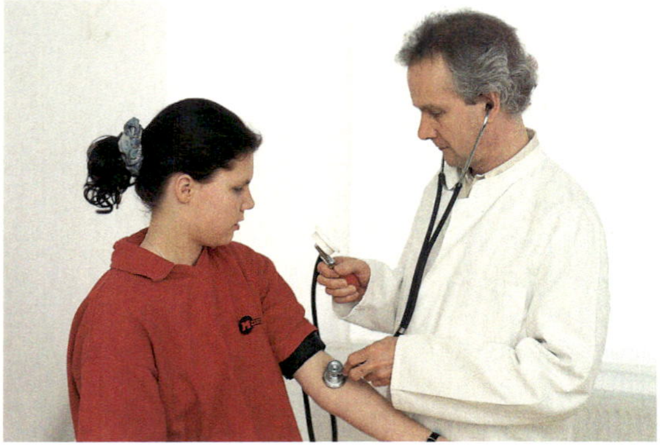

Zuerst muss der Arzt natürlich feststellen, was dir überhaupt fehlt. Dazu geht er wie ein Detektiv vor.

Er befragt dich erst zur Krankheitsvorgeschichte und zu deinen Beschwerden. Er misst deinen Blutdruck und Puls, und vielleicht nimmt er dir etwas Blut ab und bittet dich, in einen Plastikbecher zu pinkeln.

Blut und Urin werden im **Labor** untersucht. Dort wird die Zahl der **weißen** und **roten Blutkörperchen** ermittelt und welche Stoffe sich im Blut und Urin befinden. Ist von einem Stoff zu wenig oder zu viel enthalten, dann ist das oft schon ein Hinweis auf eine Krankheit.

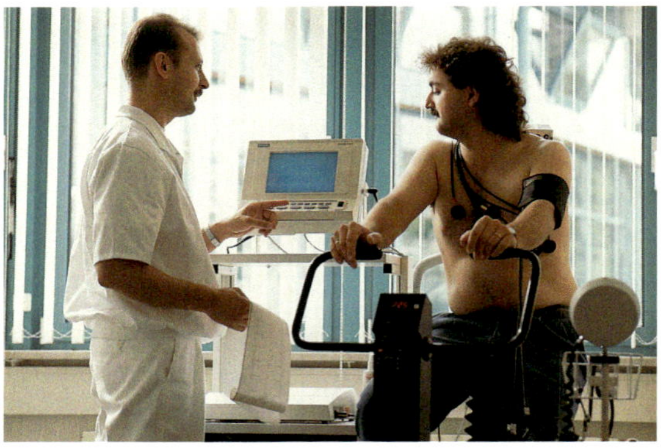

Der Arzt hört auch an verschiedenen Stellen der Brust deine Herztöne ab und lässt vielleicht von einer Maschine den genauen Herzrhythmus aufzeichnen. Durch Abklopfen informiert er sich über die Lunge und schaut auch mal in deinen Mund und Rachen.

Hat der Arzt festgestellt, um welche Krankheit es sich handelt, dann empfiehlt er eine **Therapie.** Das sind die Behandlungsmaßnahmen. Er verschreibt Medikamente oder Massagen, medizinische Bäder, Bestrahlungen oder Krankengymnastik.

# UNSERE TECHNISCHE UMWELT

# Energie

Autos brauchen Benzin, Segelschiffe brauchen Wind, Lokomotiven brauchen Elektrizität, Solarmobile brauchen Sonnenlicht. Alles, was sich bewegt, braucht dazu einen Treibstoff. In diesem Treibstoff steckt die zum Bewegen benötigte **Energie.** Auch Menschen brauchen Energie, um sich zu bewegen. Das merkst du, wenn du Sport treibst. Dann bekommst du mächtigen Hunger. Wir bekommen die Energie mit der Nahrung.

Aber nicht nur um Dinge zu bewegen benötigt man Energie. Wenn es im Winter in unserem Haus gemütlich warm sein soll, brauchen wir Holz für unseren Ofen oder Heizöl für unsere Heizung. Zum Heizen braucht man also auch Energie.

Wie bekommen wir die Energie? Sie wird von einem **Energieträger** zu uns gebracht. Energieträger sind: Benzin, Heizöl, Elektrizität, Sonnenlicht, Wind, Nahrungsmittel.

Auch ein bewegter Körper trägt Energie mit sich.

Ein Meteorit aus dem Weltraum, kleiner als ein Haus, riss diesen riesigen Krater in die Erde. Weil der Meteorit eine sehr hohe Geschwindigkeit hatte, trug er sehr viel Energie mit sich.

Die schweren Gewichte, die an dieser Uhr hängen, sind auch Energieträger. Wenn man sie hochzieht, steckt man Energie hinein. Beim Runtersinken wird diese Energie verwendet, um die Zahnräder und die Zeiger zu bewegen.

Eine **Solarzelle** verwandelt die Energie, die uns das Sonnenlicht bringt, in elektrische Energie. Wenn man es ganz genau nimmt, ist sie ein **Energieumlader.** Sie packt die Energie vom Energieträger Sonnenlicht auf den Energieträger Elektrizität um.

In diesen glühenden Eisenblöcken steckt sehr viel Energie. Was geschieht mit der Energie, wenn das Eisen sich abkühlt? Sie verteilt sich allmählich auf die ganze Umgebung: Die Luft rundum und die Unterlage werden heiß und geben ihre Energie dann immer weiter, bis die Energie schließlich *versickert* ist .

Mit der Energie ist es nämlich genau wie mit Wasser: Mit einem Eimer voll Wasser kannst du viel anfangen: Du kannst es trinken, damit kochen oder es zum Waschen benutzen. Wenn du den Eimer umkippst, versickert das Wasser im Boden. Das Wasser löst sich zwar nicht einfach auf; aber du kannst nichts mehr damit anfangen. Es ist wertlos geworden. Die Energie, die wir zum Heizen unserer Häuser nutzen, entweicht durch Fenster und Wände. Und dann können wir sie nicht mehr nutzen. Sie ist für uns wertlos geworden wie das versickerte Wasser.

Energie ist sehr kostbar, weil wir ohne sie nicht leben könnten. Deshalb sollten wir sie sinnvoll und sparsam nutzen, bevor sie wertlos wird. Der größte Teil der Energie, die wir nutzen, stammt aus **Erdöl** oder **Kohle.** In **Raffinerien** wird aus Erdöl Benzin gewonnen, in **Kraftwerken** wird aus Erdöl oder Kohle elektrische Energie erzeugt. Erdöl und Kohle sind aus dem Holz von Wäldern entstanden, die vor vielen Millionen Jahren gewachsen sind.

In einigen Jahrzehnten oder Jahrhunderten werden die Erdöl- und Kohlelager unserer Erde leer sein. Deshalb ist es sinnvoll, jetzt schon möglichst viel Energie aus den Quellen zu nehmen, die nie leer werden: Sonne, Wind, und Wasser.

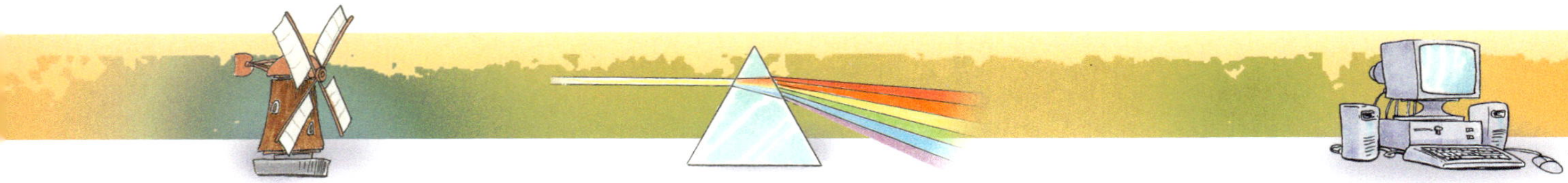

# Temperatur und Energie

So einen **Geysir** kannst du in Island bestaunen. Er ist ein Springbrunnen ganz besonderer Art. Alle paar Minuten spritzt er einen großen Strahl heißes Wasser in die Höhe, höher als ein Haus. Die Energie dazu bekommt er aus dem Inneren der Erde. Dort ist glühend heißes, flüssiges Gestein – die **Magma** – auf Grundwasser gestoßen, das dann an manchen Stellen als heißes Wasser aus der Erde kommt.

In Island können mit diesem heißen Wasser alle Häuser der Hauptstadt geheizt werden. Bei einer Bohrung wurde in 1 000 Meter Tiefe sogar Wasserdampf gefunden, der 300 Grad heiß ist. Dort haben die Isländer ein Elektrizitätswerk gebaut, in dem der Dampf Turbinen antreibt und über Generatoren elektrische Energie erzeugt.

In heißen Dingen steckt Energie; je heißer sie sind, umso mehr. Diese Energie wird **innere Energie** genannt. Wenn man die winzigsten Teilchen des Wassers, seine **Moleküle,** sehen könnte, würde man erkennen, dass seine innere Energie auch eine Art Bewegungsenergie ist. Im heißen Wasser bewegen sich die Moleküle schnell hin und her. Wird das Wasser abgekühlt, dann bewegen sie sich langsamer – ihre Bewegungsenergie nimmt ab.

Ob es draußen warm oder kalt ist, kannst du fühlen. Aber auf dieses Gefühl kannst du dich nicht immer verlassen: im Winter empfindest du eine Temperatur von 10 Grad als warm. Im Sommer frierst du bei 10 Grad. Deshalb gibt es **Thermometer.** Mit ihnen kann man die Temperatur messen.

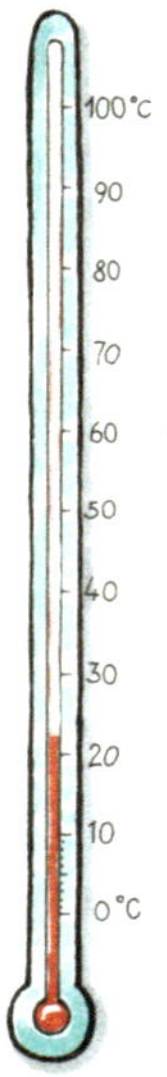


In der Kugel des Thermometers ist eine gefärbte Flüssigkeit, meistens Alkohol. Wenn es wärmer wird, dehnt sie sich aus – wie alle Dinge, die warm werden – und steigt in den Röhrchen hoch. Man braucht jetzt nur noch eine **Skala,** an der man die Temperatur ablesen kann. Die Skala dieses Thermometers ist vor 300 Jahren von dem Schweden Anders **Celsius** erfunden worden.

Er hat festgelegt: Wenn Eis schmilzt, soll es null Grad sein, wenn Wasser kocht, hundert Grad. Im Winter und im Gefrierschrank kann es kälter als null Grad sein. Auf dem Mond ist es nachts minus 150 Grad kalt. Die kälteste Temperatur, die es überhaupt geben kann, liegt bei minus 273 Grad. Diese Temperatur heißt **absoluter Nullpunkt.** Kälter kann es nicht werden, denn am absoluten Nullpunkt stehen die Moleküle fast still.

*Rollenlager unter einer Brücke*

Eine Brücke auf Rollen – wozu soll das gut sein? In der Hitze des Sommers ist die Brücke länger als im Winter. Wenn ihr Ende nicht auf Rollen gelagert wäre, würde sie brechen.

Heiße Gegenstände kühlen mit der Zeit ab. Ihre Energie verteilt sich auf die kühlere Umgebung. Wenn wir im Winter am Abend die Heizung ausdrehen, ist es am nächsten Morgen recht kühl im Haus. Die Energie ist durch Fenster und Wände nach außen geströmt. Um möglichst wenig Energie zu verlieren, werden die Wände gut **wärmeisoliert.** Fenster mit doppelten oder dreifachen Fensterscheiben halten die Energie im Haus zurück.

**Eine Energiefalle**

Hier geht Energie nicht verloren, sondern sie wird eingefangen: die Sonnenenergie. Kannst du an Hand der Zeichnung herausbekommen, wie diese **Solarheizung** funktioniert? Die Erklärung findest du auf Seite 265.

**Der Geist aus der Flasche**

Am besten funktioniert dieser Trick, wenn die leere Flasche vorher im Kühlschrank lag. Die Münze solltest du anfeuchten.

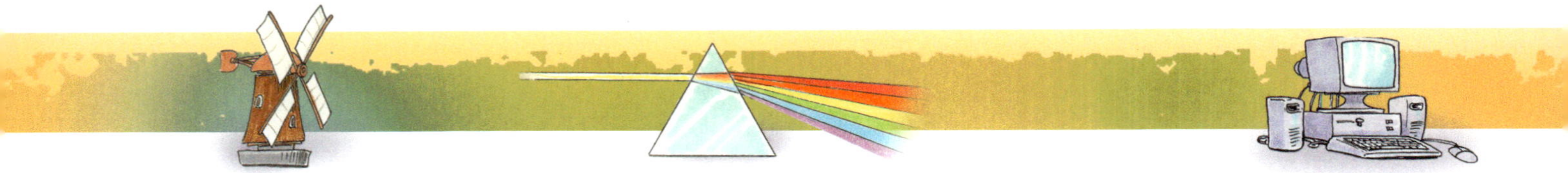

# Energie aus Kohle, Erdöl und Erdgas

So kannst du dir selbst ein kleines Elektrizitätswerk bauen. Die Energie, die im Brennstoff Spiritus steckt, treibt die Dampfmaschine an. Diese dreht den Dynamo, und der erzeugt elektrische Energie.

**Elektrizitätswerke** erzeugen den größten Teil der elektrischen Energie, die bei dir zu Hause aus der Steckdose kommt. Sie funktionieren so ähnlich wie dein kleines Elektrizitätswerk. In der Brennkammer im **Kesselhaus** wird Kohle, Erdöl oder Erdgas verbrannt. Die dabei freigesetzte Energie erhitzt im Kessel Wasser. Das kochende Wasser wird zu Wasserdampf. Dieser wird im **Maschinenhaus** auf die Schaufeln von Turbinenrädern geleitet. Dadurch dreht sich die Dampfturbine.

Die Achse der **Turbine** ist mit einem **Generator** (einem großen Dynamo) verbunden. Der wandelt die Energie der Turbine in elektrische Energie um. Die elektrische Energie wird über die Hochspannungsleitungen bis in unsere Häuser gebracht.

Damit der Dampf wieder zu Wasser wird, muss er im **Kühlturm** abgekühlt werden. Weniger als die Hälfte der Energie, die im Brennstoff steckt, kann in elektrische Energie umgewandelt werden. Der größte Teil geht als **Abwärme** verloren, weil er im Kühlturm an die Umgebung abgegeben wird. In **Blockheizkraftwerken** wird die Abwärme genutzt, um die umliegenden Häuser zu heizen.

Elektrizitätswerke, in denen Kohle, Erdgas oder Erdöl verbrannt wird, belasten die Umwelt. Sie erzeugen Abgase, die unsere Atmosphäre verschmutzen und das Klima verändern. Deshalb sollten wir möglichst sparsam mit Energie umgehen und umweltfreundliche Energiequellen wie Wind-, Wasser- und Sonnenenergie bevorzugen.

*Ein besonderes Kohlekraftwerk mit Turbine*

# Kernenergie

In einem **Kernkraftwerk** wird elektrische Energie gewonnen – aus Atomkernen.

**Atome** sind die kleinsten Bausteine aller Dinge. Sie sind so klein, dass viele Milliarden Atome in einen Stecknadelkopf passen. Es gibt unterschiedliche Atome: zum Beispiel Wasserstoff- und Sauerstoffatome, Eisenatome, Goldatome, Uranatome. Wasserstoff und Sauerstoff sind die Stoffe, aus denen Wasser besteht; **Uran** ist ein schweres Metall.

So winzig jedes Atom auch ist, hat es doch im Inneren einen noch winzigeren **Atomkern.**

Urankerne unterscheiden sich von allen anderen Atomkernen: Wenn sie dicht zusammen sind, explodieren sie. Dabei wird sehr viel Energie frei, die **Kernenergie.** Aus einem Stück Uran, so groß wie ein Stück Würfelzucker, kann man so viel Energie gewinnen wie aus einem Lastwagen voll Kohle.

*Hiroshima 1945*

Welche furchtbare Zerstörung die Kernenergie anrichten kann, siehst du hier: Im 2. Weltkrieg haben zwei Atombomben zwei ganze Großstädte zerstört und mehrere hunderttausend Menschen getötet.

Im Kernkraftwerk wird durch technische Tricks dafür gesorgt, dass nicht alle Urankerne auf einmal explodieren, sondern ihre Energie ganz allmählich abgeben. Damit wird Wasser erhitzt. Mit dem Wasserdampf werden Turbinen angetrieben wie in einem normalen Elektrizitätswerk.

Bei Kernkraftwerken gibt es ein großes Problem: Die Asche, die bei der Explosion von Urankernen entsteht, ist **radioaktiv.** Das bedeutet, sie sendet gefährliche Strahlung aus. Und das Hunderte oder Tausende von Jahren lang. Auf keinen Fall dürfen diese Strahlen Menschen oder Tiere treffen. Deshalb sind die Brennzellen von Kernkraftwerken von dicken Betonmauern umgeben.

Die radioaktiven Abfälle müssen tief unter der Erde vergraben werden, damit sie niemandem schaden.

# Energie aus Wind und Wasser

Welche ungeheure Energie im Wind steckt, erleben die Menschen bei einem **Tornado.** Ein solcher **Wirbelsturm** kann Autos in die Luft heben und Kilometer weit weg tragen.
Die Energie des Tornados ist zerstörerisch; wir können sie nicht nutzen. Aber wie man die Energie des weniger stürmischen Windes nutzen kann, wissen die Menschen schon seit Jahrtausenden.

Solche **Windräder** sind die modernen Nachfolger der **Windmühlen.** In dem Gehäuse ist ein riesiger *Dynamo* eingebaut, der von dem Windrad angetrieben wird (-> Seite 187).

Solche Windräder brauchen viel Wind. Deshalb stehen ganze **Windparks** aus Dutzenden von Windrädern an den Küsten und auf hohen Bergen, wo meistens viel Wind weht. Europas größter Windpark wurde im Juni 2000 in Klettwitz (Brandenburg) eingeweiht. Seine 38 Windräder können 30 000 Haushalte mit Strom versorgen.

Die Nutzung der Energieträger Wind, Wasser und Sonne ist sehr umweltfreundlich. Weil dabei nichts verbrannt wird wie in einem Kohlekraftwerk, entsteht kein Rauch. Die Atmosphäre wird nicht belastet. Außerdem werden keine Energieträger wie Kohle oder Erdöl verbraucht, die nur in begrenzten Mengen vorhanden sind.

In dieser **Wassermühle** wird das Wasser über ein Wasserrad geleitet. Die Drehbewegung dieses Wasserrades wird durch große hölzerne Achsen und Zahnräder auf einen Mühlstein übertragen. Dieser dreht sich auf einem festen Mühlstein. Getreidekörner werden zu Mehl zermahlen, wenn der Müller sie zwischen diese Mühlsteine rieseln lässt.

Flüsse werden gestaut, riesige Stauseen werden angelegt, um die Energie des Wassers zu nutzen. Am Fuß der Staumauer steht das Wasser unter hohem Druck.

Im **Wasserwerk** schießt es gegen die Blätter einer **Turbine,** die einen Generator zur Erzeugung elektrischer Energie antreibt:

Ein **Pumpspeicherwerk** ist ein Wasserwerk ganz besonderer Art. Nachts wird das Wasser durch riesige Pumpen in das obere Becken gepumpt, am Tag lässt man es wieder hinunter laufen. Dabei treibt es Turbinen an, und die angeschlossenen Generatoren erzeugen elektrische Energie. Das klingt unsinnig: Nachts steckt man Energie hinein, um das Wasser hoch zu pumpen, und tags bekommt man die Energie wieder.

Warum das Ganze? Nachts brauchen die Menschen wenig Energie, weil sie schlafen und die Fabriken stillstehen. Die Kohle- und Kernkraftwerke müssen aber auch nachts laufen, weil man sie nicht so leicht abschalten kann. Nachts erzeugen sie also zu viel Energie. Diese Energie wird im Speicherwerk gespeichert, bis sie am Tag verbraucht wird.

# Energie von der Sonne

Ohne die Sonne wäre unsere Erde eine kalte, dunkle Wüste aus Eis und Felsen. Zum Leben brauchen wir die Energie, die die Sonne uns mit ihren Strahlen bringt. Die Pflanzen fangen die **Sonnenenergie** mit ihren Blättern auf. In Blättern und Holz wird die Sonnenenergie gespeichert.

Wenn wir an einem Feuer sitzen, ist es eigentlich die im Holz gespeicherte Sonnenenergie, die uns wärmt. Kohle und Erdöl sind aus dem Holz von Wäldern entstanden, die vor Millionen von Jahren gewachsen sind. Auch diese **Energieträger** haben also ihre Energie von der Sonne bekommen. Aber durch die Verbrennung von Kohle, Benzin und Heizöl wird die Atmosphäre mit Schadstoffen belastet. Besonders das **Kohlendioxid,** das bei jeder Verbrennung entsteht, führt zu einer Erwärmung der Erdatmosphäre und damit zu Klimaveränderungen. Dies nennen die Klimaforscher auch **Treibhauseffekt.**

In den Treibhäusern der Gärtnereien herrscht durch die eingefangene Sonnenenergie ein fast tropisches Klima, damit die Pflanzen besser gedeihen. Ähnlich funktioniert dieses Haus. Es ist eine *Energiefalle*. Die Energie wird mit dem Sonnenlicht hineingetragen. Dort erwärmt sie Luft und Boden. Durch die Glasscheiben kommt die Wärme aber nicht so leicht wieder hinaus. Deshalb wird es im Glashaus so warm, dass dort Zitronen, Apfelsinen und Feigen wachsen können.

Die schwarzen Platten auf dem Dach dieses Hauses sind Sonnenkollektoren. In ihnen wird das Sonnenlicht genutzt, um Wasser zu erhitzen. Mit dieser **Solarheizung** (-> Seite 265) kann man heiß duschen, ohne Geld für elektrische Energie oder Heizöl auszugeben. Sieh auch auf Seite 167 nach.

An dieser Straßenlampe siehst du **Solarzellen.** Sie nutzen die Sonnenenergie, um daraus elektrische Energie zu machen. Aber die Lampe soll ja leuchten, wenn es dunkel ist. Die elektrische Energie, die am Tag erzeugt wurde, muss also bis zur Nacht in Akkus gespeichert werden.

Auch **Satelliten** brauchen elektrische Energie um ihre Fernsehkameras und die anderen elektronischen Geräte zu betreiben. Von der Erde können sie diese Energie nicht bekommen. Batterien wären schnell leer. Deshalb haben viele Satelliten Solarzellen, mit denen sie die Sonnenenergie auffangen.

Solarzellen verwendet man auch, um Taschenrechner oder **Solarautos** zu betreiben. Auf abgelegenen Inseln oder in einsamen Berghütten erzeugt man damit die elektrische Energie, die für Beleuchtung und Haushaltsgeräte gebraucht wird.

Ein großes Problem mit der Sonnenenergie besteht darin, dass sie nur zur Verfügung steht, wenn die Sonne scheint; also nicht immer, wenn sie gebraucht wird. Wenn man zum Beispiel Häuser mit Sonnenenergie heizen will, braucht man die Energie vor allem im Winter. Dann scheint die Sonne aber am wenigsten. Man muss die Energie, die man im Sommer bekommt, bis zum Winter speichern.

Eine ganz moderne Methode zur Energiespeicherung ist die **Wasserstofftechnologie.** Dabei dient die Sonnenenergie dazu, Wasser in seine Bestandteile Wasserstoff und Sauerstoff zu zerlegen. Der Wasserstoff kann in Tanks gelagert und später wie Benzin als Treibstoff verwendet werden. Die Wasserstofftechnologie ist sehr umweltfreundlich, weil beim Verbrennen von Wasserstoff nichts anderes als Wasser entsteht. Vielleicht können wir in einigen Jahren an den Tankstellen Wasserstoff tanken.

# Uhren

Die älteste Uhr ist die **Sonnenuhr.** Die gab es schon vor fünftausend Jahren. Man braucht nur einen langen Stab senkrecht in den Boden zu stecken und dort, wo sein Schatten hinfällt, bei Sonnenaufgang, genau mittags und bei Sonnenuntergang einen Strich auf die Erde zu malen. Macht man das im Frühjahr oder Herbst, wenn die Tage und die Nächte gleich lang sind, dann hat man Striche für 6 Uhr morgens, 12 Uhr mittags und 6 Uhr abends. Die Striche für die anderen Stunden malt man dann dazwischen. Sonnenuhren funktionieren auch an Hauswänden mit einem schrägen Schattenwerferstab.

*Sonnenuhr*

Vor viertausend Jahren erfanden die Ägypter die **Wasseruhr:** Das war so etwas wie ein großer Blumentopf aus Ton mit einem winzigen Loch im Boden. Der wurde mit Wasser gefüllt, und durch das Loch tropfte das Wasser wieder heraus. Der Wasserstand im Topf sank langsam, und Striche an der Topfwand zeigten an, wie viele Stunden vergangen waren.

Eine andere Auslaufuhr ist die **Sanduhr.** Hier braucht man nichts nachzufüllen. Sie wird einfach nach einem Durchlauf umgedreht.

*Sanduhr*

Das war aber noch immer ziemlich lästig. Besser waren da die **Räderuhren,** die etwa 1290 erfunden wurden. Die hatten viele Zahnräder. Um eine dicke Walze war eine Schnur gewickelt, an deren Ende ein Gewicht hing. Das Gewicht trieb damit die Walze an und die wiederum die Zahnräder. Ein besonderes Hemmwerk wippte in dieser Räderuhr wie eine Balkenwippe auf und ab und bremste die Räder so, dass sie nur langsam und mit derselben Geschwindigkeit weiter liefen. An der Achse eines besonders langsamen Zahnrads wurde ein Zeiger angebracht. Der zeigte auf einem Zifferblatt die Stunden an.

*Alte Turmuhr*

**Pendeluhren** gingen noch genauer. Bei ihnen war das Hemmwerk durch ein hin und her schwingendes Pendel ersetzt. Pendeluhren gibt es noch heute, vor allem als Standuhren.

*Pendeluhr*

1410 hatte ein italienischer Uhrmacher eine tolle Idee: die aufziehbare Spiralfeder. Mit ihr wurde das Antriebsgewicht überflüssig. Jetzt ließen sich Uhren bauen, die man bei sich tragen konnte. Hundert Jahre später gelang es dem Nürnberger Uhrmacher *Peter Henlein*, Uhren so klein zu machen, dass sie in die Hosentasche passten.

*Französischer Reisewecker aus dem 19. Jh.*

**Elektrische Uhren** gab es auch schon vor über hundert Jahren. Sie benutzten zum regelmäßigen Anstoßen des Pendels einen kleinen Magneten, der sich durch elektrischen Strom immer ein- und ausschalten ließ.

1929 erfand ein Amerikaner ein völlig neues Uhrwerk. In ihm war ein winziger Quarzkristall. Elektrischer Strom lässt ihn so schnell vibrieren, dass man das gar nicht sehen kann. Genau 32 768 mal in jeder Sekunde schwingt so ein Quarz. Eine raffinierte elektrische Schaltung zählte nun die Schwingungen und bewegte ein Uhrwerk. Mit dieser **Quarzuhr** wurde die Zeitmessung genauer als je zuvor.

*Quarzuhr*

# Räder und Zahnräder

Fast alle technischen Erfindungen des Menschen haben ein Vorbild in der Natur. Eine nicht: das **Rad.**

*Räder in alten Höhlenbildern*

Das älteste uns heute bekannte Rad ist übrigens nicht das Karrenrad, sondern die **Töpferscheibe.** Später tauchten die Wagenräder auf. Damals waren das nur Holzscheiben mit einem Loch in der Mitte, mit dem sie auf eine Achse gesteckt wurden.

Wenn es keine großen Bäume gab, musste man diese Räder aus zwei, drei Teilen herstellen. Diese wurden rund zugeschnitten und mit Klammern zusammengehalten. Pflöcke durch die Achsen-Enden hielten die Räder an ihrem Platz. Erst um 2000 vor Christus kamen leichtere Speichenräder in Gebrauch.

Eine weitere Erfindung verbesserte das Fahrzeugrad dann etwa 100 Jahre vor Christus: Die Kelten setzten in die **Radnabe,** also das mittlere Stück des Rades, das sich um die Achse dreht, **Radlager** ein. Damit liefen die Räder leichter.

Fast 2000 Jahre vergingen, bis um 1800 ein englischer Tüftler das Rad noch einmal entscheidend verbesserte: Er erfand die Radspeichen, wie wir sie beim Fahrrad kennen.

Heute spielt das Rad als Mittel der Fortbewegung eine überragende Rolle: Autos und die Eisenbahn wären ohne Räder völlig undenkbar.

Doch es gibt nicht nur Räder für Fahrzeuge. Schon im 4. Jahrhundert vor Christus erfanden die Ägypter und Griechen die **Zahnräder.** Sie waren eine wichtige Neuerung für die Wasserschöpfanlagen der Zeit. Wasser für die Felderbewässerung und auch für Trinkwasserleitungen beförderte man nach der neuen Erfindung mit **Göpelwerken** aus Tiefbrunnen. Ein Ochse oder Esel lief im Kreis herum. Er war mit einer Stange verbunden, die die Drehbewegung in der Mitte des Kreises über Zahnräder auf eine waagrecht gelagerte Trommel übertrug. Auf ihr wickelte sich eine lange Kette auf oder ab. An dieser hing ein großer Wasserbehälter, der so in den Brunnen abgelassen und wieder heraufgeholt werden konnte.

Schon hundert Jahre nach der Erfindung der Kraftübertragung mit Zahnrädern fand ein griechischer Mechaniker heraus, dass sich Zahnräder auch als Kraftverstärker eignen: Treibt man mit einem kleinen Löwenzahnrad ein größeres an, dann läuft das zwar langsamer, dafür aber mit viel größerer Kraft.

*Zahnräder einer alten Uhr*

Ebenfalls mit Kraft haben andere Räder zu tun, die auch schon früh in der Menschheitsgeschichte eine wichtige Rolle spielten. Um 260 vor Christus gab es in **Byzanz,** dem heutigen Istanbul, **Wasserräder.**

Sie verwandelten die Kraft fließender Gewässer in Drehkraft, um damit Schöpfwerke anzutreiben. Bis zur Erfindung der Dampfmaschine lieferten große Wasserräder die Kraft für Mühlen aller Art: Getreidemühlen, Ölmühlen, Papiermühlen und Eisenwalzwerke.

Ab dem 9. Jahrhundert kamen die Windmühlen hinzu. Die ersten drehten sich in Persien, dem heutigen Iran. Vor allem zwischen dem 15. und dem 19. Jahrhundert waren Windmühlen aus ganz Europa nicht mehr wegzudenken und heute nutzt man Windräder wieder als Antrieb für stromerzeugende Dynamomaschinen.

Zu den großen Rädern der Fahrzeuge und der Mühlen gesellt sich ein Heer von Rädern, die im Inneren von Maschinen und Geräten arbeiten. Was sind die drehenden Teile in einem Dynamo oder einem Elektromotor anderes als Räder? Räderwerke gibt

es aber auch in kleinen und großen Uhren, in Kassetten- und Videorekordern, in Fahrstuhlanlagen oder Seilwinden. Wo immer du hinschaust, überall findest du Räder.

# Werkzeuge und technische Hilfsmittel

## Kleines Werkzeug-Lexikon

**Bohrer.** Bohrer sind Werkzeuge, mit denen du Löcher in ein festes Material bohren kannst. Am häufigsten ist der Spiralbohrer.

**Feilen.** Mit Feilen bearbeitet man die Oberfläche von Werkstücken. Auf ihren ebenen oder runden Seitenflächen sitzen in schrägen Reihen lauter kleine Zacken oder Zähne. Mit der Feile lässt sich ein Werkstück glätten und dünner machen.

**Flaschenzug.** Der Flaschenzug ist ein Kraftverstärker: Ziehen wir mit geringer Kraft über eine längere Strecke, so wird der schwere Gegenstand mit großer Kraft ein kurzes Stück gehoben. Je nachdem, ob das Seil über eine Rolle oder über mehrere Rollen läuft, können wir mit gleicher Kraft doppelt, viermal, achtmal so schwere Lasten hochheben!

*Einen Flaschenzug siehst du an jedem Baukran*

**Hammer.** Bekannt ist der Hammer meistens als Handwerkszeug. Es gibt aber auch Maschinenhämmer und zahlreiche Sonderformen für grobe und feine Arbeiten.

**Hobel.** Hobel sind Hand- oder Maschinenwerkzeuge, bei denen ein breites, sehr scharfes Messer über ein Werkstück geschoben wird, um dort Späne abzulösen. Gehobelt wird im-

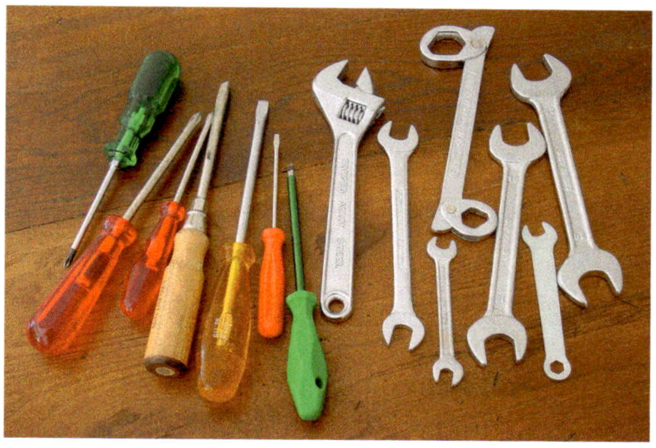

mer dort, wo eine Oberfläche glatt werden soll, wobei das Werkstück natürlich gleichzeitig dünner wird.

**Sägen.** Handsägen gibt es in sehr vielen Ausführungen, je nachdem, welches Material bearbeitet werden soll.

**Zangen**. Zangen sind ähnlich aufgebaut wie Scheren. Je nach der Form der Schenkel können sie sehr unterschiedliche Aufgaben erfüllen. Sie können festhalten, quetschen, zerdrücken, kneifen oder abkneifen, lochen oder schneiden.

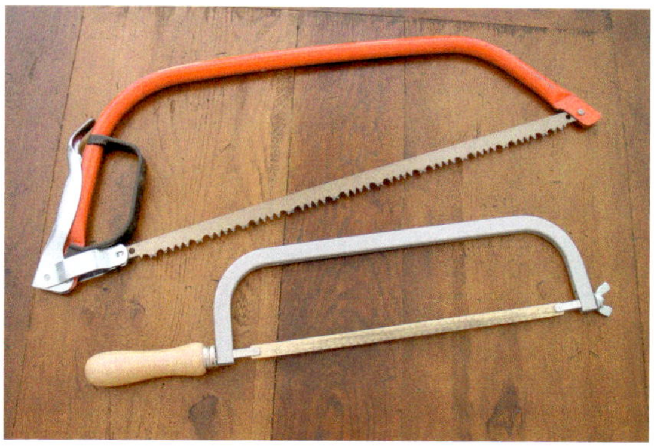

**Schraubendreher, Schraubenschlüssel.** Die Form der Schraubendreher oder *Schraubenzieher* hängt von der Form des Schraubenkopfes ab. Es gibt Schraubendreher mit einfacher Klinge und Kreuzschraubendreher. Schrauben mit einem Sechskantkopf fasst man von der Seite mit einem Schraubenschlüssel. Die gibt es in verschiedenen Formen.

# Hydraulik am Bagger und anderen Maschinen

Eine Maschine braucht Energie, damit sie laufen kann. Der Strom aus der Steckdose liefert elektrische Energie, die vom Kraftwerk kommt. Dieselöl aus dem Tank liefert chemische Energie. Ein Elektromotor oder ein Dieselmotor treibt dann die Maschine an.

Schau dir einmal einen **Bagger** an. Wie kommt die Energie an seine Räder, damit er fahren kann, wie kommt sie an das Drehgestell des Führerhauses, damit es sich drehen kann? Und wie werden die Gelenke mit Energie versorgt, damit der Bagger seine Arme drehen, schwenken und die Baggerschaufel kippen kann?

Es wäre ein großer Aufwand, an jeder Stelle einen kleinen Dieselmotor einzubauen. Der Bagger hat nur einen großen Motor, und dessen Energie muss an die verschiedenen Stellen verteilt werden. Wir kennen Stangen, Räder, Ketten oder Seile, um Kräfte zu übertragen oder etwas zu bewegen. Beim Bagger ist es **Hydrauliköl.** Der Dieselmotor treibt eine **Hydraulikpumpe** an, die das Hydrauliköl durch Schläuche dahin bringt, wo die Energie gebraucht wird. Ein **Hydraulikmotor** oder **Hydromotor** erzeugt dann die Drehbewegung für die Räder.

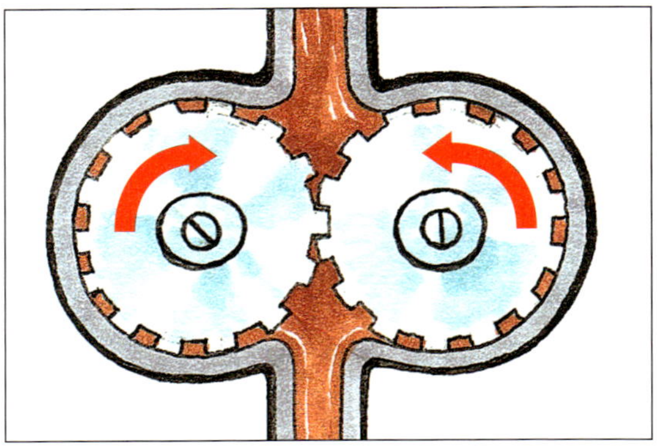

Die Ölpumpe ist eine Zahnradpumpe: Werden die Zahnräder in Pfeilrichtung gedreht, so wird das Öl von den Zahnlücken außen mitgenommen und durch das Rohr nach oben gedrückt. Der Hydraulikmotor funktioniert genauso. Das mit hohem Druck einströmende Öl dreht dabei die Zahnräder.

Um etwas hin und her zu schieben, nimmt man einen **Hydraulikzylinder.** Darin kann sich ein Kolben hin- und herbewegen. Der Baggerführer kann den Ölzufluss mit einem kleinen Hahn in der Schlauchzuleitung öffnen und schließen. Drückt Öl durch die obere Leitung herein, so bewegt sich der Kolben nach unten und senkt den Baggerarm. Das Öl fließt dann durch den unteren Schlauch wieder zurück zur Pumpe.

Man kann auch zwei mit Öl gefüllte Hydraulikzylinder über die jeweiligen Anschlüsse direkt miteinander verbinden. Bewegen wir den Kolben des einen, dann bewegt sich auch der Kolben des anderen Zylinders. So kann man Kräfte einfach übertragen. Wenn man dann noch einen schmalen und einen breiten Zylinder verbindet und am schmalen Druck ausübt, so haben wir beim breiten Kolben eine **Kraftverstärkung.** Dies nutzt man in vielen Maschinen aus.

Die **Bremsanlage im Auto** funktioniert genau nach diesem Prinzip. Das Bremspedal drückt auf den schmalen Kolben des Hauptbremszylinders. Dadurch wird die **Bremsflüssigkeit,** ein besonderes Öl, durch die Bremsleitungen zu den Scheibenbremsen der Räder gedrückt, wo sie in den Radbremszylindern die breiteren Kolben mit verstärkter Kraft an die Bremsscheiben drückt. Moderne Kraftfahrzeuge haben noch zusätzliche Bremsverstärker.

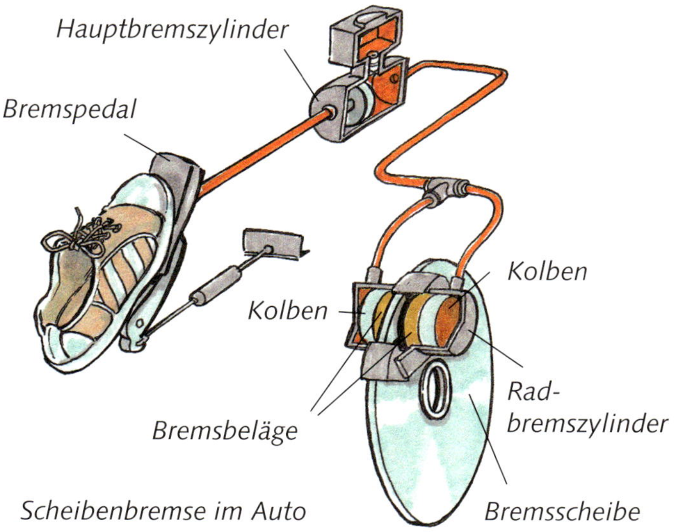

*Scheibenbremse im Auto*

Schwere Lastwagen und Eisenbahnzüge haben **Druckluftbremsen.** Man nimmt statt Bremsöl Pressluft, die bei Betätigung des Bremspedals zur Kraftübertragung durch die Bremsleitungen dient.

Auch zum Öffnen und Schließen der Türen von Omnibussen und Stadtbahnen wird Pressluft eingesetzt. Die Türen werden über entsprechende Kolben in Hydraulikzylindern bewegt.

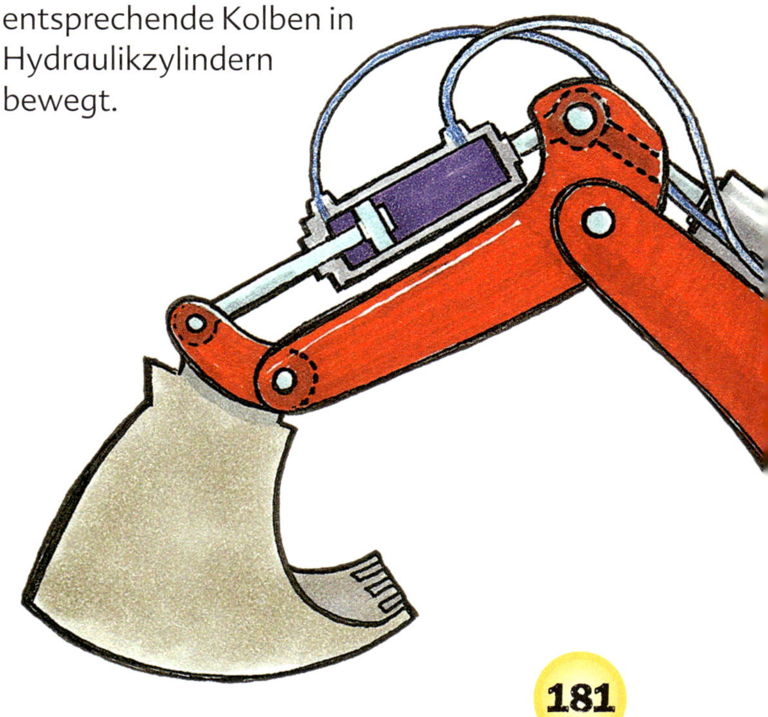

# Magnetismus

Mit Magneten kannst du viel herausfinden und experimentieren. Welche Sachen zieht ein Magnet an?
Probiere aus: Papierstücke, Bleistifte, Plastiklineal, Nägel, verschiedene Geldstücke, Büroklammern ...

Die Stellen, an denen der **Magnet** am stärksten ist, heißen **Magnetpole.** Untersuche mit kleinen Nägeln oder Büroklammern, wo dein Magnet seine Pole hat. An den Polen kannst du mehrere kleine Nägel untereinander hängen. Wie viele kann dein Magnet halten?

Drücke zwei Magnete mit ihren Polen zusammen. Jeweils zwei davon wollen zueinander. Drehe nun einen Magneten um. Dann hast du das Gefühl, es ist etwas Unsichtbares zwischen ihnen. Die Pole weichen sich gegenseitig aus.

Selber Magnete herstellen:
Streiche eine Nähnadel an dem Pol eines Magneten entlang, ein paar Mal in die gleiche Richtung. Danach ist sie selbst magnetisch.

Selber einen **Kompass** bauen:

Stecke eine magnetisch gemachte Nähnadel durch einen Flaschendeckel oder eine Korkscheibe. Setze sie in einen Teller mit Wasser. Stupse die Nadel an. Sie wird sich immer wieder in die gleiche Richtung stellen: Ein Pol zeigt nach Süden (das ist da, wo mittags die Sonne steht). Das ist der **Südpol.** Der andere ist der **Nordpol.** Zur Unterscheidung kannst du den N**o**rdpol mit Folienstift r**o**t anmalen, den S**ü**dpol gr**ü**n. Du kannst auch eine *Windrose* auf den Deckel kleben. Das N auf der Windrose muss in Richtung des Nordpols der Nähnadel zeigen.

Der Kompass als Polprüfer:
Setze zwei Schwimmkompasse in deinen Teller. Was geschieht, wenn du zwei Nordpole zusammenbringst und dann loslässt?

Magnete haben ihren Namen von der Stadt Magnesia in der Türkei. Dort haben die Menschen schon vor 3 000 Jahren magnetische Steine **(Magnetit)** gefunden. Über die geheimnisvolle Kraft der Magneten gibt es viele Sagen. In einer Geschichte wird erzählt, dass es im Indischen Ozean einen magnetischen Berg gibt, an dem alle Schiffe zerschellen, weil er die Eisennägel in den Schiffen anzieht. Den Berg hat man allerdings bis heute nicht gefunden.

Jeder Magnet hat um sich ein **Magnetfeld.** Man sieht es erst, wenn man winzige Eisenstücke (Eisenfeilspäne) darüber bringt. An den **Polen** ist das Feld am stärksten. Jeder Magnet hat einen Nord- und einen Südpol. Das Feld ist wie eine unsichtbare Spiralfeder. Gleiche Pole drückt es auseinander, ungleiche zieht es zusammen.

Ein Nagel wird vom Magneten angezogen. Er wird nie abgestoßen. Der Nagel wird nämlich selbst magnetisch, wenn er in das Feld des Magneten kommt. Sein Nordpol zeigt auf den

Südpol des Magneten. Das Feld zieht die ungleichen Pole zusammen. Magnete ziehen Sachen aus den Metallen Eisen, Kobalt und Nickel an.

Die Erde ist ein riesiger Magnet. Die Magnetpole der Erde liegen in der Nähe des Nordpols und des Südpols. Ein Kompass dreht sich im Magnetfeld der Erde immer so, dass seine Spitzen auf die magnetischen Pole zeigen. **Brieftauben** können das Erdmagnetfeld fühlen. Sie wissen deshalb immer, in welche Richtung sie fliegen müssen.

# Elektrizität

**Elektrizität** ist unsichtbar; trotzdem begegnet sie dir überall im Leben. Du brauchst sie, um deine Lego-Eisenbahn fahren zu lassen oder deine Taschenlampe zum Leuchten zu bringen. Aber auch die modernsten ICE-Züge brauchen sie. Und in eurem Haus würde ohne Elektrizität nichts laufen: kein Kühlschrank, kein Fernseher, kein Staubsauger. Und nachts würdest du im Dunkeln sitzen.

Um zu verstehen, was es mit der Elektrizität auf sich hat, brauchst du erstmal eine Batterie, am besten eine Flachbatterie mit zwei Blechstreifen. Diese Blechstreifen heißen Pole. Dann brauchst du zwei Stücke Draht und eine kleine Glühbirne mit Fassung, wie man sie für Taschenlampen oder die Fahrradbeleuchtung verwendet. Verbinde die Teile so wie hier.

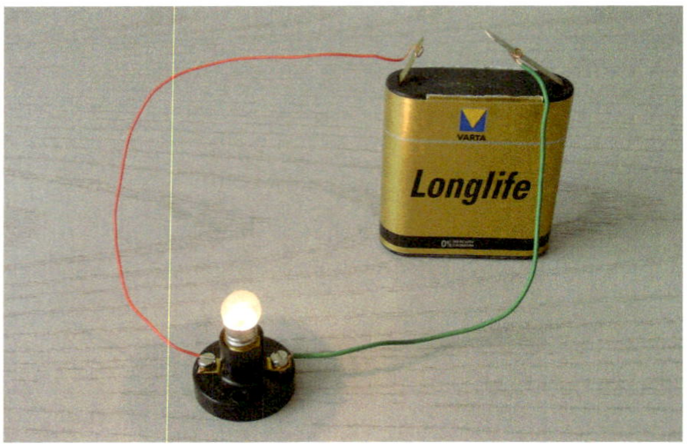


Warum die Glühbirne leuchtet, kannst du dir so vorstellen:
Wenn sie leuchtet, fließt etwas vom Pol der Batterie durch den Draht zur Glühbirne, durch sie hindurch und durch den zweiten Draht zurück zur Batterie. Was im Kreis herum fließt, ist Elektrizität.

In der Schaltung aus Batterie, Drähten und Glühbirne sorgt die **Batterie** dafür, dass die Elektrizität immer im Kreis fließt. Die Batterie sorgt also für das Fließen der Elektrizität wie eine Pumpe in einem Wasserkreislauf. Die Batterie hat zwei **Pole:** den **Minuspol,** aus dem die Elektrizität rauskommt , und den **Pluspol,** durch den sie wieder in die Batterie reinfließt.

Wenn die Elektrizität irgendwo durchfließt, sagt man auch: Es fließt ein **elektrischer Strom.**

Wenn der **Stromkreis** unterbrochen wird, kann die Elektrizität nicht mehr fließen. Die Lampe geht aus. Es ist egal, an welcher Stelle man den Stromkreis unterbricht.

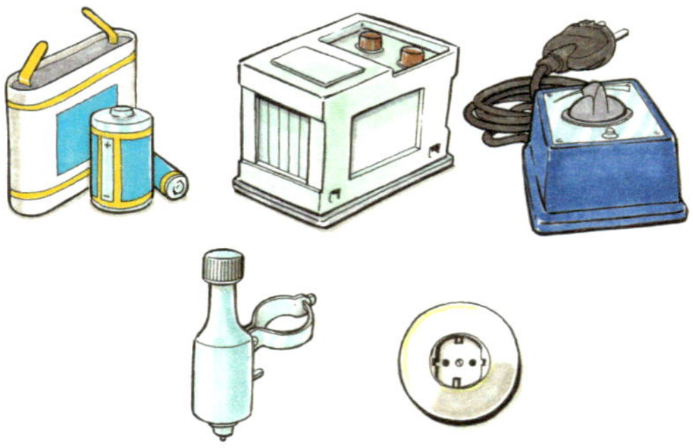

*Verschiedene Stromquellen*

Die Elektrizität transportiert Energie von der Batterie zur Lampe . Die Batterie ist eine **elektrische Energiequelle.** Andere elektrische Energiequellen sind: der **Fahrraddynamo,** der **Eisenbahntrafo,** die Steckdose. Die **Spannung** gibt an, wie stark die Energiequelle ist.

Rechts unten siehst du eine Kettensäge. Auch die Glieder der Kette bewegen sich immer im Kreis wie die Elektrizität im Stromkreis. Aber die Energie geht vom Motor zum Baum. Sie wird von den Kettengliedern transportiert. So kann man sich vorstellen, wie die Elektrizität die Energie von der Batterie zur Lampe transportiert.

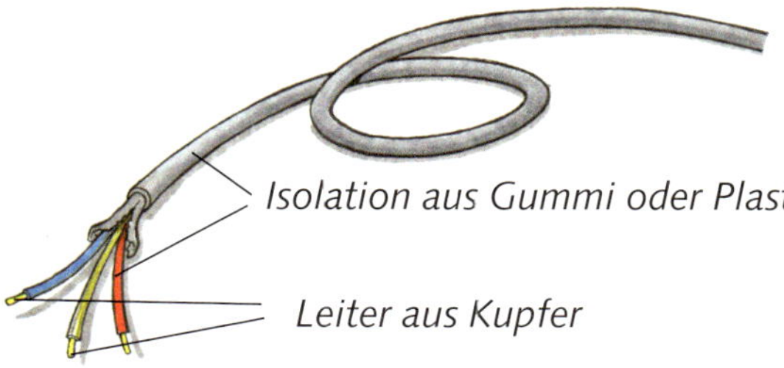


Die Elektrizität kann nicht durch alle Stoffe gleich gut fließen.

Durch alle Sachen aus Metall kann sie gut fließen. Sie heißen **elektrische Leiter,** weil sie einen guten Weg, eine gute Leitung für die Elektrizität bilden. Durch Plastik, Gummi, Papier oder Holz kommt die Elektrizität nicht. Das sind **Nichtleiter** oder **Isolatoren.**

Schau mal in die **Glühbirne** hinein. Siehst du den dünnen Draht? Durch den muss sich die Elektrizität drängeln, wenn die Batterie sie durch den Stromkreis pumpt. Weil dieser Draht die engste Stelle des Stromkreises ist, wird der Draht heiß. So heiß, dass er zu glühen beginnt.

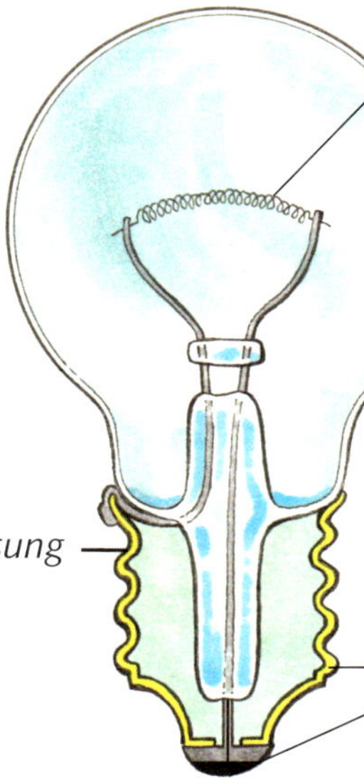


Auch im **Toaster,** im **Heizlüfter** und im **Bügeleisen** sind dünne Drähte. Sie werden durch den elektrischen Strom zum Glühen gebracht.

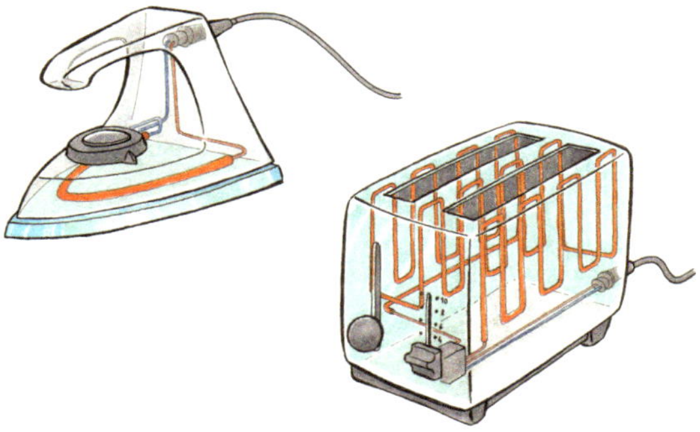

# Elektromagnete, Elektromotoren und Dynamos

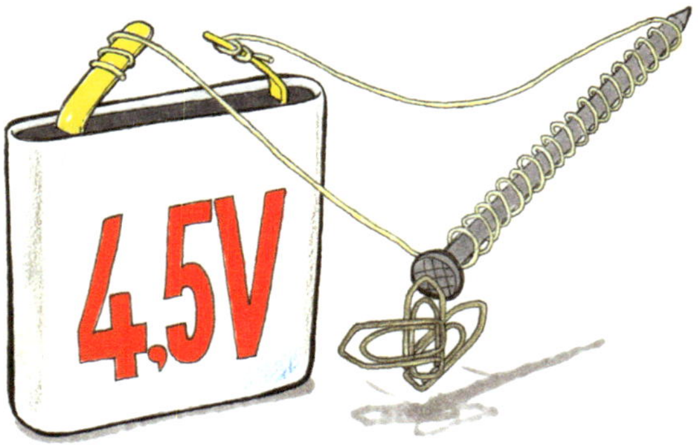


Zum Bau eines Elektromagneten brauchst du einen dicken Nagel oder eine Eisenschraube und ein Stück lackierten oder mit Kunststoff isolierten Kupferdraht, 2 bis 3 Meter lang. Isoliere die Enden ab und wickle den Draht um den Nagel. Die Enden sollen ein Stück überstehen. Verbinde die Enden mit den Polen einer Batterie und halte den Nagel an Büroklammern oder kleine Nägel.

Der Elektromagnet hat auch einen Nord- und einen Südpol. Wenn man die Batterieanschlüsse vertauscht, wird aus dem Nordpol ein Südpol und aus dem Südpol ein Nordpol. Das kannst du mit einem Kompaß oder einer magnetisierten Nähnadel überprüfen.

Dieser Schrottkran hat vorn einen sehr starken Elektromagneten. Wenn der Kranführer die Eisenteile loslassen will, schaltet er einfach den Strom aus.

Aus einem drehbaren Elektromagneten und einem Dauermagneten kann man einen **Elektromotor** bauen. Der Elektromagnet kann sich drehen. Er bekommt seinen Strom über Schleifkontakte. Sonst würden sich die Kabel beim Drehen verwickeln.

*1. Stellung*

Wenn Elektrizität durch den Elektromagneten fließt, stoßen sich die gleichen Pole gegenseitig ab: Der Elektromagnet dreht sich ein Stück.

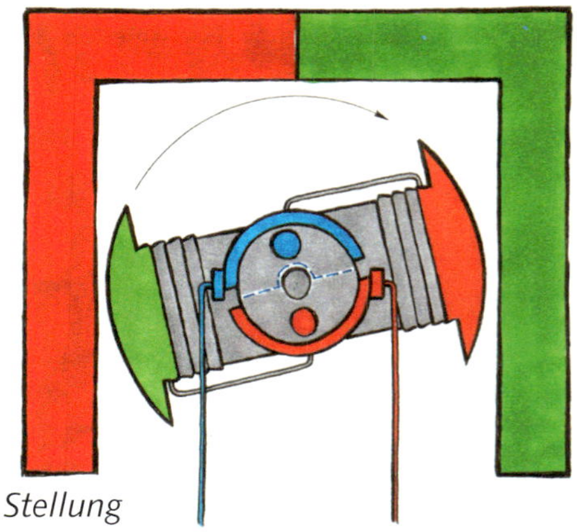

*2. Stellung*

Hier würde er stehen bleiben. Aber durch den Schwung dreht er sich noch ein Stück weiter.

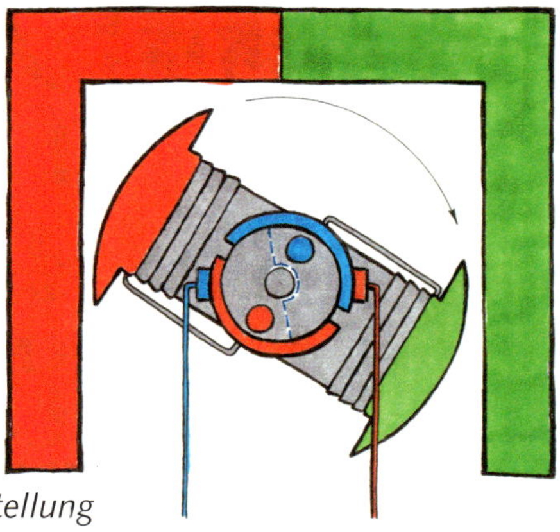

*3. Stellung*

Jetzt fließt die Elektrizität andersrum durch den Elektromagneten, weil der Pluspol der Batterie jetzt zum blauen Schleifkontakt führt. Der Nordpol des Elektromagneten wird zum Südpol und der Südpol zum Nordpol. Der Elektromagnet dreht sich weiter und alles beginnt von vorn.

Überall, wo Elektrizität etwas zum Drehen bringt, braucht man Elektromotoren: in der Waschmaschine, im Föhn, in der Küchenmaschine, aber auch in der ICE-Lokomotive oder im CD-Player.

Ein Elektromotor dreht sich, wenn elektrische Energie hineinfließt. Aber es geht auch umgekehrt: Dreht man einen Elektromotor, dann gibt er elektrische Energie ab. Genau das geschieht beim **Fahrraddynamo:** Wenn man ihn dreht, fließt Elektrizität durch die Lampe.

Jedes Auto hat eine **Lichtmaschine.** Sie wird über einen Keilriemen vom Motor angetrieben. Wenn der Motor läuft, liefert sie die elektrische Energie für die Autoscheinwerfer, das Autoradio und alles, was am Auto elektrisch betrieben wird. Außerdem lädt sie den **Akku** auf. Der Akku ist ein Gerät, das elektrische Energie speichern kann. Wenn der Motor nicht läuft, bekommt das Autoradio seine Energie vom Akku.

**Generatoren** sind riesige Dynamos. Sie werden durch Wind, Wasser oder Dampfturbinen gedreht und erzeugen die elektrische Energie, die aus der Steckdose kommt.

*Im Windrad sitzt ein Generator.*

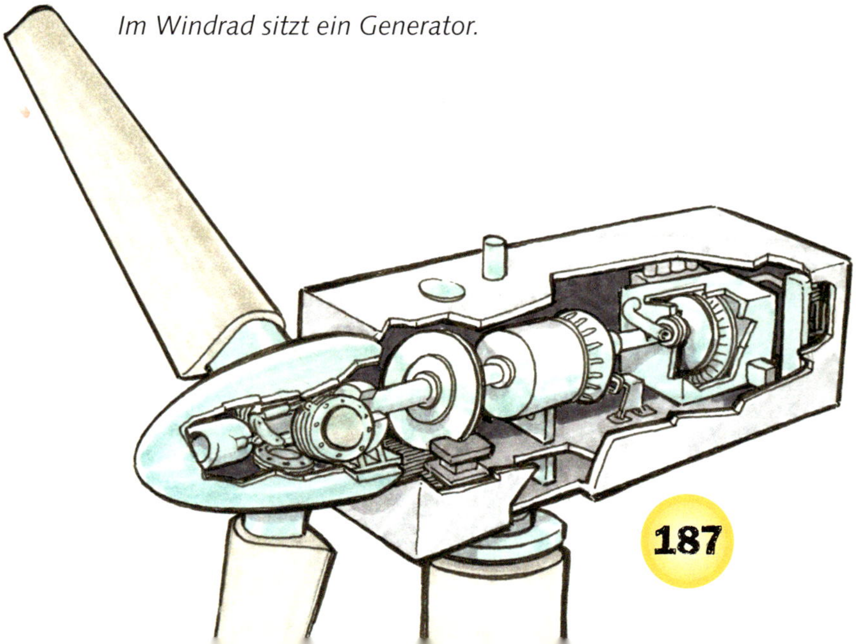

# Telefon, Radio und Fernsehen

Im Telefonhörer sitzt eine Sprechkapsel, auch **Mikrofon** genannt. Sie hat die Aufgabe, Schallschwingungen in elektrische Schwingungen umzuwandeln. Die Sprechkapsel ist mit Kohlekörnern gefüllt. Spricht man gegen den Deckel, gerät dieser in schnelle Schwingungen. Wenn er sich nach innen biegt, drückt er die Kohlekörner ein wenig fester zusammen. Durch zusammengedrückte Kohlekörner kann der Strom viel besser fliessen als durch lockere. Die Stromstärke im Stromkreis nimmt also im Rhythmus der Schallschwingungen zu und ab. Dies überträgt die Hörmuschel wieder in Schallschwingungen. Die Hörmuschel funktioniert wie ein Lautsprecher. So wird der Schall mit elektrischen Strömen vom Sprecher zum Hörer übertragen.

Beim Wählen der Telefonnummer werden die Zahlen in elektrische Stromstöße umgewandelt. Ein Computer, der diese Stromstöße empfängt, schaltet dann die richtigen Leitungen zusammen, so dass du bestimmen kannst, mit wem du sprechen möchtest.

Auch im **Radiosender** spricht der Sprecher in ein Mikrofon. Die Stromstärkeschwankungen werden aber nicht wie beim Telefon durch ein Kabel übertragen, sondern vom Sender als Radiosignale ausgesendet. Radiosignale werden von winzigen Teilchen transportiert, den **Photonen.** Die Photonen werden dauernd in großer Anzahl vom Radiosender ausgesendet und fliegen mit Lichtgeschwindigkeit in alle Richtungen. Der Photonenstrom wird auch *Radiowelle* genannt.

Im Radio wird die Botschaft der Photonen wieder in Schallschwingungen umgewandelt. So hören wir die Stimme des Radiosprechers zu Hause aus dem Lautsprecher des Radios.

Auch die Bilder, die ihr im **Fernseher** seht, werden mit Hilfe elektrischer Signale übertragen.

Sieh dir das Fernsehbild mit einer Lupe an: Es besteht aus hunderttausenden winziger Punkte. Jeder dieser Punkte ist entweder dunkel oder leuchtet in einer der Farben Rot,

Grün oder Blau. Ohne Lupe kannst du die einzelnen Punkte nicht sehen, weil sie so winzig sind.

Schon in der **Fernsehkamera** wird das Bild in winzige Punkte zerlegt. Die Fernsehkamera hat Linsen wie ein Fotoapparat. Dadurch entsteht ein verkleinertes Bild der gefilmten Dinge. Aber anders als beim Fotoapparat kommt das Bild nicht auf einen Film, sondern auf eine Schicht aus hunderttausenden winziger elektronischer **Sensoren.** Jeder Sensor misst, wie viel rotes, grünes oder blaues Licht auf ihn fällt. Mit Hilfe elektrischer Ströme wird das Signal jedes Sensors an den Sender weitergegeben. Von dort aus kann es auf drei Wegen zum Fernsehgerät gelangen: Entweder über ein Kabel, das ist dann **Kabelfernsehen.** Oder es wird auf Photonen gepackt, die vom Sender in alle Richtungen ausgestrahlt werden.

Genau wie Licht können die Fernsehphotonen nur auf geradem Weg vom Sender zum Empfänger fliegen. Sind zwischen eurem Haus und dem Fernsehsender Berge, dann braucht ihr eine **Satellitenantenne.** Dann fliegen die Photonen nämlich auf geradem Weg zu einem **Fernsehsatelliten,** der in vielen Tausend Kilometern Höhe über Afrika am Himmel steht. Von dort kommen sie dann auf geradem Weg zu euch nach Hause.

In der Bildröhre des Fernsehapparates wird die Information der Photonen wieder in farbige Punkte übertragen.

Bewegte Bilder werden im Fernseher erzeugt wie beim Daumenkino: Pro Sekunde erscheinen mehr als 20 stehende Bilder auf dem Bildschirm, die sich von Bild zu Bild nur wenig unterscheiden. In unseren Augen entsteht der Eindruck eines bewegten Bildes.

# Computer

Computer kennen eigentlich nur zwei Zahlen: Null und Eins. Sie unterscheiden: Nein, es fließt kein Strom (0) oder: ja, es fließt welcher (1). Alles was sie machen, müssen wir ihnen in einer Sprache sagen, die nur aus Nullen und Einsen besteht.

Was wir auf dem Bildschirm sehen, wollen wir zuerst einmal in Zahlen übersetzen: Zahlen bleiben Zahlen und Buchstaben werden einfach durchnummeriert. Ihnen werden Zahlen zugeordnet. So bedeutet zum Beispiel „71“ den Buchstaben „G“, „132“ den Buchstaben „ä“.

Bilder werden nun in viele Zeilen mit lauter winzigen Kästchen zerlegt. Jedes Kästchen ist entweder schwarz, weiß oder mit irgendeiner Farbe ausgefüllt. Jede Farbe wird mit einer Zahl bezeichnet: Schwarz mit „0“, Rot mit „4“, Hellblau mit „9“, Gelb mit „14“ und so weiter. Ein Farbbild lässt sich also als eine Reihe von vielen Hunderttausend einzelnen Zahlen beschreiben.

Aber mit diesen Zahlen kann der Computer noch nichts anfangen. Er weiß nicht, was eine „7“ ist oder eine „32“; denn er kennt ja nur „0“ und „1“. Also müssen wir die Zahlen noch in Nullen und Einsen übersetzen. Das geht ziemlich einfach. Zuerst bauen wir uns einmal ein Gerüst, bei dem von rechts nach links jede Zahl doppelt so groß ist wie die vorherige:
16| 8| 4| 2| 1

In die Zeilen darunter schreiben wir ein paar Einsen und Nullen:
16 | 8 | 4 | 2 | 1 und darunter
0 | 1 | 1 | 0 | 0

Jetzt fangen wir von rechts an zu rechnen. Unter der „1" der ersten Zeile steht eine „0". Also ist die „1" nullmal vorhanden. Unter der „2" steht auch eine „0". Also ist auch die „2" nullmal vorhanden. Unter der „4" steht eine „1". Also ist die „4" einmal vorhanden. Auch die „8" ist einmal vorhanden, und die „16" ist nullmal vorhanden. Insgesamt haben wir also eine „4" und eine „8". 4 plus 8 gibt 12. Die Zahlenfolge „01100" bedeutet also „12". „12" heißt also für den Computer: Es fließt Strom: nein – ja – ja – nein – nein.

Das Herz eines jeden Computers ist das zentrale **Rechenwerk.** Es kann nach bestimmten Rechenregeln Null-Eins-Zahlen zusammenzählen, voneinander abziehen und sie miteinander vergleichen. Ein **Programmierer** zerlegt eine komplizierte Aufgabe erst einmal in viele kleine Schritte, damit sie der Computer dann nach seinen einfachen Rechenregeln lösen kann. Manchmal ist das sehr kompliziert. Trotzdem liefert der Computer das Ergebnis blitzschnell. Moderne Bürocomputer erledigen rund fünf Millionen einzelne Rechenschritte in jeder Sekunde.

Rechenwerk und **Rechenspeicher** sind zusammen so etwas wie das Gehirn des Computers. Im Rechenspeicher merkt sich der Computer die Ergebnisse und auch das zu lösende Problem, das Programm. Zum Aufbewahren seiner Daten dient dem Rechner die **Festplatte.**

Der Computer kommt mit dem Zentralrechner und dem Rechenspeicher allein nicht aus. Der Mensch muss sich mit ihm unterhalten können. Dafür gibt es Eingabe- und Ausgabegeräte wie die **Tastatur,** die **Maus** oder den **Joystick.**

Daten kannst du im Diskettenlaufwerk auf **Disketten** speichern, du kannst sie verschicken und aufbewahren. Eine CD-ROM ist ein viel größerer Datenspeicher; sie kann den Inhalt von fast 500 Disketten speichern.

Das wichtigste Ausgabegerät ist der **Bildschirm** oder **Monitor.** Auf ihm wird für den Menschen sichtbar dargestellt, was der Computer macht.

Ein anderes wichtiges Ausgabegerät ist der **Drucker,** der Texte und Bilder auf Papier ausdrucken kann.

# Messen, Steuern, Regeln

Wir messen: Länge, Breite, Höhe, Entfernung, Temperatur, Gewicht oder Geschwindigkeit. In Metern lässt sich angeben, wie lang, breit oder hoch etwas ist, in Kilometern kann man eine Entfernung bestimmen, die Temperatur wird in Grad Celsius angegeben. Um etwas zu messen, braucht man ein **Messinstrument:** ein Metermaß zum Bestimmen der Länge, ein Thermometer für die Temperatur oder ein Tachometer für die Geschwindigkeit. Etwas, das wir messen, nennt man eine **physikalische Größe.**

Messgeräte helfen uns, uns richtig zu verhalten. Wenn zum Beispiel das Tachometer 120 km/h zeigt, ein Verkehrsschild aber höchstens 80 km/h erlaubt, dann wird der Autofahrer hoffentlich auf die Bremse treten.

Wenn jemand eine Maschine so bedient, dass immer ganz bestimmte Messwerte eingehalten werden, dann nennt man das **Steuern.** Fertigungsmaschinen, also Maschinen, die irgendetwas herstellen, müssen sehr genau gesteuert werden, damit die hergestellten Produkte immer die gleiche Qualität haben.

Wir wollen zum Beispiel den Wasserstand in einem Stausee steuern: Dazu stecken wir ein Rohr senkrecht ins Wasser. Ein darin schwimmender Ball kann dann der **Messfühler** unserer Steuerungsanlage sein. Steigt der Schwimmer im Rohr zu hoch, dann drückt er einen elektrischen Schalter, der einen Elektromotor in Gang setzt. Der Motor kurbelt über ein Räderwerk das Schleusentor hoch. Wasser läuft ab. Der Schwimmer im Rohr sinkt wieder. Der Motor wird abgeschaltet.

Eine technische Anlage, die Messwerte erfasst und dafür sorgt, dass sie längere Zeit gleich bleiben, nennt man eine **Regelanlage** oder eine **automatische Regelung.** In jedem Haushalt gibt es Regelanlagen, zum Beispiel für die Heizung. Wenn die Temperatur im Kühlschrank über den eingestellten Wert steigt, schaltet ein **Thermostat** den Elektromotor der Kühlung ein.

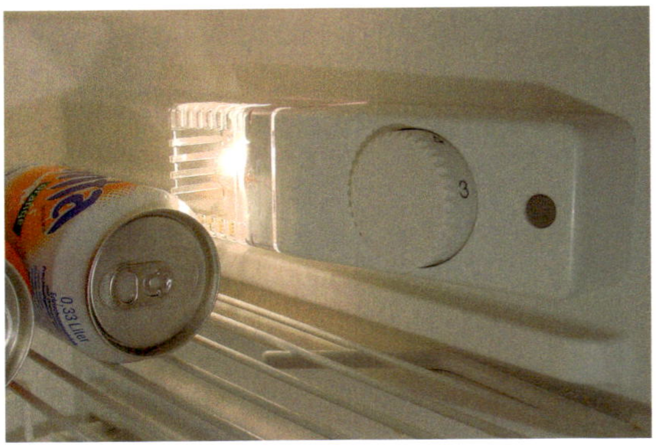

Auch Maschinen, die etwas herstellen, lassen sich mit einem Computer regeln und steuern. Das Regelprogramm lässt sich jederzeit mühelos durch einfaches Tastendrücken ändern. So kann eine Maschine ganz unterschiedliche Programme ausführen.

So eine **Computersteuerung** steckt zum Beispiel in modernen **Fräsmaschinen.**

Die können Werkstücke mit komplizierten Formen aus Metall oder Kunststoff herstellen. Ein schnell rotierendes Fräsmesser schneidet dabei alles weg, was stört. Die Lage des Messers lässt sich durch einen Computer so steuern, dass das Werkstück genau die gewünschte Form erhält. Willst du eine andere Form, dann brauchst du dem Computer nur ein anderes Programm einzugeben. Das kann einfach mit einer Diskette geschehen. **CNC-Maschinen** nennt man solche Maschinen mit Computersteuerung heute. Die Abkürzung kommt aus dem Englischen.

**Ein Roboter kann lernen**
Er ist oft menschlichen Körperteilen nachgebaut, einem Arm mit Schulter-, Ellenbogen- und Handgelenk und mit zwei oder drei Fingern. Die Hand des Roboters braucht man nur das erste Mal mit der eigenen menschlichen Hand zu führen. Man macht mit ihr genau die Bewegungen, die zum Beispiel für eine komplizierte Montage nötig sind. Dann merkt sich der angeschlossene Computer jede Einzelheit. Er speichert sie in seinem elektronischen Gedächtnis. Drückt man die Wiederholtaste, dann steuert der Computer den Roboterarm genau so, dass er jetzt immer wieder exakt dieselben Bewegungen ausführt.

Solche **Industrieroboter** verrichten heute einen großen Teil der Arbeit bei der Autoherstellung. Sie montieren, schweißen, bohren, schrauben, schleifen und ersetzen damit viele menschliche Arbeitskräfte.

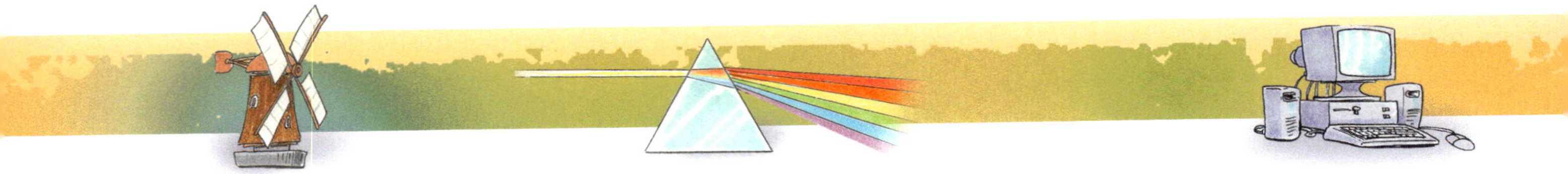

# Zum Sehen brauchen wir Licht

Hast du schon einmal ein **Glühwürmchen** gesehen? An warmen Sommerabenden fliegen winzige grüne Lichter in der Dämmerung herum. Fängst du eins, dann erkennst du, dass es ein kleiner Käfer ist. Er kann sein Licht aus- und einschalten. Ohne Licht könnten die Glühwürmchen sich im Dunkel der Nacht nicht finden.

Uns Menschen geht es wie den Glühwürmchen: Zum Sehen brauchen wir **Licht.** Aber wir haben keine Laterne in unserem Körper. Zum Sehen brauchen wir das Licht der Sonne oder das Licht von Laternen, von Glühlampen, von Kerzen, Fackeln oder einem Feuer. Alle diese Lichtquellen erzeugen ihr Licht durch große Hitze. Sie sind mehr als 1000 Grad heiß.

Die Laterne des Glühwürmchens ist eine *kalte* **Lichtquelle.** So braucht es nur wenig Energie, um Licht zu erzeugen. Denn um Hitze zu erzeugen, braucht man sehr viel Energie. Auch die Energiesparlampe ist eine kalte Lichtquelle. In ihr wird durch elektrischen Strom ein Gas zum Leuchten gebracht.

Manche Dinge, die leuchten, sind gar keine echten Lichtquellen. Der **Mond** zum Beispiel. Er leuchtet zwar in der Nacht. Aber er erzeugt sein Licht nicht selbst. Er bekommt sein Licht von der **Sonne.** Die Stellen, die nicht im Sonnenlicht liegen, sehen wir

nicht. So ist das mit allen Dingen, die nicht selbst leuchten. Wir sehen sie nur, wenn sie beleuchtet werden. Dann lenken sie das Licht, das auf sie fällt, in alle Richtungen. Auch in unsere Augen. Nur wenn von einem Gegenstand Licht in unsere Augen gelangt, können wir ihn sehen.

Aber schau dir das Foto des Mondes ganz genau an: Auch der dunkle Teil des Mondes ist schwach zu sehen. Wo bekommt dieser Teil sein Licht her? Wenn du auf dem Mond wärst, könntest du die Erde am Himmel sehen, wie einen riesigen hell leuchtenden Mond. Die Erde leuchtet im Sonnenlicht. Dieses Licht, das die Erde von der Sonne bekommen hat, scheint bis zum Mond.

**Laser** sind ganz besondere Lichtquellen. Ihr Licht ist sehr energiereich

In einer klaren Nacht kannst du das Lichtbündel des **Leuchtturms** nicht sehen. Es scheint an deinen Augen vorbei. Nur bei Nebel kannst du das Lichtbündel deutlich erkennen. Dann zerstreuen die Nebeltröpfchen das Licht in alle Richtungen. Auch in deine Augen.

und ganz scharf gebündelt. Mit starken Lasern kann man sogar schweißen. Oder man kann einen Laser auf den dunklen Teil des Mondes richten. Mit einem starken Fernrohr kann man dann auf dem Mond einen hellen Fleck sehen. Probiere mal mit einer Taschenlampe im Dunkeln, auf welche Entfernung du noch einen hellen Fleck erzeugen kannst.

Gehe mit einer Taschenlampe bei Dunkelheit in den Nebel. Stelle den Reflektor so, dass das Lichtbündel ganz schmal wird. Dann kannst du ein sehr langes Lichtbündel durch die Nacht huschen lassen.

# Licht: Schatten und Spiegelung

So ein **Schattenbild** kannst du auch nachzeichnen. Probiere aus, welche Lichtquelle einen Schatten mit scharfen Rändern erzeugt.

Schatten entstehen, wenn das Licht auf einen Gegenstand fällt und ihn nicht durchdringen kann. Weil das Licht sich geradlinig ausbreitet, kann man die Grenze des **Schattenraums** mit dem Lineal zeichnen.

Beim **Schattentheater** ist es wichtig, dass der Schatten scharfe Ränder hat. Als Lichtquelle ist ein Diaprojektor besonders geeignet. Wenn du Figuren mit Transparentpapier bastelst, kannst du sogar bunte Farben auf die Leinwand zaubern.

Auch im Weltraum gibt es Schatten. Siehst du den Schatten des Ringes auf dem **Saturn?**

Schatten können die Uhrzeit anzeigen. Stecke einen Stab in den Sand und lege alle 10 Minuten einen Stein an die Spitze seines Schattens. Siehst du, wie der Schatten wandert? Schreibe die Uhrzeit in den Sand und du hast eine **Sonnenuhr.**

Bist du gut im Kopfrechnen? Hier ist der Trick, wie du der ganzen Klasse vorsagen kannst: Mit einem Taschenspiegel lenkst du das Sonnenlicht zur Tafel und *schreibst* die Ergebnisse vor.

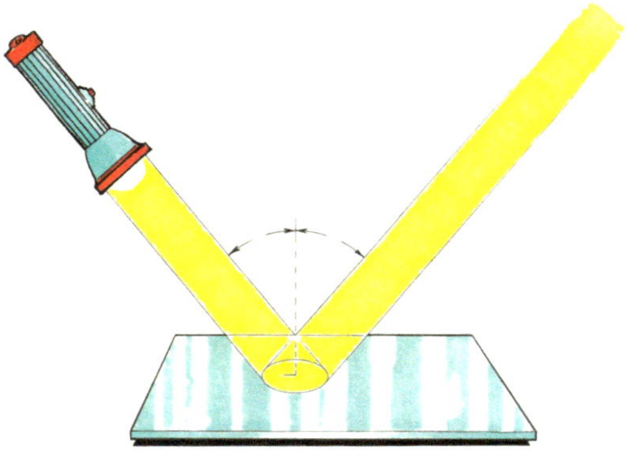

Wenn Licht auf einen Spiegel fällt, wird es reflektiert (das heißt: umgelenkt). Genau wie ein Ball, der schräg gegen eine Wand prallt.

Die neue Richtung gibt das **Reflexionsgesetz** an: Der Winkel zwischen der Spiegelfläche und dem einfallenden Strahl ist gleich dem zwischen Spiegel und reflektiertem Strahl.

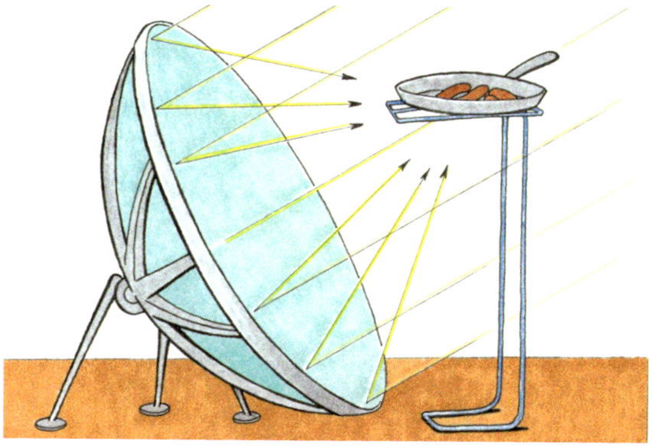

Mit so einem **Hohlspiegel** kann man nicht nur Würste braten. In **Sonnenfarmen** wird das Sonnenlicht durch etwa 2000 einzelne Spiegel gesammelt und auf einen Wasserbehälter gerichtet. Der entstandene Wasserdampf treibt Turbinen an, die etwa 3000 Familien mit Strom versorgen.

Klebe die Spiegel mit Teppichklebeband auf die Klötze und diese auf das

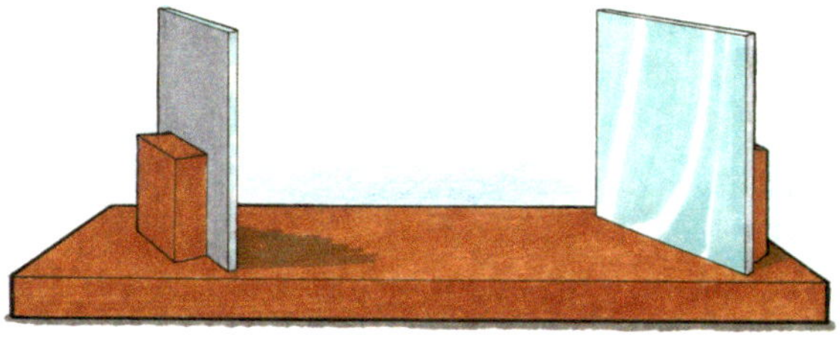

Brett. Die 45°-Winkel bekommst du mit der Spitze des Geo-Dreiecks hin.

So baust du dir ein Gerät, mit dem du um die Ecke oder über die Köpfe der anderen hinwegsehen kannst. Als **Periskop** dient es im U-Boot dazu, über das Wasser zu sehen.

# Fotoapparate: ohne und mit Linse

Mit diesem Trick hat mancher Maler Landschaften gezeichnet, früher, als es noch keine Fotoapparate gab. Eine solche „Kammer“ heißt **Lochkamera.** Wenn das Licht von der Landschaft durch das winzige Loch fiel, konnte der Maler auf der gegenüberliegenden Seite ein umgekehrtes Bild der Landschaft sehen. Das zeichnete er einfach nach.

Wie die Lochkamera funktioniert, siehst du hier: Von der roten Lampe breitet sich das Licht in alle Richtungen geradlinig aus. Ein Teil davon scheint durch das Loch und erzeugt auf dem Schirm (durchscheinendes Butterbrotpapier) einen roten Fleck.

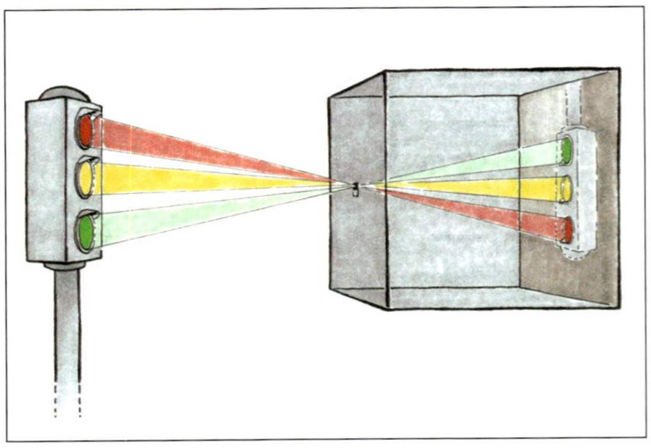

Der Fleck hat die Form des Loches. Genauso entsteht der gelbe und der grüne Fleck.

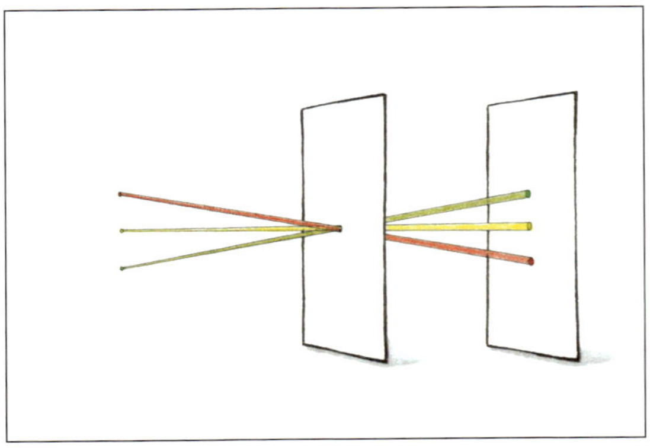

Die Kerzenflamme besteht aus vielen winzigen leuchtenden Punkten. Jeder Punkt erzeugt einen Fleck auf dem Schirm. Alle Flecken zusammen ergeben das Bild der Kerzenflamme.

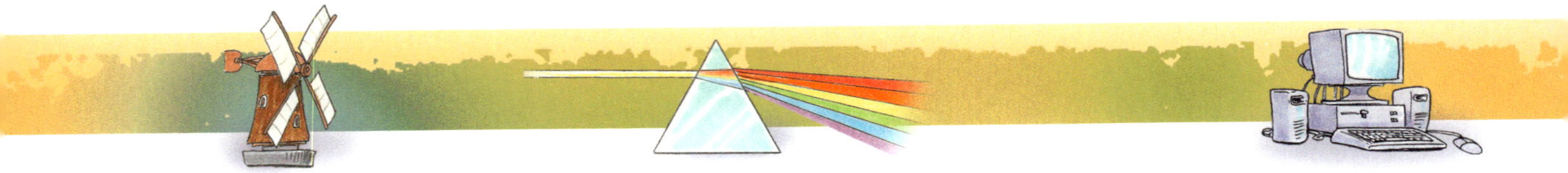

Die Lochkamera hat einen Nachteil: Ist das Loch klein, dann fällt nur wenig Licht hindurch. Das Bild auf dem Schirm wird sehr dunkel.

Ist das Loch größer, dann wird das Bild heller. Aber die einzelnen Flecken liegen zum Teil übereinander. Das Bild wird dadurch sehr verschwommen.

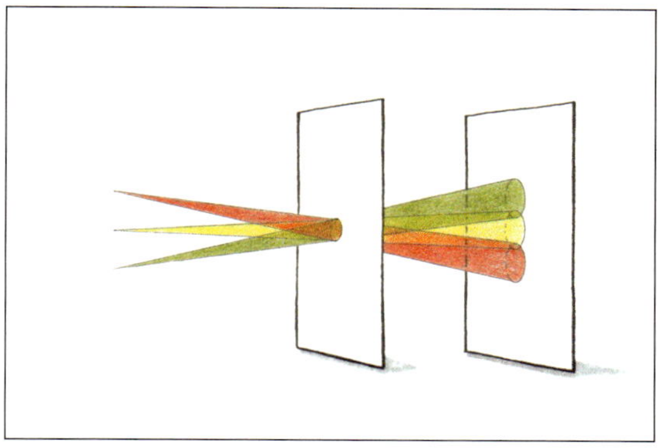

Mit einem Trick kann man die Lochkamera verbessern. Man macht das Loch groß und setzt eine Sammellinse aus Glas hinein. Die **Sammellinse** führt das Licht in einem kleinen Fleck zusammen. Weil das Loch groß ist, fällt viel Licht in die Kamera. Und weil die Sammellinse da ist, wird das Licht, das von einem kleinen leuchtenden Fleck ausgeschickt wird, wieder in einen kleinen leuchtenden Fleck zusammengeführt. Dadurch entstehen helle scharfe Bilder.

Ein richtiger **Fotoapparat** ist eine Linsenkamera mit einigen Zusatzteilen:

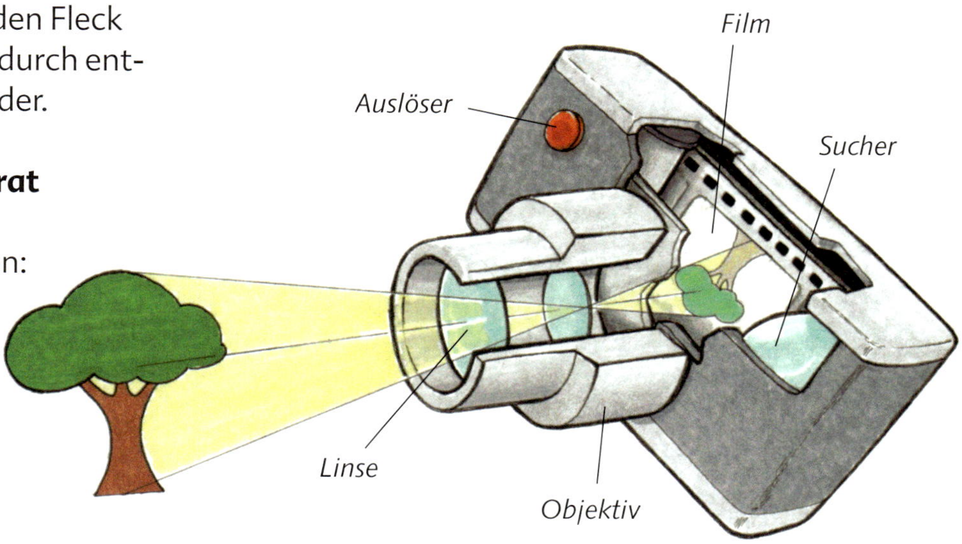


Das **Objektiv** besteht aus einer oder mehreren Sammellinsen. Statt des Butterbrotpapiers ist der **Film** eingespannt. Auf dem Film entsteht das umgekehrte Bild. Der **Verschluss** ist eine Klappe, die sich nur kurz öffnet, wenn du den **Auslöser** betätigst. Die **Belichtungszeit** gibt an, wie lang die Blende geöffnet wird. Dafür kann man meistens Werte zwischen einer Sekunde und einer tausendstel Sekunde einstellen. Mit dem **Filmtransporthebel** ziehst du den Film ein Stück weiter, wenn du ein weiteres Foto machen willst. Die **Blende** ist ein Loch, dessen Größe verstellt werden kann. Je kleiner die Blendenöffnung, umso schärfer wird das Bild.

Bei den meisten Fotoapparaten kann man das Objektiv drehen. Dann bewegt es sich ein Stück vor oder zurück. Damit das Bild scharf wird, muss die **Entfernungseinstellung** des Objektives mit dem Abstand zum fotografierten Gegenstand übereinstimmen. **Autofokuskameras** führen die Entfernungseinstellung automatisch durch.

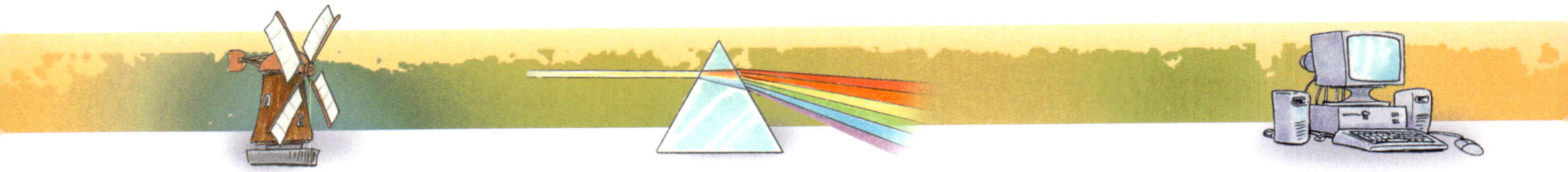

# Augen

Lange bevor es die ersten Fotoapparate gab, hat die Natur eine geniale Erfindung gemacht: die **Augen.** Mit ihnen können wir im Mondschein und im hellsten Sonnenschein sehen. Einen Marienkäfer vor unserer Nase können wir so gut sehen wie einen Baum in weiter Ferne. All das können unsere Augen, obwohl sie nur zweieinhalb Zentimeter groß sind, kleiner als jeder Fotoapparat. Wie schaffen sie das?

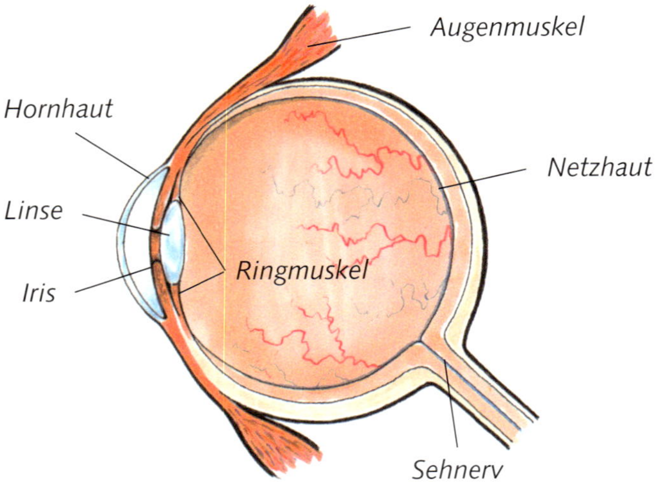


Auf Seite 150 haben wir das Auge als *Sinnesorgan* kennen gelernt, das Bilder wie ein Fotoapparat einfängt.

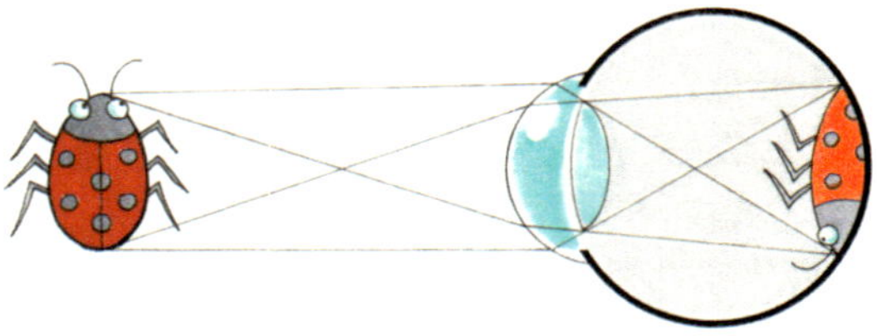

Durch die **Pupille** gelangt das Licht von der Landschaft ins Auge. **Hornhaut** und **Linse** bündeln das Licht. Auf der **Netzhaut** entsteht dadurch ein umgekehrtes, verkleinertes Bild der Landschaft, genau wie beim Fotoapparat.

In der Netzhaut sind Tausende feiner lichtempfindlicher **Sinneszellen.** Sie melden durch den **Sehnerv** dem **Gehirn,** wie hell und von welcher Farbe das Licht an jeder Stelle ist. Das Gehirn verarbeitet diese Meldungen und lässt uns erkennen, was wir sehen.

Beobachte die Augen eines Freundes erst im Halbdunkel, dann bei hellem Licht. Du wirst sehen, dass die Pupille sich in der Dunkelheit weit öffnet. Wenn es hell wird, zieht sie sich zusammen, damit nicht zu viel Licht ins Auge gelangt.

Betrachten wir einen sehr nahen Gegenstand, so muss das Licht stark gebündelt werden; sonst würde das Bild unscharf. Das schaffen unsere Augen, indem die Linse durch Ringmuskeln zusammengedrückt wird.

Schau durch das Fenster auf etwas weit Entferntes. Die **Ringmuskeln** deiner Augen sind nun ganz entspannt. Halte nun deinen Finger 20 cm vor deine Augen, ohne darauf zu schauen. Merkst du, wie verschwommen er aussieht? Schau nun auf deinen Finger. Deine Ringmuskeln haben die Augenlinse zusammengedrückt; du siehst den Finger ganz genau.

Wie weit kannst du den Finger deinem Auge nähern, ohne dass er verschwommen wird?

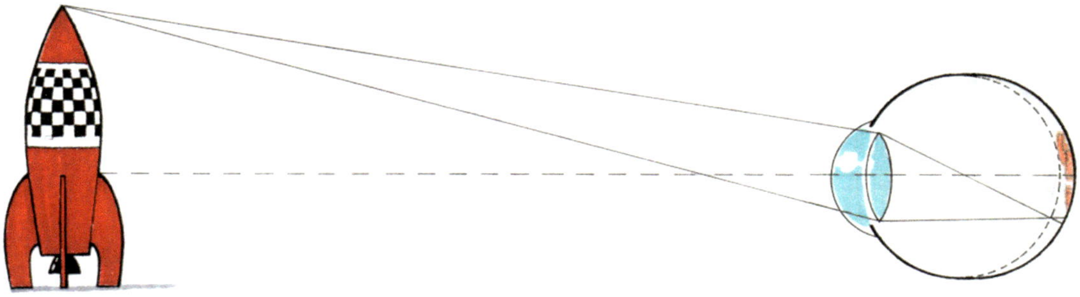

*Kurzsichtiges Auge ohne Brille*

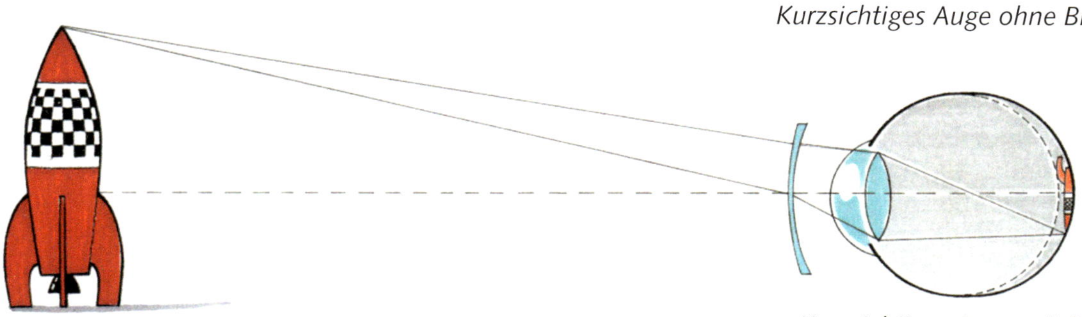

*Kurzsichtiges Auge mit Brille*

So sieht ein Kurzsichtiger die Rakete. Sein Auge ist zu lang – das Bild wird unscharf. Zum Glück kann eine Brille ihm helfen, alles ganz scharf zu sehen.

Deine Freundin hält einen Bleistift in etwa 50 cm Entfernung quer vor dein Gesicht. Schließe ein Auge und versuche mit einem zweiten Bleistift, die Spitze des ersten zu treffen. Versuche es anschließend mit beiden Augen.

Um zu sehen, wie weit ein Gegenstand entfernt ist, brauchen wir beide Augen. Das Gehirn merkt nämlich, dass bei nahen Gegenständen die beiden Netzhautbilder weiter auseinander liegen.

Die schärfsten Augen hat wohl der Adler. Er kann Mäuse noch aus 1 Kilometer Höhe erspähen.

# Farben

Nichts als Glas ist es, was das Licht hier durchläuft. Eine gläserne Ecke – ein **Prisma.** Aber wo kommen dann die Farben her? Es gibt nur eine Möglichkeit: Sie stecken schon im Licht drin. Die Sonne schickt uns die Farben mit ihrem Licht. Wenn sie alle zusammen sind, sehen wir sie nicht. Dann sieht ein Blatt Papier weiß aus. Aber wenn das Licht durch ein Prisma läuft, bekommt es zwei Knicks. Das heißt **Brechung** des Lichts. Das rote Licht wird ein bisschen weniger stark gebrochen als das gelbe. Den stärksten Knick hat das violette Licht. Hinter dem **Spektrum** siehst du das Papier in den **Regenbogenfarben,** weil die Farben nicht mehr gemischt sind.

Dreht sich diese Glaskugel im Sonnenlicht, dann funkelt sie in den herrlichsten Farben. Mal lenkt sie die roten Teile des Sonnenlichts ins Auge, mal die grünen oder die blauen.

Nanu – wo sind die Farben geblieben? Ist die Hose wirklich schwarz geworden?
Nein! Vom Sonnenlicht mit all den Farben, die in ihm stecken, schickt die Hose nur das blaue Licht in

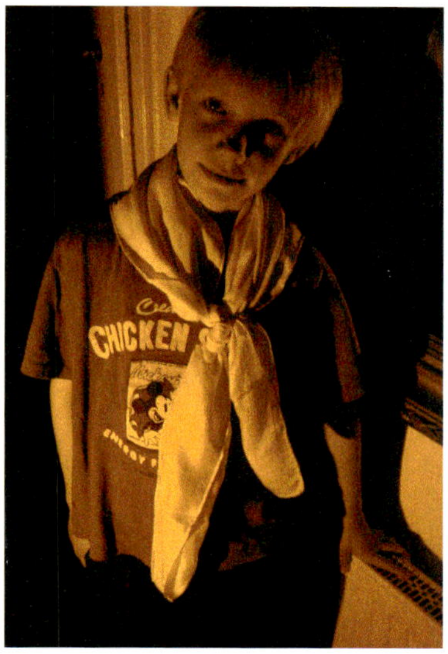


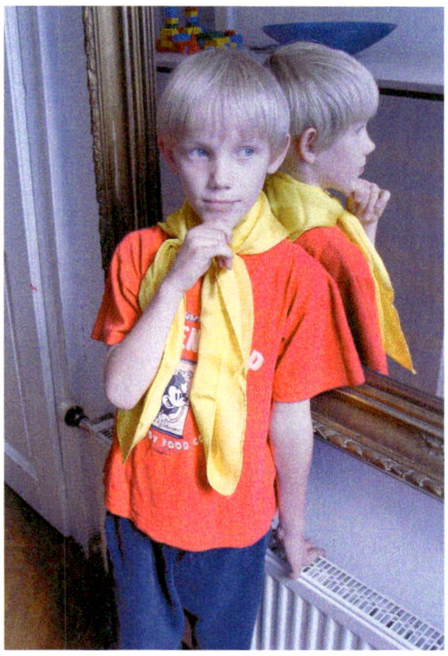

alle Richtungen: Weil ein Teil davon in deine Augen gelangt, siehst du die Hose blau. Der Pulli zerstreut den roten Teil des Sonnenlichts, der Schal den gelben.

Das obere Foto ist im Licht einer *Natriumdampflampe* gemacht: Ihr Licht ist nur gelb. Es ist kein blaues Licht in ihm. Die Hose kann kein blaues Licht in deine Augen schicken, weil sie keins bekommt.

Kleider, Blumen und alle bunten Dinge erscheinen unseren Augen farbig, weil sie einen Teil des weißen Lichtes verschlucken und nur den Teil mit ihrer Farbe zerstreuen und in unsere Augen schicken.

Sieh dir das Fernsehbild mal mit einer Lupe an. Du wirst dich wundern: Obwohl der Bildschirm alle Farben zeigen kann, gibt es nur drei Sorten von Punkten, rote, grüne und blaue. Wo das Bild rot ist, leuchten nur die roten Punkte und wo es blau ist, nur die blauen.

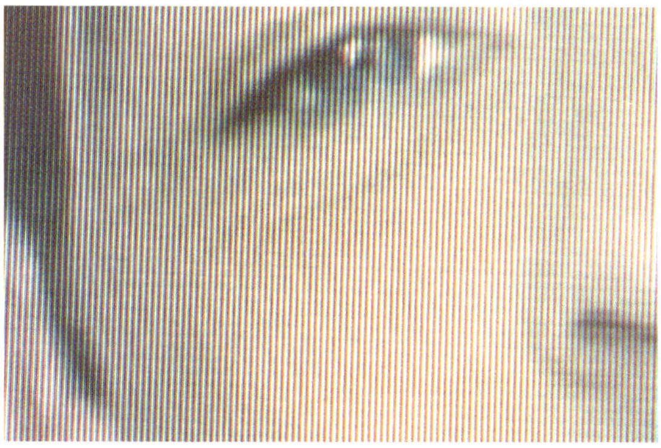

Wo das Bild weiß ist, leuchten alle roten, blauen und grünen Punkte. Sie liegen so dicht zusammen, dass die Punkte aus einiger Entfernung nicht mehr zu erkennen sind. Wir sehen dann nur das Mischlicht. Gelb wird durch die Mischung aus Rot und Grün erzeugt.

Auch die Bilder in Büchern sind aus winzigen Punkten in drei oder vier Grundfarben zusammengesetzt.

# Der Blick ins Unsichtbare

**Mikroskope** helfen uns, eine uns unbekannte Welt zu erforschen – die Welt des Kleinsten.

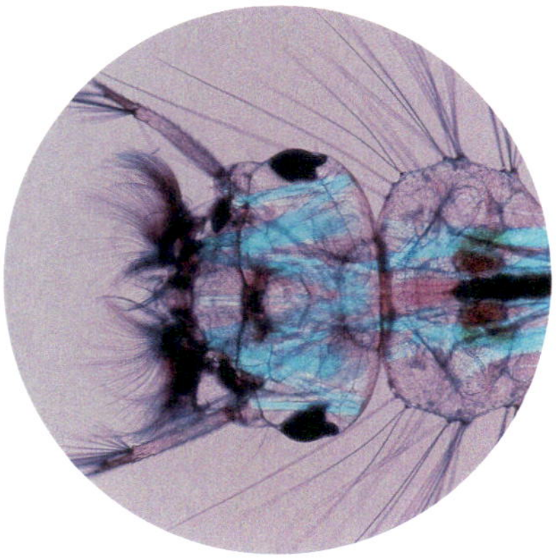

Hast du geahnt, dass ganz viele dieser winzigen Lebewesen in einem einzigen Wassertropfen eines Teiches leben? Schaust du dir so einen Wassertropfen an, dann siehst du kaum einmal winzige Pünktchen darin. Aber ein Blick durch das Mikroskop zeigt dir wahre Ungeheuer.
Auch, dass jede Pflanze und jedes

Tier aus winzigen Kämmerchen, den Zellen, aufgebaut ist, kann man erst mit einem Mikroskop erkennen. Die meisten Zellen sind nämlich nur ein zehntel oder ein hundertstel Millimeter groß.

Das Mikroskop ist ein echter Lebensretter: Erst durch Mikroskope haben Ärzte erkannt, dass viele Krankheiten durch winzige Lebewesen, die **Bakterien,** verursacht werden. Und seit die Bakterien der verschiedenen Krankheiten bekannt und erforscht sind, kann man sie mit Medikamenten bekämpfen oder dem Körper helfen, sich gegen sie zu wehren.

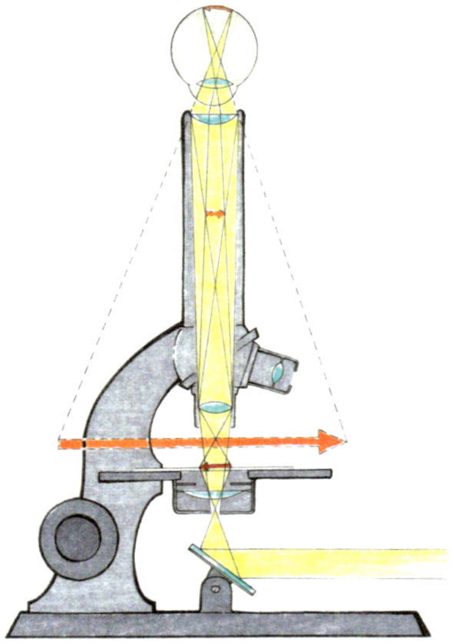

Mikroskope haben zwei Linsen: das **Objektiv** und das **Okular.**
Das Objektiv funktioniert wie beim Fotoapparat (Seite 199): Es erzeugt ein Bild von dem, was man vergrößert sehen will. Dieses Zwischenbild entsteht aber nicht auf einem Film, sondern schwebt frei im Rohr des Mikroskops. Das Okular ist nichts als eine sehr gute Lupe. Mit ihr kann man wie mit jeder Lupe das Zwischenbild stark vergrößert sehen.

Als der italienische Forscher **Galilei** vor 400 Jahren als erster Mensch den Mond durch ein selbstgebautes

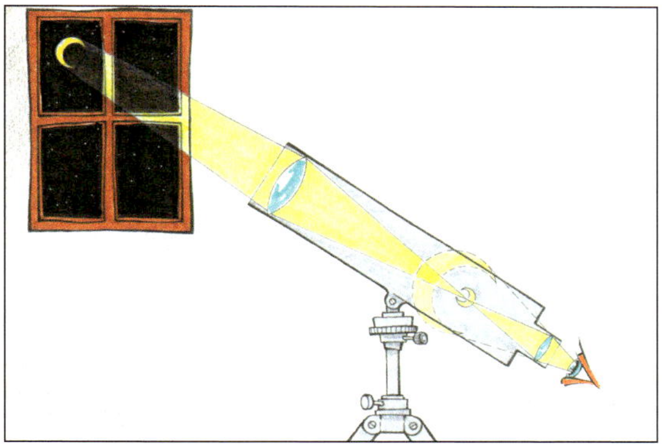

**Fernrohr** betrachtete, staunte er gewaltig: Was mit bloßen Augen wie eine glatte Kugel aussieht, ist durchs Fernrohr gesehen übersät mit tiefen Kratern und hohen Bergen. Galilei entdeckte mit seinem Fernrohr auch, dass der **Jupiter** von 4 Monden umkreist wird und dass die **Venus** oft die Form einer Sichel hat wie unser Mond.

Das einfachste Fernrohr ist nichts weiter als ein Rohr mit zwei Linsen. Wie beim Mikroskop heißt die vordere Linse **Objektiv.** Sie erzeugt ein kleines Bild wie das Objektiv eines Fotoapparates. Die hintere Linse heißt auch hier wieder **Okular.** Das ist die Lupe, durch die man das vom Objektiv erzeugte Bild stark vergrößert sehen kann.

Solche Fernrohre haben einen Nachteil: Man sieht alles auf dem Kopf. Bei den Sternen stört das nicht. Aber auf der Erde schon. Deshalb sind im **Fernglas** Glasecken (Prismen) so angebracht, dass man alles wieder richtig herum sieht. Ausserdem muss das Fernglas dann nicht so lang und unpraktisch sein wie ein Fernrohr.

Heute erforschen die Astronomen das Weltall mit den größten Fernrohren der Welt. Mehrere Meter groß sind die Linsen und Spiegel dieser Fernrohre. Weil sie so groß sind, können sie von den weit entfernten Sternen viel mehr Licht einfangen als die kleine Pupille unserer Augen. Deshalb können die Astronomen weit ins Weltall schauen und die entferntesten Galaxien entdecken.

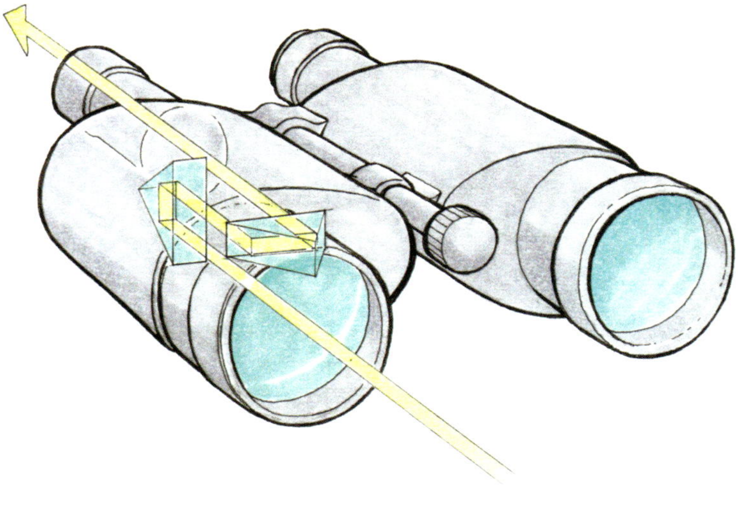

# Verrückte Welt in Spiegeln und Gläsern

Blicke deine Freunde durch eine mit Wasser gefüllte Flasche an. Du wirst die komischsten Dinge erleben: Monstergesichter, dicke, dünne oder auf dem Kopf stehende Menschen. Solche Verzerrungen entstehen, weil das Licht nicht gerade durch die Flasche verläuft, sondern gebrochen wird (Brechung, Seite 202).

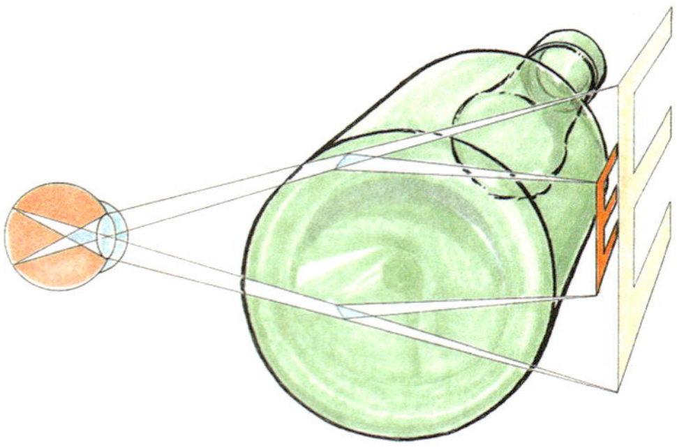

Legst du die Flasche auf eine Zeile dieses Buches, dann erscheinen die Buchstaben vergrößert. Warum, siehst du hier: Das Licht fällt so ins Auge, als wären die Buchstaben viel grösser. Genau so funktioniert eine **Lupe.**

Schau dir die Wassertropfen in einem Spinnennetz an: Du wirst die Landschaft dahinter winzig klein erkennen — und auf dem Kopf stehend! Wie die Linse eines Fotoapparats wirkt dieser Tropfen.

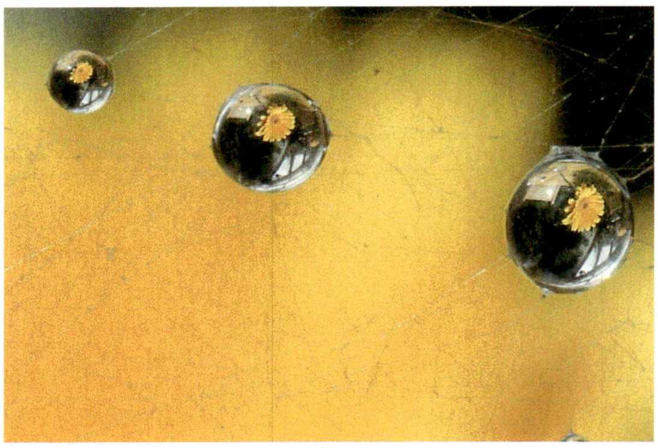

Einen Sonnenuntergang hast du dir sicher schon angesehen. Aber hast du dabei auf die Form der Sonne geachtet? Die Sonne sieht nicht mehr rund aus, sondern wie ein liegendes Ei.

Auch diese Verzerrung kommt durch die Brechung des Lichts zu Stande. Die Atmosphäre wirkt nämlich auf das Licht wie eine riesige Flasche, in der die Erde steckt.

Im Spiegellabyrinth kannst du dich in eine ganze Fußballmannschaft verwandeln. Weil die Wände verspiegelt sind, findet das Licht viele Wege zu deinen Augen. Und jeder Lichtweg erzeugt ein eigenes Spiegelbild.

**Die Geldmaschine**

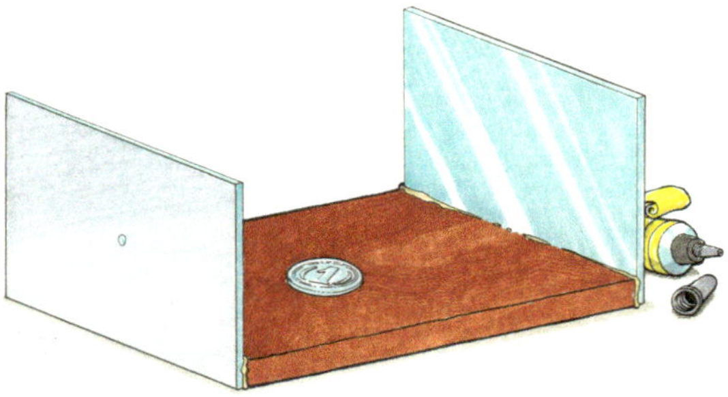

Eine Kerze, die unter Wasser brennt? Diesen Trick kannst du selbst ausprobieren. Du brauchst nur eine Glasplatte, eine Kerze und einen Becher.

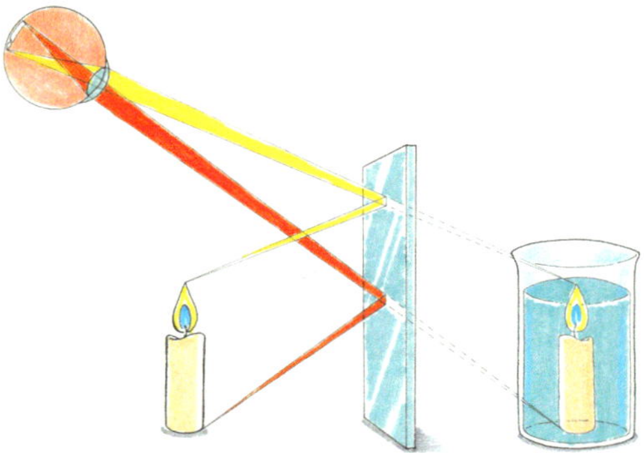

Mit dieser Maschine kannst du reich werden! Sie macht aus einer Mark zwanzig Mark. Schau durch das kleine Loch und du wirst es selbst sehen.

Das **Spiegelbild** der Kerze erscheint unseren Augen hinter der Glasplatte; da, wo der Becher steht.

*Spiegellabyrinth*

# Töne und Klänge

Das Quietschen einer Tür und die Musik deiner Lieblingsband, das Zirpen eine Heuschrecke oder der Donner beim Gewitter - alles, was du hören kannst, ist **Schall.** Alle Töne, alle Geräusche, alle Klänge, Musik und Sprache sind Schall.

Wie Schall entsteht, erkennst du gut mit einem Lineal oder einer Stricknadel. Halte es so auf dem Tisch fest, dass es ein Stück weit über die Tischkante ragt. Zupfe nun das überstehende Ende an. Merkst du, wann etwas zu hören ist?

Schall entsteht, wenn ein Gegenstand sich sehr schnell hin und her bewegt. Man sagt dann auch: Der Gegenstand schwingt. Je weiter er hin und her schwingt, umso lauter ist der Ton.

Die Anzahl der Schwingungen pro Sekunde nennt man die **Frequenz.** Die Frequenz wird in der Einheit **Hertz** gemessen: Ein Gegenstand, der 20 Schwingungen pro Sekunde durchführt, hat die Frequenz 20 Hz.

Erzeuge mit dem Lineal höhere und tiefere Töne, indem du das frei schwingende Ende länger oder kürzer machst. Je schneller ein Gegenstand schwingt, umso höher wird der Ton. Die tiefsten Töne, die wir gerade noch hören können, entstehen, wenn ein Gegenstand mit ungefähr 20 Hz schwingt. Und die höchsten für Kinder gerade noch hörbaren Töne entstehen bei 20 000 Hz. Die meisten älteren Leute hören nur noch Töne mit bis zu 10 000 Hz. Töne, die für unsere Ohren nicht mehr hörbar sind, heißen **Ultraschall.** Fledermäuse können Ultraschall hören.

Schwingungen mit weniger als 16 Hertz hören wir auch nicht. Sie erzeugen **Infraschall.** Alte Elefantenbullen sind Einzelgänger; aber sie halten immer mit Infraschallsignalen Kontakt zu ihrer Herde.

Alle Gegenstände, die schnell genug schwingen können, sind **Schallquellen.** Die **Stimmbänder** in unserem Kehlkopf funktionieren so ähnlich wie die quietschende Düse beim Luftballon. Wenn die Stimmbänder eng zusammenliegen und durch die

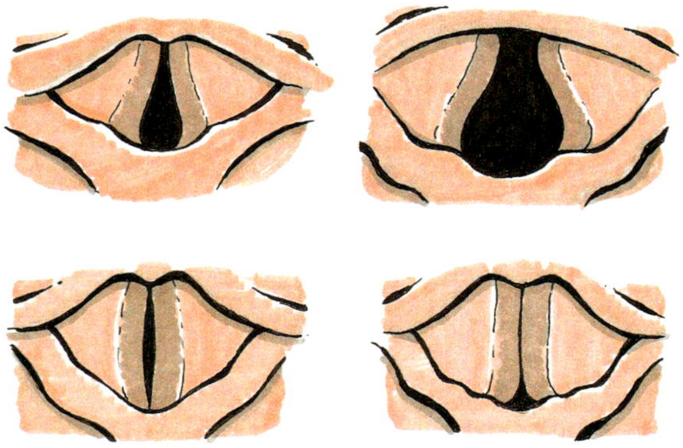

schmale Stimmritze dazwischen Luft strömt, erzeugen sie ein schnarrendes Geräusch. Im Mund- und Nasenraum entstehen daraus die unterschiedlichen Laute, je nach dem, wie du Mund, Zunge und Lippen formst.

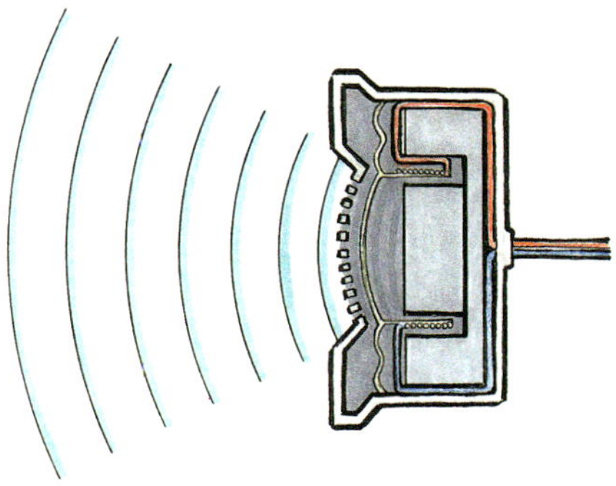

In einem **Lautsprecher** ist eine winzige Drahtspule vor einem Magneten befestigt. Fließt Elektrizität durch diese Spule, dann wird sie magnetisch, je nach Stromstärke mehr oder weniger stark. Wenn die Stromstärke viele Male pro Sekunde zu- und abnimmt, schwingt die kleine Spule vor dem Magneten im gleichen Rhythmus hin und her. Den Ton, der dadurch entsteht, könnte man aber kaum hören, so leise wäre er. Um ihn zu verstärken, ist die Spule an einem Trichter aus Pappe, der Membran, befestigt. Weil nun die ganze Membran mitschwingt, ist der Ton laut zu hören.

Mit einem Luftballon kannst du auf viele Arten Schall erzeugen: indem du mit einem feuchten Finger darüber reibst, indem du die Öffnung zu einer schmalen Düse auseinanderziehst, oder mit einer Nadel hinein stichst.

Reibe mit einem feuchten Finger über den Rand eines Weinglases, bis du es zum Schwingen bekommst. Wenn du mehrere Gläser hast, die du unterschiedlich hoch mit Wasser füllst, kannst du durch Reiben oder Anklopfen richtige Lieder spielen.

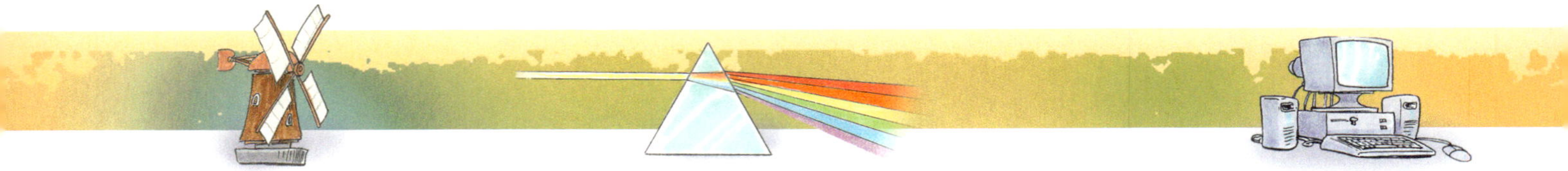

# Wie kommt der Schall zum Ohr?

Bastelt euch ein **Schnurtelefon!** Ihr werdet hören: Es funktioniert. Aber warum?

Wenn Lisa in den Plastikbecher spricht, beginnt der Boden vor und zurück zu schwingen. Diese Schwingungen werden durch die Schnur auf den Boden des zweiten Plastikbechers übertragen. Und deshalb hört Klaus aus der Dose Lisas Stimme.

Aber wir brauchen doch keine Schnüre, um uns gegenseitig zu hören! Das liegt daran, dass auch die Luft den Schall übertragen kann. Das kannst du dir so vorstellen:

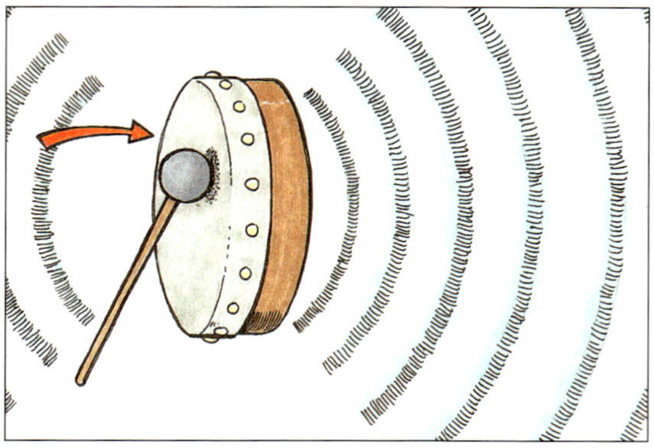

Schlägst du auf die Membran der Trommel, so bewegt sich diese plötzlich ein Stück nach vorn. Die Luft davor wird zusammengepresst (man spricht dann auch von einer Luftverdichtung). Die zusammengepresste Luft will sich aber wieder ausdehnen. Das kennst du von einer Luftpumpe, die du vorn zuhältst und zusammendrückst. Sie dehnt sich also aus und drückt die davor liegende Luftschicht zusammen. Wie bei einer Kette von Dominosteinen, bei denen jeder den nächsten umstößt, laufen die Luftverdichtungen durch die Luft. Bis die Luftverdichtung an deinem Ohr (-> Seite 150) ankommt, auf das Trommelfell drückt und als Trommelschlag zu hören ist.

Ein Lautsprecher (-> Seite 209) erzeugt Töne, weil seine Membran ein paar hundert Mal pro Sekunde hin und her schwingt. Schwingt sie vor, dann breitet sich eine Luftverdichtung aus. Schwingt sie aber im nächsten Moment zurück, dann hat die Luft mehr Platz als zuvor; sie dehnt sich aus und verdünnt sich dabei. Auf die Verdichtung folgt also eine Verdünnung der Luft, auf diese wieder eine Verdichtung und so weiter. Diese Folge von Luftverdichtungen und Luftverdünnungen, die sich in alle Richtungen ausbreiten, nennt man eine **Schallwelle.** Trifft die Schallwelle auf dein Ohr, dann schwingt dein Trommelfell im gleichen Rhythmus wie die Lautsprechermembran: Du hörst den gleichen Ton.

Schallwellen übertragen Energie. So viel, dass diese Sängerin sogar ein Glas *kaputt singen* kann.

Ein einziger Alphornbläser – aber von allen Bergen schallt es zurück – das **Echo.** Der Schall wird von den Bergen zurückgeworfen – und dazu braucht er Zeit: Für einen Kilometer braucht der Schall 3 Sekunden. Kannst du ausrechnen, wie weit ein Berg entfernt ist, wenn du das Echo erst nach 12 Sekunden hörst? Auf Seite 118 ist ein Beispiel.

Eine der größten Katastrophen in der Geschichte der Schifffahrt war der Untergang der **Titanic** im Jahr 1912. Dieses Unglück geschah, weil die Titanic gegen einen Eisberg stieß, der unter der Wasseroberfläche war. Kurz darauf wurde das **Echolot** erfunden, um solche Unfälle zu vermeiden. Der Schallgeber sendet Schallwellen aus. Der Schallempfänger fängt kurze Zeit später das von einem Hindernis, z. B. einem Eisberg, zurückgeworfene Echo auf. Aus der Zeit, die vergangen ist, kann man dann die Tiefe des Hindernisses berechnen.

Heute werden Echolote nicht nur verwendet, um die Meerestiefe zu ermitteln oder vor Eisbergen zu warnen. Die Fischer können damit Fischschwärme orten und die Erdölsucher können herausfinden, wo sich unter der Erde Erdöl versteckt.

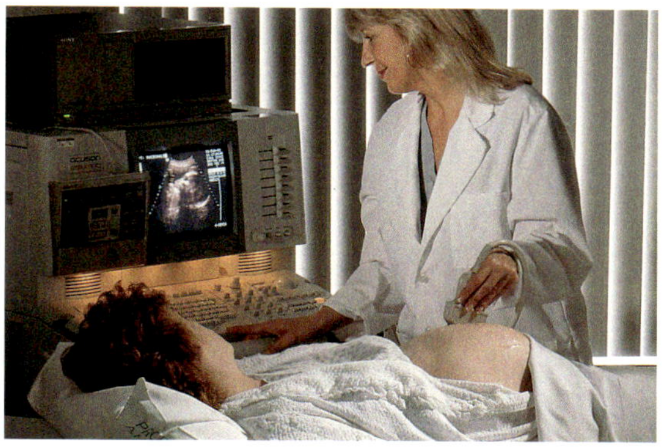

Ärzte können mit einem **Ultraschallgerät**, das wie ein Echolot arbeitet, sogar die ungeborenen Kinder im Mutterleib sehen.
Es heißt: Der Arzt macht eine **Sonographie.**

*Alphörner*

# Musikinstrumente

*Blockflöte*

Wie **Posaunen, Trompeten** und andere **Blechblasinstrumente** funktionieren, kannst du selbst ausprobieren: Nimm ein Stück Schlauch, ungefähr einen Meter lang, und setze vorn einen Trichter darauf. Blase durch die zusammengepressten Lippen in den Schlauch hinein. Verändert sich der Ton, wenn du einen kürzeren oder längeren Schlauch nimmst?

Bei der Posaune kann man die Länge des Rohrs durch das bewegliche Zugrohr verändern.

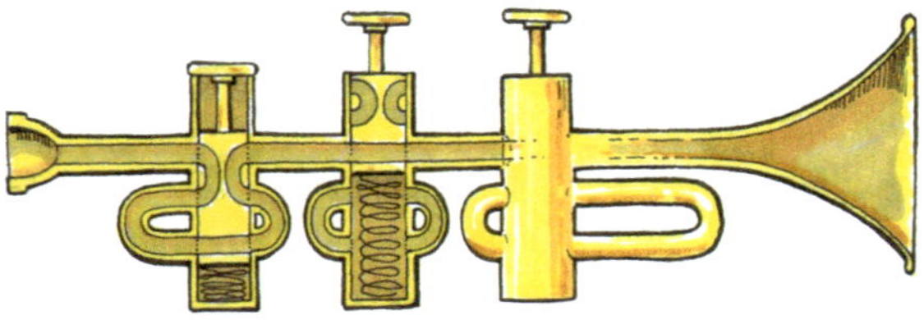

*Schnitt durch eine Trompete*

Eine Trompete hat drei Ventile, mit denen man das Rohr verlängern kann.

Blase über die Öffnung einer Flasche: Dann weißt du, wie **Flöten** und **Orgelpfeifen** funktionieren. Die Tonhöhe der Flöte kann man verändern, indem man mit den Fingern mehr oder weniger viele Löcher verschließt.

*Klarinette*

*Fagott*

**Klarinette, Fagott, Oboe** und **Saxophon** sind **Holzblasinstrumente** – wenn auch einige von ihnen heute aus Metall bestehen. Ein dünnes Blatt aus Bambus erzeugt die Töne. Die vielen Hebel und Klappen dienen dazu, die Löcher zu verschließen.

Die **Saiteninstrumente** erzeugen Töne durch schwingende Saiten. Je kürzer und je straffer gespannt die Saite ist, umso heller wird der Ton. Bei **Gitarren** und **Geigen** kann man die Saitenlänge und damit die Tonhöhe verändern, indem man die Saite auf das Griffbrett drückt.

*Gitarre*

Der Holzkasten ist dazu da, die Töne zu verstärken. Ohne ihn könntest du die Töne nur so leise hören wie wenn du ein gespanntes Gummiband zupfst. Nur die E-Gitarre (Elektrogitarre) braucht keinen solchen Kasten. Bei ihr werden die Töne elektrisch verstärkt.

Geigen gibt es in vielen Größen: Die kleinste ist die **Violine,** etwas größer die **Bratsche.** Ein **Cello** ist schon so groß wie du, in einem **Kontrabass** könntest du dich verstecken.

*Klavier*

Im Inneren des **Klaviers** sind 76 Saiten gespannt. Drückt man auf eine Taste, dann schlägt ein kleiner Holzhammer auf eine der Saiten.

*Geige*

Geigen werden meistens nicht gezupft. Der Geiger streicht mit einem **Geigenbogen** über die Saiten. Das ist eine Stange, an der Pferdehaar eingespannt ist. Dass dadurch Töne erzeugt werden, kannst du selbst ausprobieren: Streiche mit einem Stück feuchten Styropors über eine Fensterscheibe.

*Querflöte*

# Lärm und Lärmschutz

In der Disco zu tanzen bringt Spaß. Aber nicht, wenn die Musik so laut ist, dass sie in den Ohren schmerzt.

Dann wird sie zum **Lärm.** Und Lärm kann uns krank machen: Er kann uns beim Schlaf stören, der Blutdruck kann steigen, von Lärm kann man schwerhörig werden.

Sind diese Motorräder lauter als die Polizei erlaubt? Um diese Frage zu beantworten, muss man die **Lautstärke** messen. Das geschieht mit einem Schallpegelmesser.

Die Lautstärke wird in der Einheit **Dezibel** A (dBA) gemessen. Lärm über 120 dBA schmerzt in den Ohren und schon dauernder Lärm über 85 dBA macht schwerhörig.

Lärm ist schädlich. Deshalb müssen wir uns vor ihm schützen. Am besten, er wird gleich da *verschluckt*, wo er entsteht. Zum Beispiel im Motor von Autos oder Motorrädern. Zwischen Motor und Auspuff ist ein Topf, der **Schalldämpfer.** Er ist mit Steinwolle gefüllt und macht das Motorengeräusch viel leiser.

Diese Arbeiter wären schnell schwerhörig, wenn sie keine **Gehörschützer** benutzen würden. Ein Presslufthammer erzeugt nämlich ebenso viel Lärm wie hundert Mofas.

Auch diese Mauern schützen vor Lärm. Sie werfen einen Teil der Schallwellen zur Strasse zurück.

# ROHSTOFF-GEWINNUNG UND -AUFBEREITUNG

# Von der Rübe zum Zucker

Der meiste Zucker auf der Welt wird aus **Zuckerrohr** gewonnen. Bei uns wächst es nicht, weil es keinen Frost im Winter verträgt. In Deutschland baut man **Zuckerrüben** an.

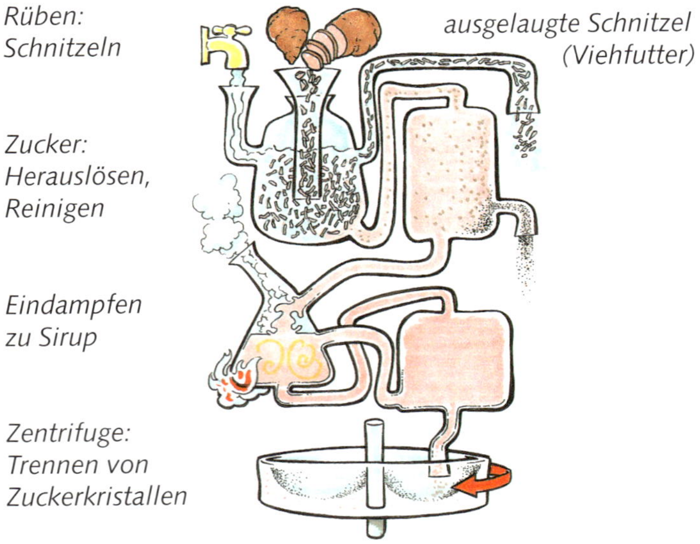


Schon auf dem Rübenacker geht vieles automatisch: So genannte *Rübenerntemaschinen* schneiden zuerst dicht über dem Boden die Rübenblätter ab, reißen die Rüben dann aus der Erde, sammeln sie ein und reinigen sie gleich.

Sie werden dann in die **Zuckerfabrik** gebracht, dort noch einmal gewaschen und kommen dann in eine Maschine mit rotierenden Messern. Die zerkleinerten Rübenschnitzel werden überbrüht. Dann werden sie in einen hoher Turm (den *Extraktionsapparat*) gebracht, durch den sie langsam wandern. Dabei strömt ihnen Wasser entgegen, das den Zucker und andere lösliche Stoffe aus den Schnitzeln herauslöst. Das Wasser mit den gelösten Stoffen nennt man Extrakt oder **Rohsaft.**

Die lästigen Begleitstoffe werden durch Zusätze von Kalk aus dem Rohsaft gebunden. Sie werden zu festen Flocken und lassen sich dann herausfiltern. So entsteht ein hellgelber so genannter Dünnsaft. Er fließt nun in einen Verdampfer, wo ihm Wasser entzogen wird. Er wird zu einem goldgelben **Sirup,** dem Dicksaft, der anschließend eingedampft, gekühlt und getrocknet wird, wobei Zuckerkristalle entstehen. Fertig ist der **Zucker.**

# Woher kommt das Salz?

*Salzgewinnung aus dem Meer*

Das Salzlager der Welt ist das Meer. Zwei Liter Meerwasser aus den großen Ozeanen enthalten rund sieben Gramm **Kochsalz.** Das ist etwa ein Teelöffel voll. In vielen warmen Ländern gewinnen die Menschen das Salz nur aus dem Meer. Sie bauen dazu am Strand große flache Becken, in die sie Meerwasser einleiten. In wenigen Tagen verdunstet das Wasser, und das Salz bleibt als weißer Belag am Boden zurück. Das wird so oft wiederholt, bis sich am Boden eine dicke Salzkruste gebildet hat. Die wird zusammengescharrt und getrocknet.

Oft kann man das so gewonnene Salz aus dem Meer schon direkt für die Küche gebrauchen. Wenn aber die anderen im Meerwasser gelösten Salze stören, muss das Meersalz noch weiter gereinigt werden.

Vor langer Zeit gab es einmal bei uns riesige flache Meere. Das war überschwemmtes Land. Es war recht heiß und die Flachmeere verdunsteten ständig, aber vom offenen Ozean schwappte immer neues Meerwasser nach. Die Flachmeere trockneten aus, und dicke Salzschichten blieben übrig.

Heute sind dies unterirdische Salzlager, in denen die Salzschichten manchmal sogar über tausend Meter dick sind. Gebirge mit solchen Steinsalzlagern nennen die Geologen **Haselgebirge.** Berühmte Haselgebirge liegen in Österreich bei Hallstatt und bei Hallein und in Deutschland zum Beispiel bei Bad Reichenhall. *Hall* ist ein altes Wort für *Salz*.

In **Salzbergwerken** wird das Steinsalz entweder bergmännisch abgebaut und gemahlen, oder man leitet Wasser durch unterirdische Gänge. Das löst das Salz auf. Die entstandene Salzlösung heißt **Sole.** Sie wird hochgepumpt und wieder eingedampft. Das reine Kochsalz bleibt übrig und kommt in den Handel.

*Steinsalzbergbau*

# Vom Getreide zum Brot

Zu unseren Hauptnahrungsmitteln gehören die **Getreide,** allen voran der **Weizen.** Allerdings lassen sich die harten Körner nur schlecht roh essen. Schon sehr früh hat man sie deshalb verarbeitet. Die Ägypter stellten bereits vor rund 5 000 Jahren **Brot** und **Bier** aus dem Getreide her. Das ägyptische Wort für Brot und Bier war dasselbe. Übersetzt hieß es ungefähr „Brotbier".

*Zwei Getreideprodukte: Brot und Bier*

Wie backt man eigentlich heute Brot? Wir brauchen als Grundbestandteile nur Getreidemehl oder -schrot, Wasser und Salz mit einem *Trieb- oder Lockerungsmittel* (Hefe, Sauerteig, Backpulver) zusammen zu kneten. Dies machen heute meist große Knetmaschinen.

Wir unterscheiden **Mehl** und **Schrot.** Schrot entsteht durch grobes Zerkleinern *(Schroten)* der Körner. Das **Vollkornmehl** wird aus ungeschälten ganzen Getreidekörnern vermahlen. Vollkornbrote gelten als besonders gesund. Beim **Weißmehl** fehlen die wichtigen Getreidebestandteile *Keim* und *Kleie.*

Die **Hefe** ist ein Grundstoff sowohl für die Bierherstellung wie für das Brotbacken. Hefe ist ein winziger, einzelliger Pilz, der sich sehr schnell vermehrt. Hefepilze machen aus dem Getreide *Alkohol* und *Kohlendioxid,* was auch für die Wein- und Bierherstellung genutzt wird **(Gärung).** Das mit der *Bäckerhefe* erzeugte Kohlendioxid lässt den Teig *aufgehen,* so dass die Backwaren weich und locker werden.

Der **Sauerteig** ist ein aus Milchsäurebakterien gegorener Teig, der ebenso als Triebmittel dient. **Backpulver** schließlich besteht aus verschiedenen chemischen Substanzen, die beim Erhitzen Kohlendioxid entstehen lassen.

Die Brotlaibe müssen zum weiteren Aufgehen noch in einem warmen Raum ruhen, ehe sie in den **Backofen** kommen. Beim Backen gerinnen die im Teig enthaltenen Eiweißstoffe, die Stärke verkleistert. Das durch das Triebmittel freigesetzte Kohlendioxid hebt und lockert den Teig und der Alkohol verdampft. Nach einer knappen Stunde Backzeit ist das Brot fertig gebacken.

Es gibt verschiedene **Brotsorten:**
**Weizenbrot (Weißbrot):** Weizenmehl (mit wenig Roggenmehl) und Hefe als Triebmittel. Toastbrot: Weizen ohne Roggenzusatz.
**Roggenbrot:** Roggenmehl (mit wenig Weizenmehl) und Sauerteig als Triebmittel.
**Mischbrot:** Weizen- und Roggenmehl gemischt, meist mit Sauerteig als Triebmittel.

Spezialbrote sind unter anderem:
**Grahambrot:** überwiegend Grahamschrot (zerstoßenes Weizenvollkorn).
**Vollkornbrot:** mit Vollkornschrot oder Vollkornmehl.
**Knäckebrot:** ein länger haltbares Dauerbrot aus ziemlich flüssigem Teig in dünner Schicht gebacken und dann nachgetrocknet.
**Pumpernickel:** aus Roggenvollkornschrot und -mehl unter Dampf über 18 Stunden bei 130 Grad gebacken.

Heute kommt auch eine alte Getreideart, der **Dinkel,** wieder zu Ehren. Ferner gibt es besondere Gewürzbrote und Brote mit Zugaben von Sonnenblumenkernen, Kürbiskernen und sogar von Kartoffeln.

# Von der Milch zum Käse

Vieles hat der Mensch erfunden, den Käse nicht. Den hat er entdeckt, und das geschah irgendwann vor 8 000 bis 10 000 Jahren. Milch wollte er trinken, aber die war sauer geworden. Trotzdem schmeckte sie gut, nur ganz anders als frische Milch. Auch war sie dicker geworden. Wenn man sie durch ein Sieb aus Pflanzenfasern goss, dann blieb eine feste Substanz zurück: **Frischkäse.**

Die alten Römer waren es, die vor rund 2 000 Jahren herausfanden, wie Milch noch schneller gerinnt und fest wird. Gibt man **Lab** dazu, dann wird sie in wenigen Minuten fest, und der Frischkäse schmeckt besonders gut. Lab ist ein Ferment, ein besonderer Verdauungssaft aus dem Magen der Rinder. Damit war das Wichtigste zum Käsemachen entdeckt. Das Verfahren ist bis heute so geblieben, nur ein paar Einzelheiten wurden geändert, so dass es heute ganz viele verschiedene Käsearten gibt.

Ein moderner Supermarkt hat manchmal mehr als hundert verschiedene Käsesorten. Es gibt aber eigentlich nur fünf verschiedene Gruppen von Käse.

**Hartkäse:** Zu den bekanntesten gehören der Allgäuer Emmentaler, der schweizer Gruyère und der italienische Parmesan.

**Schnittkäse** und **halbfette Schnittkäse:** der Appenzeller aus der Schweiz, die Käsesorten Edamer und Gouda (sprich: Gauda) aus Holland und der deutsche Tilsiter.

**Weichkäse:** Schimmelkäse wie den Camembert und die bekannten Brie-Sorten und als *Weichkäse mit Rotschmiere* der Limburger und der Romadur.

**Frisch**- und **Sauermilchkäse:** Quark, der körnige Hüttenkäse und der Pizza-Käse Mozzarella.

**Schmelzkäse:** Sie entstehen, indem man irgendwelche natürlichen Käse bei etwa 60 Grad Celsius schmilzt. Meistens gibt man noch Schmelzsalze dazu. Die kremigen Käseecken gehören ebenso zu diesen Schmelzkäsen wie die „Scheibletten“.

# Vom Schaf zur bunten Wolle

Schafe können auch im Winter draußen übernachten, denn ihre Wolle hält gut warm. Das kennst du von deinem Wollpullover. Schafwolle ist meist **Schurwolle** von lebenden Tieren. Mit Handscheren oder Schermaschinen werden die Schafe *ausgezogen*. Könner schaffen das in wenigen Minuten. Das Wollkleid fällt dabei nicht einmal auseinander. Es bleibt als Ganzes zusammen hängen und wird **Vlies** genannt.

Bevor die Rohwolle zu Fäden versponnen werden kann, muss gründlich gereinigt und gewaschen werden. Es geht dabei nicht nur um Gras, Zweige oder trockene Blätter, sondern vor allem um Staub, Salze und Wollfett. Die Salze stammen vom Schweiß der Tiere.

Nicht lösbare Verunreinigungen wie Dornen, Kletten oder kleine Holzstückchen werden dann nach der Wollwäsche in einer Maschine entfernt, die die Wolle lockert, die einzelnen Wollfäden in eine Richtung zieht und dabei kämmt.

Jetzt ist die Wolle fast reif für die Spinnerei. Meistens wird sie zuvor aber noch gefärbt. Früher machte man das mit Naturfarben, die vor allem aus Pflanzen gewonnen wurden. Heute nimmt man dazu fast immer chemische Industriefarben. Die sind billiger, lichtechter und in der Wolle meistens auch wesentlich haltbarer, weil sie sich besser mit den Fasern verbinden als die Naturfarben.

Das Wollefärben ist eine Wissenschaft für sich. Je nach Farbstoff geschieht das bei etwas unterschiedlichen Temperaturen und dauert unterschiedlich lange. Die Wolle wird dazu in großen Bottichen in der Farblösung eingeweicht und in ihr bewegt. Danach muss sie noch getrocknet werden.

# Aus Wolle werden Stoffe

**Wolle** von Schafen und anderen Tieren haben Menschen schon vor 5 000 Jahren zu **Garn** gesponnen. Sie zogen dabei einzelne Fasern aus einem Wollvorrat, dem **Spinnrocken,** und verdrehten sie mit der Hand und mit Hilfe einer sich wie ein Kreisel drehenden **Spindel.** Zugleich wurde der entstehende Endlosfaden aufgewickelt.

Erst vor etwa 500 Jahren kam das **Tretspinnrad** in Gebrauch. Bei ihm musste man die Fasern noch immer von Hand ordnen, aber ein schnell rotierendes Flügelrad sorgte dafür, dass der entstehende Faden automatisch verdreht und auf eine Spule gewickelt wurde.

Heute gibt es zum Spinnen von Wolle besondere Maschinen, die meistens als Kammgarn-**Spinnmaschinen** bezeichnet werden. Zuerst zieht die Maschine aus einem gekämmten Wollvorrat Fasern heraus und legt sie doppelt nebeneinander. So entstehen Faserbänder, die noch gestreckt und verdreht werden. Das fertige Garn wird auf Spulen gewickelt.

Die meisten Wollstoffe werden gewebt. Zuerst werden auf einem Hand- oder Maschinen**webstuhl** dicht an dicht parallele Fäden gespannt wie die Saiten einer Harfe. Das sind die **Kettfäden.**

Quer zu diesen zieht man jetzt die so genannten **Schussfäden** durch.

Das geschieht so, dass der erste Schussfaden über dem ersten Kettfaden, unter dem zweiten, über dem dritten, und so weiter durchläuft. Der zweite Schussfaden wird dann unter dem ersten Kettfaden, über dem zweiten usw. durchgezogen. Auf diese Weise entsteht ein ganz feines Schachbrettmuster aus Fäden.

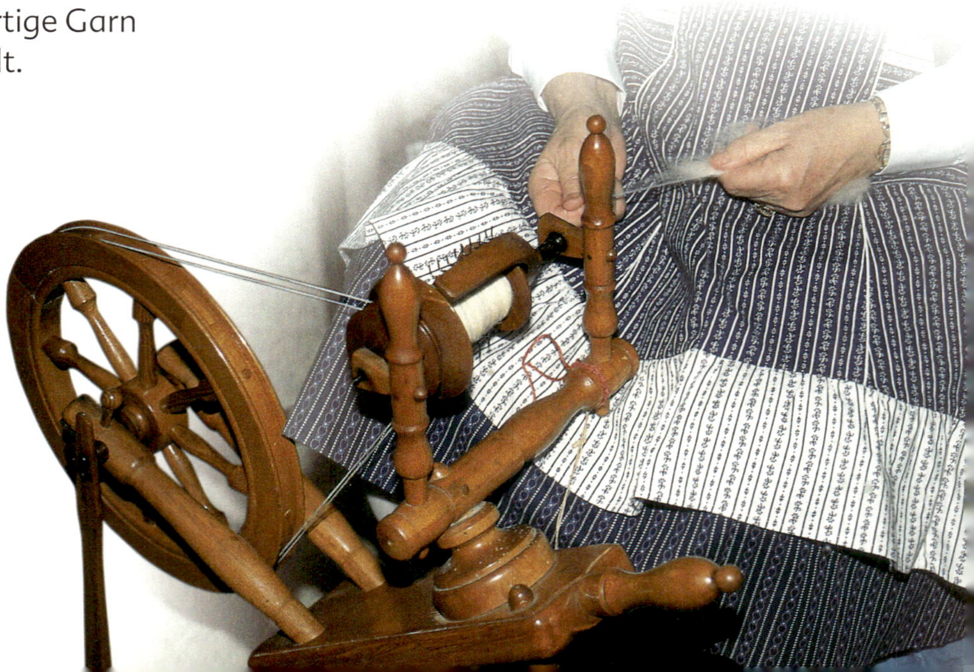

# Vom Sand zum Glas

Um Glas herzustellen, braucht man **Quarzsand** – zum Beispiel Strandsand. Der wird geschmolzen, und die Schmelze muss dann wieder erstarren. Quarz schmilzt aber erst bei mehr als 1 700 Grad. So heiß wird kein normaler Ofen. Ein offenes Holzfeuer erreicht gerade 600 Grad.

Trotzdem gelang es den Menschen schon vor 3 000 Jahren, Dinge aus Glas herzustellen. Sie hatten herausgefunden, dass Quarz schon bei niedrigeren Temperaturen schmilzt, wenn man noch etwas dazu gibt: Natron und gebrannten Kalk.

**Natron** ist ein weißes Pulver, das deine Urgroßeltern als Backpulver verwendeten. Gebrannter **Kalk** ist Kalkstein, der im Feuer geglüht wurde. Danach ist er weiß und brüchig und lässt sich zu Pulver zerreiben. Zu Sand, Natron und gebranntem Kalk geben die Glasmacher noch Farbpulver für bunte Gläser dazu. Diese Mischung schmilzt schon in einem Ofen bei etwa 1 000 Grad.

Dinge aus Glas sind entweder hohl wie **Trinkgläser** oder **Flaschen,** oder sie sind flach wie **Fensterglas.** Hohlglas stellt der **Glasbläser** her.

Wenn du um das eine Ende eines Trinkhalms eine weiche Kaugummikugel knetest und dann in das andere Ende kräftig hineinbläst, entsteht eine Art kleiner Kaugummi-Luftballon. Der Glasbläser nimmt statt des Strohhalms ein langes feuerfestes Rohr und statt des Kaugummis glühend heißes weiches Glas. So werden Hohlgläser auch heute noch hergestellt. In der Glasfabrik bläst nur kein Mensch mehr, sondern eine Maschine.

Flachglas entsteht, wenn geschmolzenes Glas auf eine Wanne voll geschmolzenem Zinn gegossen wird. Wenn es erstarrt ist, lässt es sich als flache Glastafel von dem geschmolzenen Metall abheben.

# Vom Baum zum Buch

Die alten Ägypter schrieben vor etwa 5 500 Jahren auf **Papyrus,** das sie aus den Stängeln der Papyruspflanze machten.

Seit etwa 3 000 Jahren schrieb man auf **Pergament.** Das waren enthaarte, mit Kalk geglättete Tierhäute. Die spannte man zum Trocknen in einen Rahmen und schabte eine glatte Fläche.

Das richtige **Papier** wurde um 105 nach Christi Geburt in China erfunden. Die erste **Papiermühle** in Deutschland war 1389 die Gleismühle in Nürnberg.

Papier wurde nämlich in Mühlen hergestellt, die von einem Wasserrad angetrieben wurden. Mahlwerke zerkleinerten alte Lumpen zu ganz feinen Fasern. Die kamen in eine Bütte voll Wasser. Aus der Bütte schöpfte man mit einem flachen, rechteckigen Sieb.

Das Wasser lief hindurch, die Fasern blieben liegen. Nach dem Trocknen zwischen Filzen und an der Luft war das **Büttenpapier** fertig.

Bei heutigen Papiermaschinen ist das Sieb ein Förderband, auf das der Papierbrei kommt. Das Wasser tropft durchs Sieb, der Brei läuft als nasse Papierbahn vom Förderband durch zwei Walzen, die viel Wasser herauspressen und durch einen Trockenofen. Das Papier wird dann noch durch Stahlwalzen geglättet.

1841 entdeckte in Deutschland ein Herr Keller, wie man aus Holz Papier macht. Er zerrieb Holz an einem Schleifstein unter Wasserzugabe zu einem Faserbrei. Daraus ließ sich genau so gut Papier herstellen wie aus Lumpen.

Aus England stammt die Idee, **Zellstoff** herzustellen. Der entsteht beim Kochen von Holzschnitzeln mit Ätznatron. Papier aus Zellstoff ist länger haltbar. Bevor man aus Zellstofffasern Papier macht, werden sie heute fast immer gebleicht, damit das Papier schön weiß wird. Unbehandelt wäre es bräunlich.

Auch **Altpapier** kann als Rohstoff zur Papierherstellung dienen. Sammeln von Altpapier schont unsere Wälder.

# Vom Holz zum Spielzeugauto

Was früher Holzfäller im Wald mühsam mit Axt oder Säge schafften, übernehmen heute riesige **Forstmaschinen.** Die sehen so aus wie eine kleine Fabrik auf Rädern. Sekundenschnell greifen sie einen Baumstamm, sägen ihn ab und nehmen ihn auf. Der Baum wird gedreht und dabei werden blitzschnell alle Äste abgesägt.
Der Stamm kommt dann in einen riesigen Bleistiftspitzer, der die Rinde abschält. Das Stammholz ist jetzt fertig zum Abtransport in ein Sägewerk. Dort laufen die Stämme durch eine Gattersäge, die sie in lauter Bretter zerschneidet. Der Baustoff Holz ist fertig.

**Spielzeugautos** aus Holz werden in einer modernen Fabrik so herstellt: Grob- und Feinsägen zerteilen die Bretter in Würfel und Quader. Die genauen Formen entstehen durch computergesteuerte Fräsmaschinen (->Seite 193). Die Räder entstehen aus dünneren Brettern, aus denen mit einem **Laserstrahl** runde Scheiben geschnitten werden. Ein Laserstrahl ist ein ganz dünner Lichtstrahl. Aber es ist besonderes Licht, mit dem man sogar Metall sägen kann.

Die Holzteile unseres Spielzeugautos müssen dann noch glatt geschliffen werden: Sie kommen zusammen mit einer sandigen Schleifpaste in eine Blechtrommel, die sich langsam dreht. Die Holzteilchen purzeln ständig durcheinander und werden dabei glatt geschmirgelt.

Anschließend kommen die Teilchen noch in eine Farbtrommel, in der sie bunt lackiert werden. Danach müssen sie trocknen, bevor sie zum fertigen Auto montiert werden.

# Von der Asche zur Seife

Wie macht man Seife? Man nehme zwei Teile **Öl** und elf Teile **Pottasche** und verkoche beides miteinander. Fertig ist die Seife. Olivenöl geht genauso gut wie Rinderfett.

Und so entsteht Pottasche: Die Asche von verbranntem Holz wird mit Wasser gerührt oder „ausgelaugt". Das Wasser gießt man dann in einen Pott, wo es verdunstet. Übrig bleibt ein weißes Pulver, die Pottasche. Statt Pottasche kann man auch **Soda** nehmen. Soda entsteht aus der Asche von Meeresalgen.

Seife aus tierischen Ölen und Fetten und der Asche von Laubbäumen nennt man **Schmierseife.** Seife aus Pflanzenöl und Soda heißt **Kernseife.**

Noch unsere Urgroßeltern nahmen auch zum Waschen ihrer Kleidung nur Seife. Schon im 15. Jahrhundert hat man in südlichen Ländern den Kernseifen Parfüm zugefügt und daraus **Feinseife** gemacht. Handwerker, die Seife herstellten, hießen **Seifensieder.**

Anfang des 18. Jahrhunderts wurde das Seifemachen viel billiger. Denn damals hat ein Chemiker entdeckt, wie sich Soda einfach und in großen Mengen künstlich herstellen lässt, ohne vorher mühsam Meeresalgen zu sammeln, zu trocknen und zu verbrennen. Seifensieder nahmen jetzt also die billige Industriesoda.

*Kernseife*

1903 erfanden zwei deutsche Chemiker das **Seifenpulver.** Sie sprühten heiße, flüssige Seife unter Druck in einen Turm. Die flüssigen Tröpfchen fielen heraus und wurden zu festen Seifenkörnchen. Das Waschpulver **Persil** war erfunden.

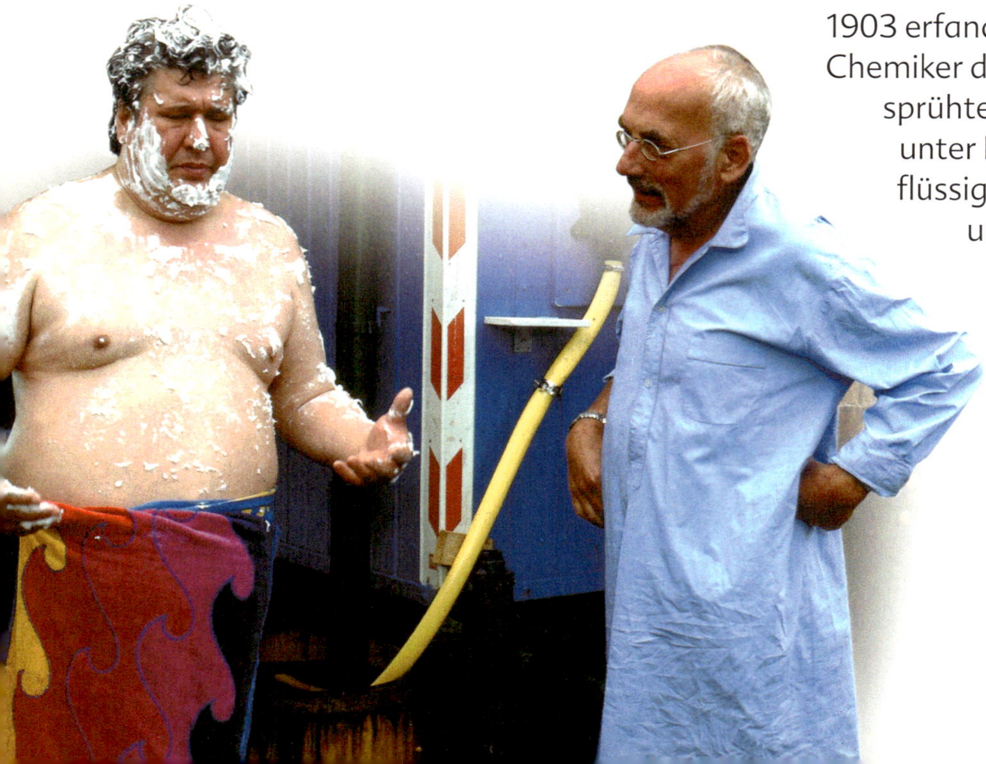

# Vom Ton zum Mauerstein

Schon vor 8 000 Jahren stellte man in der Stadt Jericho **Backsteine** aus luftgetrocknetem **Lehm** her. 5 000 Jahre später kamen die Ägypter darauf, dass diese Backsteine haltbarer werden, wenn man gehäckseltes Stroh hineinknetet. Sie fanden außerdem heraus, dass die Backsteine fester werden, wenn man sie nach dem Trocknen noch im Feuer erhitzt. Das war der erste Schritt zum gebrannten **Ziegelstein.**

Zuerst legte man die Steine einfach ins Holzfeuer, das nur 600 Grad heiß wird. Heute benutzt man dazu Brennöfen mit Temperaturen um 1 100 Grad.

In manchen Gegenden wurden Lehmhäuser aus einzelnen Backsteinen errichtet, die mit Lehmbrei verklebt wurden. Außen klatschte man als Verputz noch eine Schicht feuchten Lehm darauf.

Anderswo baute man ganz aus Lehm. Dazu errichtete man erst Holzformen für die Außenmauern und die Innenwände. In diese Formen wurde feuchter Lehm mit Strohhäckseln gestampft. Wenn er getrocknet war, nahm man die Holzverschalung ab.

Wie fest Ziegelsteine werden, hängt davon ab, bei welcher Temperatur man sie brennt. Die normalen roten Backsteine werden genau so gebrannt wie Blumentöpfe oder Tonkrüge, nämlich bei etwas über 1 000 Grad.

Brennt man die Ziegel bei Temperaturen bis 1 400 Grad, dann schmilzt ihr Material teilweise an. Beim Abkühlen verbackt es fest. Das nennt man **Sintern,** und die gesinterten Ziegel heißen **Klinker.** Klinker verwendet man zum Hausbau und dort, wo Ziegel wasserdicht sein sollen, für Dachpfannen oder Abwasserrohre.

Ebenfalls bei hohen Temperaturen gebrannt wird das **Steinzeug.** Steinzeug macht man aus Kaolin, auch Porzellanerde genannt. Aus Steinzeug werden vor allem Fußboden- und Wandfliesen hergestellt. Brennt man Kaolin bei Temperaturen von 1 400 Grad und mehr, dann entsteht **Porzellan.**

# Vom Erdöl zur Kunststoffflasche

Viele Naturstoffe bauen sich aus lauter gleichen kleinsten Teilchen auf: aus **Atomen.** Wir nennen diese Stoffe chemische **Elemente.** Zu ihnen gehören der **Sauerstoff,** der **Kohlenstoff** und alle **Metalle.**

Es gibt aber auch Stoffe, die sich nicht aus Atomen, sondern aus **Molekülen** zusammensetzen. Das sind die chemischen Verbindungen. Jedes ihrer kleinsten Teilchen, also jedes Molekül, besteht aus verschiedenen Atomen. Die Chemiker zeichnen Moleküle manchmal so, als ob die Atome ein paar winzige Ärmchen hätten, mit denen sie sich aneinander festhalten.

Die Moleküle können sehr kompliziert aufgebaut sein und aus Dutzenden verschiedener Atome bestehen, die sich gegenseitig festhalten. Aber natürliche Moleküle werden nicht beliebig groß. Solche mit ein paar Dutzend Atomen sind schon äußerst selten.

Hier liegt der große Unterschied zwischen Naturstoffen und **Kunststoffen.** Der Mensch hat es fertiggebracht, Stoffe aus Riesenmolekülen herzustellen, die aus Hunderttausenden einzelner Atome bestehen. Stell dir einmal Atome als Kinder vor und nimm an, einige Tausend Kinder halten sich so an den Händen, dass sie eine lange Kette bilden.

Nun stell dir vor, viele solche Kinderketten stehen nebeneinander, und zwischen den Ketten gibt es überall einzelne Kinder, die sich mit einer Hand an der einen, mit der anderen Hand an der benachbarten Kette festhalten. Dann entsteht aus den einzelnen Ketten ein festes Netz. So aufgebaute Riesenmoleküle nennt man polymerisierte Moleküle. *Polymerisiert* heißt vernetzt. Stoffe, die aus ihnen aufgebaut sind, nennt man **Polymere.** Polymere sind Kunststoffe.

Da Kunststoffe aus vernetzten Riesenmolekülen bestehen, braucht man für ihre Herstellung nur geeignete natürliche Stoffe zu nehmen und mit chemischen Tricks dafür zu sorgen, dass sich ihre Moleküle miteinander vernetzen. Heute verwendet die Kunststoffindustrie als Ausgangsstoff fast ausschließlich **Erdöl.**

# Von der Tierhaut zum Schuh

Vor 15 000 Jahren begannen die Menschen, Kleider anzuziehen. Sie stellten sie aus Tierfellen her. Sie schabten das Fleisch ab und konservierten die Felle durch Trocknen oder Einsalzen. Danach war das **Leder** noch hart. Um es weich und geschmeidig zu machen, schabten sie die Haare ab und rieben es mit Fett oder Öl ein.

Vor 5 000 Jahren war die Lederbekleidung schon raffinierter, denn die Menschen hatten gelernt, durch **Gerben** haltbareres und weicheres Leder herzustellen.

Zum Gerben weichte man die Haut nach dem Abschaben der Haare in Wasser ein, in dem man zuvor die Rinden und Wurzeln bestimmter Bäume gekocht hatte, oder man legte sie in eine Alaunlösung. **Alaun** ist ein weißes Salz, das eine zusammenziehende Wirkung hat.

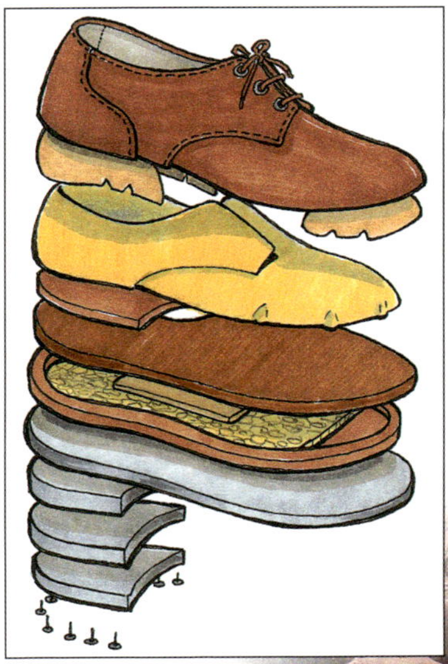

Lange hat sich an den Jahrtausende alten Herstellungsmethoden kaum etwas geändert. Erst im Jahre 1858 erfand ein deutscher Ledergerber die **Chromgerbung.** Manche Chromsalze erwiesen sich als ideale Ledergerbemittel.

Etwa zur gleichen Zeit erfand man auch ein neues Arbeitsverfahren. Hatte man bisher das Leder in ausgemauerten Gruben gegerbt, die mit der **Gerberlohe** gefüllt waren, so verwendete man jetzt Fässer zum Gerben. Diese Fässer drehten sich. Das war der erste Schritt zur Lederfabrik. Heute werden die Leder von Maschinen erst einmal auf gleichmäßige Dicke gefräst. Danach färbt man sie ein. Weitere Fertigungsschritte schließen sich an: Trocknen, Dehnen, Bügeln, Pressen, Spalten. Dadurch wird das Leder je nach Wunsch fester, griffiger, biegsamer oder dehnbarer.

Die Schuhfabrik ist dann eigentlich nur noch ein Montagebetrieb. Aber auch der ist heute hoch technisiert und automatisiert. Hier arbeiten Maschinen, die alle Lederstücke zuschneiden und zusammennähen.

*Lederfärben in Marokko*

# Vom Kautschuk zum Reifen

Der Amerikaner *Goodyear* war ein armer Chemiker. Seine Frau ärgerte sich über die Experimente, die er in der Wohnstube durchführte. Die meisten davon stanken. Goodyear vergeudete damit anscheinend Zeit, in der er kein Geld verdiente. Schließlich musste er seiner Frau versprechen, mit den Experimenten aufzuhören. Aber wenn sie gerade nicht zu Hause war, machte er weiter. Einmal kam sie eher als erwartet zurück. Ihr Mann warf das Material, mit dem er gerade arbeitete, in das offene Kaminfeuer, um nicht entdeckt zu werden. Es war **Rohgummi,** das er mit Schwefelpulver durchgeknetet hatte. Aber die Mischung verbrannte nicht. Sie stank, dehnte sich etwas aus und wurde dann fest.

Rohgummi oder Rohkautschuk ist der eingetrocknete weiße Milchsaft verschiedener tropischer Bäume. Es ist spröde und hart, wenn es kalt ist und weich und klebrig, wenn man es warm macht.

Als Goodyear die Mischung neugierig aus dem Feuer nahm, hatte er durch Zufall das erreicht, wonach er lange gesucht hatte.

Was Goodyear aus dem Feuer holte, war zwar warm aber nicht klebrig wie Rohgummi. Es blieb elastisch, auch wenn man es abkühlte. Goodyear hatte das **Vulkanisieren** von Kautschuk erfunden. Bald stellte man aus vulkanisiertem Kautschuk Radreifen für Fahrräder und Kutschen her. Aber lange Zeit waren sie noch schwer und innen nicht hohl wie heute.

1845 erfand der Engländer *Thomson* luftgefüllte Radreifen für Pferdekutschen. Allerdings setzte sich seine Erfindung nicht durch. Er fand keine einfache Methode, Luft in die Reifen zu bekommen, und dann ließen sich seine Reifen bei einer Panne auch nicht wechseln.

Erst 1888 kam der irische Zahnarzt *Dunlop* wieder auf den Gedanken, luftgefüllte Radreifen zu bauen. Wie Thomson verwendete er einen luftdichten Schlauch. Aber der ließ sich leicht vom Rad abnehmen und wechseln, wenn er ein Loch hatte. Und außerdem erfand Dunlop das Ventil zum Aufpumpen gleich mit. Schnell wurde der Dunlop-Reifen weltberühmt.

# Vom Erz zum Gusseisen und zum Stahlblech

**Eisenerze** sind rötliche, eisenhaltige Gesteine. Vor etwa 3 500 Jahren fanden Menschen heraus, wie sich schmiedbares Eisen relativ einfach auch aus Eisenerzen gewinnen lässt. Sie warfen das Erz in einfache Holzöfen. Das Holz verbrannte, und der darin enthaltene Kohlenstoff verband sich mit dem Eisen aus dem Erz zu einer teigigen Masse, die aber Verunreinigungen enthielt. Durch wiederholtes Hämmern ließen sich diese heraustreiben. Übrig blieb reines weiches **Schmiedeeisen.**

Rund 1 000 Jahre nach diesen ersten Versuchen gelang es den Chinesen, Eisenerze in Öfen so stark zu erhitzen, dass das Eisen schmolz und als glühende Flüssigkeit aus dem Erz herauslief. Das war ein großer Vorteil, denn das geschmolzene Eisen war nicht nur von Anfang an reiner als das Schmiedeeisen, es ließ sich auch in Formen gießen und ergab dann sofort fertige Werkstücke: Das **Gusseisen** war erfunden.

Erst 2 000 Jahre später als die Chinesen entdeckten auch die Europäer die Kunst des Eisenschmelzens.

Im Laufe der Jahrhunderte verbesserten sie die Schmelzöfen mehr und mehr. Schachtöfen wurden gebaut, später **Hochöfen.**

Schmiedeeisen ist ziemlich weich. Gusseisen ist dagegen hart, aber brüchig. Beides lässt also zu wünschen übrig. Der Ausweg heißt **Stahl.**

Auch Stahl ist schon lange bekannt. Vor 3 000 Jahren fanden Menschen in der Osttürkei heraus, dass Schmiedeeisen härter und biegsamer wurde, wenn man es nach dem Schmieden nochmals auf weißglühender Holzkohle erhitzte. Dabei wanderte **Kohlenstoff** in die Eisenoberfläche. Eisen, das ein wenig Kohlenstoff enthält, ist aber kein reines Eisen mehr, sondern Stahl.

Anders als Gusseisen ist Stahl gut dehnbar. Man kann ihn strecken und zu dünnen Blechen auswalzen.
Man kann diese Bleche biegen und man kann in Stahlblech sogar vertiefte Formen ziehen wie Küchentöpfe, die Gehäuse von Autoscheinwerfern oder Kotflügel. **Tiefziehen** nennt man das.

# Müll und Müllentsorgung

Jahr für Jahr wirft jeder Deutsche, 350 Kilogramm **Abfälle** fort, also fast ein Kilogramm täglich! Leider ist der Hausmüll nicht der einzige Abfall, den wir erzeugen. Bringen es alle Deutschen zusammen auf 28 Millionen Tonnen **Müll** pro Jahr, so fallen zusätzlich noch einmal 100 Millionen Tonnen Industriemüll an. Außerdem sind da noch 22 Millionen Tonnen Gift- und Sondermüll jährlich. Alles in allem bringt es Deutschland auf rund 150 Millionen Tonnen Abfälle im Jahr.

Bis vor kurzem wussten wir nicht so recht, wie wir mit diesen Abfallbergen sinnvoll umgehen sollen. Die Natur erzeugt Jahr für Jahr vielleicht das Tausendfache an Abfällen wie der Mensch. Und doch kennt die Natur keine Müllprobleme. Das meiste, was sie *wegwirft*, bleibt nicht liegen, sondern wird fast vollständig wieder verwertet.

Das Herbstlaub der Wälder wird in wenigen Jahren zu Humuserde. Die unzähligen Milliarden sterbender Tiere dienen anderen Tieren, Pflanzen oder Kleinstlebewesen als Nahrung. Trotzdem gibt es auch in der Natur gigantische *Müllhalden*. Aber sie stören nicht. Sie liegen als dicke Kohleschichten tief unter der Erde, genau so wie die mächtigen Erdöl- und Erdgasvorkommen. Oder sie falten sich zu gewaltigen Gebirgsstöcken auf. Die Kalkalpen Bayerns oder die Dolomiten sind nichts anderes als Abermilliarden Tonnen Abfälle von Meerestieren: Muscheln, Schnecken, Korallen.

Während die Natur also mit ihren Abfällen *umweltfreundlich* umgeht, sind wir Menschen gerade erst dabei, das zu lernen. Nun hat die Natur dafür mehr als drei Milliarden Jahre lang Zeit gehabt.

Der Mensch hat erst vor knapp drei Jahrzehnten bewusst angefangen, sich mit dem Müllproblem auseinander zu setzen. Noch bis vor etwa 40 Jahren karrte man die Abfälle einfach hinaus in die freie Landschaft und ließ sie dort verfaulen und verwesen. Die Natur sollte sich also darum kümmern. Wilde **Müllkippen** nannte man so etwas.

Bis zum Anfang des 20. Jahrhunderts war diese Methode der Müllentsorgung noch relativ unproblematisch. Das meiste, was man damals wegwarf, waren Küchenabfälle, Holz oder Papier. Das alles verrottete mit der Zeit.

Das änderte sich besonders in den fünfziger und sechziger Jahren schnell, als sich die Zusammensetzung der wilden Müllkippen drastisch wandelte. Immer mehr unverrottbare Bestandteile landeten darauf, sogar ganze Autokarosserien. Vor allem aber waren es **Kunststoffe.** Manche davon zersetzten sich überhaupt nicht, andere gaben bei ihrer Zersetzung Giftstoffe ab. Zugleich wuchsen die Abfallmengen immer schneller.

Zwei Jahrzehnte dauerte es, bis die Situation vor allem in den Industrieländern unerträglich wurde. Die Müllkippen vergifteten die Atemluft und das Grundwasser. Dazu kamen die flüssigen Abfälle aus der Industrie. Sie verseuchten die Flüsse und Seen. Millionen Tonnen giftige Rauchgase, vor allem aus der schnell wachsenden chemischen Industrie, strömten überdies durch Fabrikschornsteine ungefiltert in die Luft.

Herumgerissen haben wir das Ruder erst Mitte der siebziger Jahre. Bestürzt glaubte man, dass es nur noch eine Frage weniger Jahrzehnte sein würde, bis die Natur völlig absterben würde, und mit ihr schließlich auch der Mensch.

Aber die damals befürchtete Müllkatastrophe blieb aus, und heute haben wir Grund, mit Zuversicht in die Zukunft zu blicken. In den vergangenen zwei Jahrzehnten sind Böden, Gewässer und die Luft in den Industriestaaten wieder erheblich sauberer geworden.

# Müllverwertung

Schon immer haben Menschen **Abfälle** als **Rohstoffe** verwendet, wenn das billiger war als neues Material herzustellen. Weggeworfen hat man immer nur Dinge, deren Wiederverwendung hohe Kosten verursachte oder mit den technischen Mitteln der Zeit nicht möglich war.

Heute denken wir anders. Auch wenn die Wiederverwendung von Altmaterial teurer sein sollte, ist sie schon deshalb sinnvoll, weil wir für die Abfälle keinen Platz mehr haben. Wo das Wiederverwenden nicht möglich ist, können wir aber auch nicht alles einfach wegwerfen. Viele Dinge sind giftig. Sie müssen vernichtet werden, auch wenn das teuer ist.

Die Wiederverwendung von Abfällen als Rohstoff, um daraus neue Produkte herzustellen , nennt man **Recycling** (gesprochen: Risseikling). Recycling ist heute modern, und das ist gut so.

**Altglas** lässt sich zusammen mit neuen Glasrohstoffen wieder einschmelzen und zu neuen Flaschen verarbeiten. **Altpapier** kann man mit Wasser und Chemikalien zu einem Brei auflösen und daraus neues, etwas minderwertigeres Papier herstellen: Schreibpapier, Packpapier, Briefhüllen, Kartonagen. **Metalle** wandern wieder in die Schmelzöfen der Metallindustrie. **Garten-** und **Küchenabfälle** und auch Holz lassen sich zu Humus kompostieren.

**Kunststoffmüll** wird in den Hochöfen der Stahlindustrie an Stelle von Heizöl verbrannt. Er kann aber auch gut zu neuem Kunststoff verarbeitet werden.

Will man aber alle Abfallbestandteile einzeln entsorgen oder wieder verwenden, dann muss man sie voneinander trennen. Es reicht, nur grob zu sortieren. Die Abfallwirtschaft hat nämlich vollautomatisch arbeitende **Müllsortieranlagen** gebaut.

Zuerst wird dort der Müll aufgelockert und grob zerkleinert. Dann werden die leichten Teile wie Papier oder Styropor mit Druckluft ausgeblasen. Die schwereren Bestandteile des Mülls laufen über ein Fließband an starken Magneten vorbei. Diese ziehen das Eisen heraus. Der Rest wandert nacheinander in Bottiche mit Flüssigkeiten, die schwerer sind als Wasser. In einigen davon schwimmen nur die Leichtmetalle. In anderen schwimmen sogar Glas und Steine und nur die Schwermetalle sinken nach unten. Manches muss man zum Schluss noch am Fließband von Hand auseinander sortieren.

# VERKEHR

# Das Fahrrad

Vor 2000 Jahren gab es in weiten Teilen Europas ein gut ausgebautes Fernstraßennetz. Die Römer hatten es angelegt. Als das Römische Reich später unterging, wurden die Straßen gründlich kaputt gemacht, damit die Römer nicht wiederkommen. Die nächsten 1 500 Jahre gab es dann fast nur unbefestigte Wege, über die die Karren und Kutschen holpern mussten.

1817 kam der badische Forstmeister und Erfinder *Karl Friedrich Drais* auf die Idee, ein einspuriges Gefährt zu bauen, mit dem man auch auf schmalen Wegen fahren konnte. Das war ein Vorläufer des **Fahrrads.** Es fuhr mit der Muskelkraft des Fahrers.

Das Fahrzeug hatte zwei Holzräder mit Eisenreifen, dazwischen einen langen Sattel aus Leder und vorn eine Art Lenkstange. Der Fahrer musste sich mit den Füßen abwechselnd am Boden abstoßen. Dabei konnte er riesige Schritte machen. Die **Draisine,** wie das Laufrad hieß, war viel schneller als der schnellste Fußgänger. Trotzdem wurde Drais wegen seines Laufrads in seiner Heimat nur verlacht und beschimpft. Er starb arm und krank.

In Frankreich, England und auch in Amerika fand das Laufrad dagegen viele Anhänger. Es hieß dort *Velocipede* oder auch *dandy horse.*

In Frankreich erfand der Wagenbauer *Ernest Michaux* den Tretkurbelantrieb für das Fahrrad. Der war fest mit der Achse des Vorderrads verbunden. Die Achse, um die sich das Vorderrad dreht, war einfach nach beiden Seiten etwas verlängert. An diesen Verlängerungen waren Drehhebel mit Fahrradpedalen befestigt. Aber auch das neue Rad war nicht perfekt. Wer schneller fahren wollte, musste ein Fahrrad mit einem größeren Vorderrad verwenden.

Schließlich sah man auf den Straßen der Städte halsbrecherische Gefährte mit Vorderrädern, die fast so groß waren, wie der Fahrer selbst. Dieser thronte hoch oben auf einem kleinen Sattel über dem Vorderrad. Das Hinterrad war meistens ziemlich klein. Dass es mit diesen Dinosauriern un-

ter den Fahrrädern zu vielen schweren Unfällen kam, lässt sich denken.

Sicherheit geht vor Größe, dachte als Erster der englische Fahrradbauer *John Kemp Starley* 1884 und stellte der staunenden Öffentlichkeit ein neuartiges Fahrrad vor. Die Tretkurbel saß nicht mehr an der Vorderradachse, sondern genau unter dem Fahrer zwischen Vorder- und Hinterrad. Die Tretkraft wurde mit einer Kette auf das Hinterrad übertragen wie bei den Fahrrädern von heute.

Mit den Sicherheitsrädern aus England begann das moderne Fahrradzeitalter. Was hat sich seither getan? Es gab zahlreiche nützliche Zusätze: Radlicht und Dynamo, Schutzbleche, Fahrradklingel, Gangschaltung, Felgenbremse, Rücklicht und Katzenaugen, Sattel-

federung und Gabelfederung und so weiter. Viele dieser Erfindungen machten das Fahrrad schneller und leichter, viele machten es aber auch sicherer.

Seit einigen Jahren gibt es das **Mountain Bike,** also „Bergrad“. Diese Räder mit ihren breiten Reifen und ihrem stabilen Rahmen eignen sich sehr gut für Fahrten abseits der Straßen und Radwege.

# Dampfmaschinen und Benzinmotoren

Kurz nach dem Jahr 1700 erfand der Franzose **Papin** eine einfache **Dampfmaschine.** Er kochte Wasser in einem Kessel und leitete den Dampf in eine Art Luftpumpe. In ihr wurde ein Kolben vorwärts getrieben. Der drehte über einen Mechanismus ein Rad um genau eine halbe Umdrehung. Dann schaltete ein Ventil automatisch die Dampfzufuhr ab. Durch den eigenen Schwung drehte sich das Rad weiter und drückte den Kolben in seinem Rohr wieder zurück. Jetzt öffnete sich das Ventil erneut und ein weiterer Dampfstoß trieb den Kolben wieder nach vorn.

Im Jahre 1707 baute Papin eine große Kolbendampfmaschine und trieb damit das Schaufelrad eines kleinen Schiffes an. Das war der erste, noch sehr einfache **Schaufelraddampfer.**

Der Engländer **James Watt** entwickelte die Dampfmaschine weiter. Er gründete 1775 eine Dampfmaschinenfabrik, die Antriebe für Wasserpumpen und Maschinen herstellte. Sie ersetzten damit die Windmühlen und Wasserräder.

Diese technisch schon recht perfekten Dampfmaschinen waren stark genug, um auch Kraftwagen und Lokomotiven anzutreiben. Dies bewies 1790 der Engländer *Trevithick*. Er ist der Vater der **Dampfeisenbahn,** und er baute auch Dampfkraftwagen, die man *Lokomobile* (-> Seite 240) nannte. Es begann auch das Zeitalter des **Dampfschiffs.**

Kurz nach 1780 kam der Franzose *Rivaz* auf den Gedanken, den Kolben einer Dampfmaschine mit explodierendem Heizgas anzutreiben. Aber erst der Belgier *Lenoir* baute 1860 den ersten **Gasmotor,** einen **Verbrennungsmotor,** der viel stärker

als die Dampfmaschinen von James Watt war. Er baute gasgetriebene Motorwagen und ein Motorboot.

Berühmt wurde später der Motor des deutschen Erfinders **Nikolaus Otto.** Er entwickelte den **Viertaktmotor** oder **Ottomotor.** In ihm wird der Kolben vom explodierenden Gas vorwärts gestoßen und läuft dann durch den Schwung des angetriebenen Rades einfach zurück.In einer zweiten Auf- und Abbewegung durch den eigenen Schwung saugt er neues Gas an und presst das eingeströmte Gas zusammen. Dadurch wird die nächste Explosion noch stärker.

*Moderner Automotor*

Otto betrieb seinen Viertaktmotor noch direkt mit Gas. Den entwickelte dann 1883 sein Kollege *Wilhelm Maybach* im Auftrag von *Gottlieb Daimler* weiter. Er stellte das Gas einfach in einem Vergaser aus Benzin her. Fertig war der **Benzinmotor.**

Etwa zur selben Zeit entwickelte auch *Karl Benz* einen Benzinmotor, der noch etwas anders funktionierte: Er baute einen so genannten **Zweitaktmotor,** wie er heute in Mopeds verwendet wird.

Benzindampf muss man jedes Mal anzünden, wenn er in einem Motor explodieren soll. Die Benzinmotoren in unseren Autos haben dafür **Zündkerzen,** die elektrische Funken erzeugen.

Der deutsche Ingenieur **Rudolf Diesel** erfand 1892 einen noch viel einfacheren Motor. Dieser **Dieselmotor** arbeitet nicht mit Benzin, sondern mit Dieselöl. Die Kolben im Dieselmotor pressen kein Benzingas zusammen, sondern Luft. Die wird dabei bis zu 900 Grad Celsius heiß. Spritzt man Dieselöl ein, dann entzündet es sich von selbst. Der Dieselmotor braucht also weder Zündkerzen noch einen Vergaser.

*Schiffsdiesel*

Die ersten Dieselmotoren waren so groß und schwer, dass sie noch in kein Auto passten. Aber sie bewährten sich als zuverlässige und robuste Schiffsmotoren und auch in Diesellokomotiven und Diesel-Lastkraftwagen.

# Die Geschichte des Autos

Wann wurde das **Rad** erfunden? In Indien rollte es schon vor fast fünftausend Jahren. Schon damals war das Rad ein Wagenrad. Büffel zogen die Gefährte.

An dem von Tieren gezogenen **Wagen** änderte sich lange Zeit nicht viel. Er blieb das wichtigste Straßenverkehrsmittel bis zum Ende des 19. Jahrhunderts.

Allerdings überlegten sich einige Tüftler schon seit mehr als zweitausend Jahren immer wieder, wie man die Wagen auch ohne Zugtiere antreiben könnte. Mit Menschenkraft angetrieben, wurden daraus drei- oder vierrädrige Fahrräder. Manche beförderten nur einen Menschen, andere waren prunkvolle königliche Staatskarossen, die von mehreren starken Männern angetrieben wurden. Als Verkehrsmittel setzten sie sich nicht durch.

Um 1690 hatte der Franzose *Denis Papin* endlich die Lösung für den Wagenantrieb. Er baute die erste funktionierende Dampfmaschine. Kurz darauf fuhr der erste **Kraftwagen** mit einem Dampfmotor. Allerdings fuhr er nur sehr langsam und ging auch bald kaputt. Es war ein erster Anfang. Erst 1801 baute der Engländer *Richard Trevithick* einen **Dampfwagen,** das **Lokomobil,** das mehrere Personen mit 15 Kilometern pro Stunde befördern konnte.

Die Gesetze waren damals hart: Außerhalb der Dörfer und Städte durften die Dampfwagen nur 6,5 und innerhalb der Ortschaften nur 3 Kilometer pro Stunde schnell sein. Außerdem musste 50 Meter vor jedem Dampfwagen ein Mann mit einer roten Fahne gehen, um die übrigen Verkehrsteilnehmer vor der drohenden Gefahr zu warnen.

Die Dampfautomodelle wurden immer besser und schneller. Im Jahr 1902 fuhr

ein französisches Dampfauto in Nizza mit 120,4 Kilometern pro Stunde einen beachtlichen Geschwindigkeitsrekord.

Doch es gab Konkurrenz: 1885 fuhr das erste Auto mit Benzinmotor von den deutschen Ingenieuren *Wilhelm Maybach* und *Carl Benz*. Das von Maybach gebaute Gefährt nannte man **Daimler-Auto,** denn Maybach war *Gottlieb Daimlers* Angestellter.

Die ersten **Benzinautos** sahen den heutigen Kraftfahrzeugen noch nicht sehr ähnlich. Das Daimler-Auto war nichts anderes als eine Pferdekutsche, die mit einem Benzinmotor ausgerüstet wurde. Das Fahrzeug von Benz sah stark nach einem Fahrrad aus.

Beide Benzinautos waren etwa 15 Kilometer pro Stunde schnell. In Deutschland hatte man aber vor technischen Neuheiten viel Angst. Deshalb hatten beide Erfinder zuerst nur im Ausland Erfolg. In Frankreich fanden sich rasch Unternehmer, die erste Daimler- und bald auch Benz-Motorwagen in Serie bauten.

Dies geschah noch in reinen Handwerksbetrieben. Von industrieller Großfertigung konnte keine Rede sein. Die begann erst, als 1903 *Henry Ford* in Amerika die Ford-Motor-Company gründete. 1911 produzierte seine Firma pro Jahr schon etwa 30 000 Autos. Zehn Jahre danach waren es schon mehr als eine Million.

Seither sind rund 90 Jahre vergangen. Längst hat das Auto mit Benzin- und später auch mit Dieselmotoren seinen Siegeszug um die ganze Welt angetreten. Es wurde immer sicherer, schneller, komfortabler, sparsamer und zugleich technisch raffinierter.

# Schienenverkehr

Lange bevor es Eisenbahnen gab, existierten schon Schienenwege. Bereits im 14. Jahrhundert fuhren Wagen auf Gleisen. Aber diese **Schienen** waren damals noch aus Holz, und die Wagen wurden von Pferden gezogen. Das war eine **Pferdeeisenbahn.**

Erstmals um 1728 verlegten Engländer eiserne Schienen für die Pferdebahnen auf dem Gelände von Bergwerken. Dann gab es 1803 eine erste eiserne Schienenstrecke über 15 km für den Personenverkehr zwischen zwei Ortschaften südlich von London. Noch immer zogen Pferde die Wagen. Aber im selben Jahr baute der englische Ingenieur *Richard Trevithick* auch seine erste *Dampflokomotive*. Sie zog Güterwagen mit einer Geschwindigkeit von gemütlichen 8 Kilometern pro Stunde (8 km/h).

1825 eröffnete der Engländer *George Stephenson* mit seinem Sohn Robert die erste öffentliche **Dampfeisenbahn.** Die Strecke war zwar nur 16 km lang. Aber der Zug mit seinen 28 Wagen brachte es auf das für damalige Zeiten enorme Tempo von 25 km/h.

Damit begann der unaufhaltsame Siegeszug der Eisenbahnen in aller Welt: 1835 verkehrte die erste deutsche **Eisenbahn** zwischen Nürnberg und Fürth. Gezogen wurde sie von der Lokomotive *Adler*, die Stephenson gebaut hatte.

Die Eisenbahn hat das Leben der Menschen sehr verändert. Benötigte man für eine Reise von einer Stadt zur anderen Mitte des 18. Jahrhunderts noch mehrere Tage oder gar Wochen

in rumpelnden Postkutschen, so ließ die Eisenbahn ein Jahrhundert später die Städte immer näher zusammenrücken. 1850 war das britische Schienennetz schon 14 515 km lang.

Die Dampfeisenbahnen wurden immer besser und schneller, und schon gab es die ersten Lokomotiven, die von Elektromotoren angetrieben wurden. Die erste brauchbare **Elektrolok** baute 1879 der Deutsche *Werner von Siemens*. Elektroloks wurden zuerst bei Stadtbahnen eingesetzt. 1890 verkehrte in London die erste, zehn Kilometer lange elektrische **Untergrundbahn (U-Bahn)** der Welt. Die erste deutsche **Straßenbahn** fuhr 1903 in Berlin.

Als nächste Konkurrenz folgte die **Diesellokomotive,** die von einem *Dieselmotor* (-> Seite 239) angetrieben wurde. Auf den Schienennetzen der Welt fuhren dann Dampfloks, Dieselloks und Elektroloks. Heute haben die Dampfloks ausgedient. Sie ziehen nur noch Museumszüge.

Zwischen den Elektro- und den Dieselloks ist das Rennen aber noch immer nicht entschieden. Zwar sind in den dicht besiedelten Gebieten inzwischen fast alle Eisenbahnstrecken elektrifiziert, aber in weiten Ländern wie den USA, Russland oder China verkehren vorwiegend Züge mit Dieselloks.

Die Züge wurden immer schneller.
1955: Ein elektrischer Versuchszug erreicht in Frankreich 320 km/h.
1963: Auf der 515 Kilometer langen Tokaido-Eisenbahn in Japan fahren die Züge bis zu 210 km/h schnell.
1981: Der französische *TGV* fährt mit 260 km/h.

Eine völlig neuartige Eisenbahn ist die **Magnetschwebebahn**. Sie rollt nicht mehr mit Rädern auf Schienen, sondern schwebt über einer einzigen Schiene und wird von starken Magneten getragen. Das elektrische Antriebssystem beschleunigt auf etwa 500 km/h. Der in Deutschland entwickelte **Transrapid** fährt bisher nur auf einer Versuchsstrecke im Emsland. Eine erste Fernstrecke war zwischen Hamburg und Berlin geplant. Sie wurde aber aus Kostengründen abgesagt, und man sucht jetzt nach einer neuen Strecke.

# Schneller, schneller, immer schneller

**Geschwindigkeit** misst man meist in Kilometern pro Stunde, abgekürzt km/h. Das „h" steht für *hora*, das lateinische Wort für Stunde.

Technisch wäre es nicht schwer, Autos zu bauen, die 500 km/h oder mehr erreichen. Aber wie sollte man so ein Gefährt vor einer Kurve oder einem Verkehrsstau sicher abbremsen?

Wer ein Fahrzeug von einer bestimmten Geschwindigkeit auf Null abbremsen will, der muss seine **Bewegungsenergie** loswerden. Fährt ein Auto mit nur 80 km/h frontal auf eine Betonwand, dann reicht die dabei schlagartig freigesetzte Bewegungsenergie aus, um das ganze Auto zu einem Haufen Schrott zu zerknautschen. Genau dieselbe Energie muss jedes Mal abgebaut werden, wenn man das Auto von 80 km/h auf 0 km/h herunterbremst.

Energie lässt sich aber nicht vernichten. Man kann sie nur umwandeln. Dafür gibt es verschiedene Möglichkeiten: Beim Zusammenstoß wird die Bewegungsenergie zur Verformungsenergie, die unsanft Blech verbiegt und Menschen schwer verletzen kann. Beim normalen Bremsen wird die Bewegungsenergie in Wärmeenergie verwandelt. Deshalb werden Bremsen heiß, wenn sie arbeiten.

Je schneller sich ein Fahrzeug bewegt, umso mehr Bewegungsenergie muss beim Bremsen umgewandelt werden. Allerdings bedeutet doppelte Geschwindigkeit nicht doppelte Bewegungsenergie, sondern vierfache. Vierfache Geschwindigkeit bedeutet sogar sechzehnfache Bewegungsenergie.

Wie lang der **Bremsweg** ist, hängt nicht nur davon ab, wie stark die Bremsen sind. Auch auf die besten Bremsen kann man nur so stark treten, bis die Räder sich nicht mehr

drehen. Das heißt aber noch lange nicht, dass dann auch das Auto angehalten hätte. Es kann mit blockierten Rädern weiter rutschen. Das geschieht umso leichter, je schlechter oder älter die Reifen sind, und das geschieht auf nasser oder schmieriger Straße viel schneller als auf trockenem Asphalt.

Aber nicht nur der Bremsweg spielt eine Rolle, wenn ein Auto plötzlich anhalten muss. Sobald der Fahrer das Hindernis sieht, vergeht noch eine kurze Zeit, bis er überhaupt darauf reagiert und auf die Bremse tritt. In dieser Zeit fährt das Auto noch ungebremst weiter. Der **Reaktionsweg,** den es dabei zurücklegt, ist natürlich umso größer, je schneller es fährt.

Reaktionsweg und Bremsweg ergeben zusammen den **Anhalteweg.** Auf trockener Straße lässt sich ein Personenauto bei einer Geschwindigkeit von 40 km/h nach etwa 20 Metern zum Stillstand bringen. Um von 160 km/h auf regennasser Fahrbahn anzuhalten, braucht man bei einer Vollbremsung schon einen Viertelkilometer. Rasen ist also auch in technisch ausgereiften Autos sehr gefährlich!

Die Bewegungsenergie hängt nicht nur von der Geschwindigkeit eines Fahrzeugs ab, sondern auch von seinem Gesamtgewicht. Ein zehn Tonnen schwerer Lastwagen hat bei gleicher Geschwindigkeit eine zehnmal so hohe Bewegungsenergie wie ein Personenauto, das etwa eine Tonne wiegt.

Sehr großes Gewicht haben natürlich die Schienenfahrzeuge, zum Beispiel voll besetzte Eisenbahnzüge. Um sie aus voller Fahrt durch scharfes Bremsen zum Stillstand zu bringen, braucht man eine Strecke von einem Kilometer und mehr.

# Leichter als Luft

1709 führte ein brasilianischer Pater dem portugiesischen König den von ihm erfundenen ersten **Heißluftballon** vor. Dieser hatte die Form eines Troges und war bedeckt mit Segeltuch. Darunter stand ein Wachslicht. Das erhitzte die Luft und ließ sie in das ballonförmige Segeltuch aufsteigen. Weil heiße Luft leichter ist als kalte, erhob sich das Gerät in die Luft.

Dieser erste Heißluftballon war längst vergessen, als 1782 der französische Papierfabrikant **Montgolfier** neu entdeckte, dass heiße Luft leichter ist als kalte und deshalb aufsteigt. Er beobachtete, dass sich heißer Rauch aus einem Schornstein direkt nach oben bewegt. Er nähte einen Beutel aus dünner Seide und hielt ihn mit der Öffnung nach unten über ein Feuer. Das Säckchen blähte sich auf und stieg zur Zimmerdecke empor.

Zusammen mit seinem Bruder baute der Erfinder immer größere Heißluftballons. Für eine öffentliche Vorführung nähten sie etwas später eine riesige Ballonhülle aus Leinwand und Papier und bemalten sie wunderschön.

Am 4. Juni 1783 entzündeten die Brüder auf dem Marktplatz der französischen Stadt Annonay ein Strohfeuer unter dem Ballon, den acht Männer festhalten mussten, bis er mit genügend Heißluft gefüllt war. Auf Kommando losgelassen, stieg er majestätisch auf und soll 1830 Meter Höhe erreicht haben.

Im September 1783 ließen die Montgolfiers schließlich vor den Augen des französischen Königs die ersten Fahrgäste mit einem Heißluftballon, der **Montgolfière,** aufsteigen. Das waren ein Hahn, eine Ente und ein Schaf, die in einer Käfiggondel unter dem Ballon hingen. Kurz darauf gelang auch der erste Ballonflug mit Menschen.

Im selben Jahr baute der französische Professor *Charles* einen Ballon.

Er füllte eine große Gummiblase nicht mit heißer Luft, sondern mit Wasserstoffgas. Auch dieses Gas ist leichter als Luft. Er stieg mit seinem **Wasserstoffballon** selbst in die Luft.

Heute hat der Heißluftballon in aller Welt Hunderttausende begeisterter Anhänger. 1999 gelang es dem Schweizer *Piccard* mit einem technisch äußerst aufwändigen Ballon sogar, die ganze Welt zu umfahren.

1852 stieg ein frei bewegliches **Luftschiff** in Paris auf und fuhr 28 km weit durch die Luft. Gebaut hatte es *Henri Giffard*. Der Ballon hatte Zigarrenform, und wurde von einer kleinen Dampfmaschine angetrieben.

Der wirklich große Durchbruch gelang im Jahre 1900 dem deutschen Erfinder *Ferdinand Graf von Zeppelin*: Zusammen mit dem Ingenieur *Kober* konstruierte und baute er ein riesiges Luftschiff von 128 m Länge und fast 12 m Durchmesser. Angetrieben wurde es von zwei Maybach-Benzinmotoren.

1909 gründete er den ersten Linienflugdienst der Welt, die *Deutsche Luftschifffahrt-Aktiengesellschaft*. Seine Luftschiffe, die **Zeppeline,** beförderten in fünf Jahren fast 28 000 Passagiere und legten insgesamt 270 000 Flugkilometer zurück.

In den dreißiger Jahren beförderten Riesenluftschiffe Passagiere sogar regelmäßig von Europa nach Amerika. Es gab aber immer wieder schwere Unfälle. Die Luftschiffe waren mit Wasserstoffgas gefüllt. Und wenn das irgendwie Feuer fing, dann konnte der ganze Zeppelin verbrennen.

*1937 verbrannte das Luftschiff „Hindenburg"*

Außerdem wurden schon vor 1920 die *Flugzeuge* (->Seite 248) technisch immer besser und schneller und machten den Luftschiffen Konkurrenz. So dauerte das große Zeitalter der Luftschiffe nur etwa drei Jahrzehnte. Heute feiern sie ein bescheidenes Comeback. Als Werbeluftschiffe siehst du sie manchmal über unseren Städten kreisen. Demnächst soll es sie auch als große Lastentransporter wieder geben, als **Cargolifter.**

*Werbeluftschiff*

# Vom Flugdrachen zum Überschalljet

Vor 500 Jahren versuchte der berühmte Maler *Leonardo da Vinci* Geräte zu konstruieren, mit denen man **fliegen** konnte. Da Vinci glaubte, wenn er sich Schwingen basteln würde, ähnlich den Vogelflügeln und sie schräg gegen den Wind halten würde, dann müsste sich darunter ein Luftkissen aufstauen, das ihn in die Luft hebt. Aber das ist falsch. Der Wind würde ihn mitsamt den Flügeln nur fortblasen.

Ganz anders ist es, wenn man sich an einem Seil festbindet. Dann kann einen der Wind nicht wegblasen. Es entsteht wirklich ein Luftpolster unter den Schwingen und man kann in die Luft aufsteigen. Diese Idee stammt nicht von da Vinci, sondern schon 2 000 Jahre vor ihm, von zwei Chinesen. Sie bauten **Drachen,** ganz ähnlich den *Kastendrachen*, mit denen heute gelegentlich Kinder spielen.

Schon damals bauten die Chinesen offenbar riesengroße Drachen, denn es ist überliefert, dass sie sogar einen Krieger über einer belagerten Stadt aufsteigen ließen.

In Europa wusste man nichts von den chinesischen Flugdrachen. So kam es, dass man hier die Drachen neu erfinden musste. Das geschah erst etwa 1 800 Jahre später als in China.

**Flugzeuge** zu bauen ist viel schwieriger als Drachen zu basteln. Die Geschichte des Flugzeugs beginnt auch viel später, nämlich 1849, als der englische Tüftler *Cayley* mit einem einfachen Gleitflugzeug einen kleinen Jungen sicher von einem niedrigen Hügel schweben ließ.

*Lilienthal am „Fliegeberg" in Lichterfelde bei Berlin*

Der deutsche Ingenieur **Otto Lilienthal** überlegte und rechnete jahrelang, bevor er seine Gleitflieger, die ersten **Segelflugzeuge,** baute. 1891 baute er dann ein Modell nach dem anderen. Jedes war ein bisschen erfolgreicher. Schon nach zwei Jahren gelangen ihm Gleitflüge von hundert bis über zweihundert Meter Weite. Doch 1896 stürzte er ab und verletzte sich dabei tödlich.

Andere Ingenieure setzten die Arbeit Lilienthals fort. Einer von ihnen war *Gustav Weißkopf*. Er wanderte nach Amerika aus und nannte sich dort *Gustav Whitehead*. 1895 baute er dort sein erstes Gleitflugzeug. Zugleich konstruierte er einen Flugzeugmotor. Und 1901 war es dann so weit: Zum ersten Mal in der Geschichte erhob sich ein Mensch mit einem **Motorflugzeug** in die Luft. Whitehead hatte den Motorflug erfunden.

*Motorflug der Brüder Wright*

1903 gelang auch den Amerikanern *Wilbur* und *Orville Wright* der Motorflug. Sie spielten sich als die ersten Motorflieger der Welt auf und machten den Motorflug weltweit bekannt, und es gab viele weitere Flugzeugbauer. Die Maschinen flogen damals kaum schneller als 70 km/h.

Dann kam 1914 der erste große Weltkrieg. Es wurden enorme Summen für die Weiterentwicklung der Motorflugzeuge ausgegeben, um sie im Krieg einzusetzen. 1918 verfügte allein England schon über 27 000 Militärflugzeuge. Schnell entstand eine Flugzeugindustrie, die auch nach dem Krieg mit dem Aufbau der zivilen Luftfahrt weiter wuchs. Sie beschäftigte Tausende von Ingenieuren.

Im Zweiten Weltkrieg von 1939 bis 1945 machte die Entwicklung weitere große Fortschritte. In dieser Zeit konstruierte in Deutschland *Eugen Sänger* das erste **Düsentriebwerk,** wie es heute in ähnlicher Form alle **Jet-Flugzeuge** besitzen. Damit konnte man größere und schnellere Maschinen bauen.

Am 14. Oktober 1947 flog in den USA erstmals ein Mensch mit einem Düsenflugzeug schneller als der Schall. Heute gibt es sogar Passagierflugzeuge, die mit Überschallgeschwindigkeit verkehren, wie die britisch-französische *Concorde*.

# Raketen und Satelliten

**Weltraumfahrt** wurde erst durch den Bau von großen **Raketen** möglich, denn nur mit einer Rakete kann man in das *Weltall* (->Seite 24) fliegen. Aber schon lange vor der heutigen Raumfahrt, vor fast 800 Jahren, gab es die ersten *chinesischen Feuerpfeile*. Das waren **Feuerwerksraketen,** ähnlich denen, die wir noch heute zu Silvester in die Luft schießen.

Am Beispiel der Feuerwerksrakete kannst du das **Grundprinzip des Raketenantriebs** kennen lernen, die Fortbewegung durch **Rückstoß:** Wird die Zündschnur angezündet, läuft ihre Glut bis ins Raketeninnere. Der ganze hintere Teil der Rakete ist ein Rohr, in dem sich *Schießpulver* befindet. Hat die Glut das Pulver erreicht, dann zündet es. Es explodiert aber nicht wie in einem Gewehr auf einmal mit einem lauten Knall, sondern es explodiert langsamer und brennt zischend ab (Feststofftriebwerk, Bild rechts).

Bei jeder **Explosion** entsteht plötzlich ganz viel Verbrennungsgas, das sich nach allen Seiten ausbreiten will. In der Rakete drückt es mit großer Kraft auf alle Seitenwände des Brennraums. Nach hinten durch die Öffnung kann es entweichen, nach vorn nicht. Deshalb drückt es die ganze Rakete nach vorn weg, mit der **Rückstoßkraft** oder **Schubkraft.** Der Raketenantrieb funktioniert auch im luftleeren Raum im Weltall im Gegensatz zu einem Propellerflugmotor.

*Feststoff- und Flüssigkeitstriebwerk*

**Weltraumraketen** sind viel größer als Feuerwerksraketen. Sie müssen viel mehr Platz für eine Menge Treibstoff haben. Der ist bei Weltraumraketen meistens auch kein *fester* sondern ein *flüssiger Raketentreibstoff*, der in einem großen Tank mitgenommen wird. Eine Rakete mit **Flüssigkeitstriebwerk** hat aber noch einen zweiten Tank für den Sauerstoff (->Seite 60), den es zur Verbrennung mitnehmen muss.

Denn den gibt es nicht im luftleeren Weltraum. Der Sauerstoff wird vorher so sehr gekühlt und zusammengepresst, dass er flüssig wird und in den Tank der Rakete passt.

Feuerwerksraketen erreichen nur bescheidene Höhen. Die Erdanziehungskraft holt sie zurück. Erst wenn eine Rakete mindestens etwa 7,9 Kilometer pro Sekunde fliegt, fällt sie nicht wieder herunter. Das sind über 28 440 km/h! Bei dieser Geschwindigkeit wird die Rakete zum **Satelliten,** der auf eiförmiger Bahn um die Erde fliegt.

Heute kreisen einige Tausend Satelliten um die Erde. Es gibt **Wettersatelliten** zur Beobachtung der Großwetterlage über ganze Kontinente, **Fernsprechsatelliten** für weltweite Telefon- und Internetverbindungen. Ferner gibt es **Forschungssatelliten** und **Beobachtungssatelliten** zur Vermessung der Erdoberfläche, ebenso wie zur astronomischen Beobachtung. **Navigationssatelliten** dienen zur Orientierung auf der See wie auf dem Lande. Ein Netz solcher Satelliten bildet das **GPS** (Global Positioning System). Damit kann z.B. ein Spediteur feststellen, wo sich seine Lastwagen gerade befinden.

**Fernsehsatelliten** zum störungsfreien Fernsehempfang auch in entlegenen Gegenden fliegen in fast 40 000 km Höhe über dem Äquator genau in 24 Stunden einmal um die Erde. Sie sind **geostationär,** stehen für uns also am Himmel still und können mit einer **Satelliten-Empfangsantenne** angepeilt werden.

Soll eine Rakete hinaus ins Weltall fliegen und als **Raumsonde** das Schwerefeld der Erde ganz verlassen, dann muss sie auf eine noch höhere Geschwindigkeit beschleunigt werden. Bei etwa 11,2 Kilometer pro Sekunde, das sind über 40 000 km/h, kann die Rakete in das Weltall hinaus fliegen, zum Mond oder zu anderen Planeten.

Als größtes Projekt ist seit 1998 die *Internationale Raumstation Alpha* im Aufbau. Sie fliegt in 335-340 km Höhe in 90 Minuten einmal um die Erde (Bild unten).

# Boote und Schiffe ohne Motor

Das älteste **Boot** stammt aus der Zeit vor 10 000 Jahren. Seine Überreste fanden sich in den Niederlanden. Es war vier Meter lang und aus einem einzigen Kiefernstamm gearbeitet. Solche Boote benutzen **Indianer** noch heute. Weil sie aus nur einem Baum bestehen, heißen sie **Einbaum.**

Eine andere Art von Booten baute man in Mesopotamien, wo heute Syrien und Irak liegen. Die frühen Bootsbauer banden dicke Schilfbündel mit Seilen aus Pflanzenfasern zusammen. Diese Boote brauchten nicht wasserdicht zu sein, denn Schilf ist leichter als Wasser und schwimmt von selbst.

Noch heute bauen *Indios* in Südamerika am höchstgelegenen See der Erde, dem **Titicaca-See,** ganz ähnliche Boote.

Vor 6 000 Jahren fuhren hölzerne **Segelschiffe** auf dem Nil. Vor 3 200 Jahren gelang es den *Phöniziern*, stabile und seetüchtige Holzschiffe zu bauen. Diese Segelboote waren bis zu 20 Meter lang und bis zu 6 Meter breit. Über tausend Jahre lang war dieser Schiffstyp im Mittelmeer in Gebrauch.

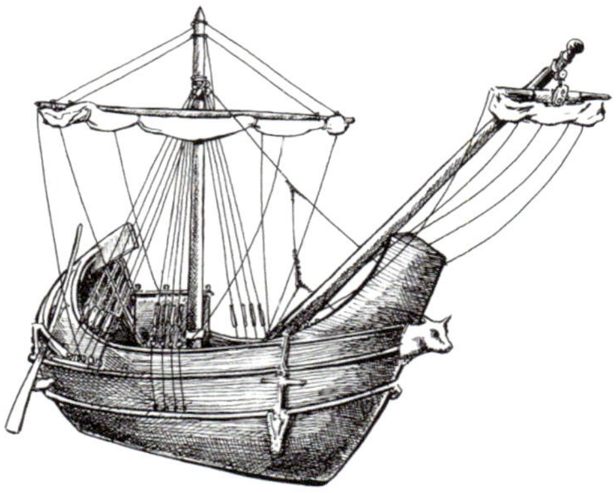

Die *Römer* entwickelten die Segler weiter. Sie bauten im Prinzip gleiche, aber viel größere Modelle, die sich als Frachtsegler für Ladungen eigneten.

Erst um das Jahr 700 nach Christus bauten andere Völker neue große Segelschiffe: in Europa die **Wikinger,** im fernen Osten die *Chinesen*.
Die Wikinger stellten lange schlanke Wasserfahrzeuge her, die viel wendiger waren als die breiten Segler der Römer. Mit diesen Schiffen unternahmen sie Beute- und Handelsfahrten bis nach Nordamerika.

Die Chinesen entwickelten einen völlig anderen Segelschiffstyp, der bis heute erhalten geblieben ist: die **Dschunken.** Sie ließen sich noch leichter steuern als die Wikingerschiffe, und sie hatten als erste Schiffe der Welt mehrere wasserdichte **Schotten.** Das sind einzelne, voneinander getrennte Luftkammern im Rumpf. Wurde eine davon leck, dann ging das Schiff nicht gleich unter. Die anderen Luftkammern trugen es immer noch.

Rund 750 Jahre lang gab es dann im Schiffbau kaum Fortschritte. Erst im 15. und 16. Jahrhundert entwickelten europäische Bootsbauer die Segelschiffe weiter. Die neuen Modelle hatten bis zu drei große Masten. Sie waren schneller und wendiger als alle bisherigen Segler. Und sie waren auch bei schlechtem Wetter seetüchtig. Mit diesen Schiffen reisten europäische Entdecker und Eroberer bis in die fernsten Gegenden der Welt. Mit Seglern dieses Typs fanden sie Amerika.

Im 16. bis 18. Jahrhundert wurden die Segler immer größer. Auch im 19. Jahrhundert war man für den Schiffsantrieb noch auf den Wind angewiesen. Aber die Schiffbautechnik wurde immer raffinierter, denn das 19. Jahrhundert war eine Zeit großen technischen Fortschritts. Für die Seefahrt war dieses Jahrhundert die große Zeit der stolzen Ozeansegler. Es begann mit den **Klippern,** 70 Meter langen Großseglern mit bis zu 3 000 Quadratmetern Segelfläche, die 700 Tonnen und mehr befördern konnten. Und es endete um 1900 mit den mächtigen „Kap-Hoorn-Schonern". Heute verkehren Großsegler nur noch als Oldtimer und gelegentlich als Marine-Schulschiffe, wie die berühmte deutsche **Gorch Fock.**

# Schiffe mit Antrieb

Vor fast 300 Jahren baute der französische Physiker *Papin* erstmals eine von ihm erfundene kleine Dampfmaschine als Antrieb in ein Boot ein. Sein Vorbild war das gute alte Wasserrad. Doch sein Schaufelrad wurde nicht vom Wasser angetrieben, sondern von der Dampfmaschine.

1783 baute ein französischer Graf das erste wirklich gut funktionierende **Dampfschiff** der Welt. Wie alle frühen Dampfer fuhr es mit einem breiten Schaufelrad am **Heck,** also hinten am Schiff. Bald darauf verkehrten mehr und mehr **Schaufelraddampfer,** die meisten auf Seen und Flüssen und durch Kanäle. Seetüchtig waren sie noch nicht.

Nicht selten erfanden zwei oder mehr Menschen fast zur gleichen Zeit dasselbe, ohne voneinander zu wissen. So war es auch in den Jahren 1835/1836. Zuerst baute der Engländer *Francis Smith* ein Modellboot mit einer Schiffsschraube anstatt eines Schaufelrades, und nur sechs Monate später ließ sich der schwedische Ingenieur Ericson die **Schiffsschraube** patentieren.

Schon drei Jahre später verkehrte der erste seetüchtige Schraubendampfer der Welt, die „Archimedes". Mit den frühen Dampfern konnte man noch keine Ozeane überqueren. Für den Betrieb der Dampfmaschine brauchte man nämlich Süßwasser, und kein Schiff konnte so große Mengen mit an Bord nehmen, wie man sie für eine derart lange Fahrt benötigte.

Ein Engländer fand bald eine Möglichkeit, das in der Dampfmaschine verdampfte Wasser wieder abzukühlen und zu verflüssigen, um es erneut zu

verwenden. Um 1850 wurden die Ozeandampfer rasch immer größer. Bestand ihr Rumpf zuvor aus Holz, so baute man von nun an besonders stabile Schiffe aus Stahl. Bald erschienen **Ozeanriesen** auf den Weltmeeren, die bis zu 4 000 Fahrgäste zwischen Europa und Amerika beförderten.

50 Jahre lang beherrschten die Dampfschiffe die Ozeane. Dann begannen die neuen Verbrennungsmotoren der Dampfmaschine Konkurrenz zu machen.

Der Benzinmotor hat die Schiffsdampfmaschine nicht abgelöst, wohl aber sein größerer Bruder, der **Dieselmotor.** Das erste Schiff mit Dieselmotor verkehrte 1902 auf französischen Kanälen. Zwei Jahre später bauten die Russen das erste seetüchtige Schiff mit Dieselmotor.

Heute laufen fast alle Schiffe der Welt mit Dieselmotoren. 1958 schien es, als würden auch sie bald durch eine neue Antriebsart verdrängt werden: durch Atomenergie. In diesem Jahr bauten die Amerikaner das Handelsschiff „Savannah“. Es besaß einen Kernreaktor an Bord, der die Antriebsenergie für die gewaltigen Elektromotoren lieferte. Aber dieser an sich kostengünstige und Raum sparende Antrieb setzte sich nicht durch: Kernkraftwerke in einem Schiff sind gefährlich. Unfälle auf See würden damit zu Strahlenkatastrophen führen. Nur U-Boote fahren heute noch mit Atomantrieb.

Einen völlig anderen Schiffsantrieb hat das **Luftkissenfahrzeug** oder **Hovercraft** (hover, englisch: schweben). Es schwebt auf Luftkissen über dem Wasser und wird mit Propellern angetrieben wie ein Flugzeug. Heute schweben 170 Tonnen schwere Hovercrafts mit 250 Sitzplätzen und Stauraum für 30 Autos täglich über die Meerenge zwischen England und Frankreich. Sie sind viel schneller als normale Schiffe.

# Verkehrswege

Was nutzt das beste Auto, der beste Eisenbahnzug oder das beste Schiff, wenn es keine **Wege** gibt, auf denen diese Fahrzeuge verkehren können?

Landfahrzeuge können sich in Sandwüsten, Sümpfen, in dichtem Wald oder im Gebirge nicht fortbewegen, wenn es keine **Straßen** oder **Schienen** gibt. Damit Schiffe nicht auf Sandbänke auflaufen, brauchen auch sie **Wasserwege.** Die müssen erforscht, in Seekarten eingezeichnet und manchmal auch durch Bojen markiert werden.

Für die **Binnenschifffahrt,** also die Schifffahrt im Landesinneren, müssen Flüsse begradigt und ausgebaggert werden. Kanäle müssen gebaut werden, um Flüsse miteinander zu verbinden. Brücken müssen hoch genug sein, damit die Schiffe darunter hindurch fahren können. Müssen Schiffe Höhenunterschiede überwinden, so sind **Schleusen** erforderlich.

Für die ersten Karren mussten **Wege** angelegt werden. Größere Steine musste man entfernen, und in Gebieten mit weichem Boden musste ein fester Unterbau geschaffen werden. Meist schüttete man dafür Dämme aus groben Steinen auf, die oben mit feinerem Schotter geglättet wurden. Im Prinzip hat sich diese Technik auch im modernen Straßenbau nicht grundlegend geändert. Nur kommt heute noch eine dicke glatte Asphaltschicht darüber. Erste gepflasterte **Straßen** bauten vor 2 300 Jahren die Römer.

Flüsse und tiefe Täler muss man mit **Brücken** überspannen. Auch hohe Berge stellen ein Hindernis dar. Will man keine **Passstraßen** anlegen, die sich in unzähligen Kurven hinaufschlängeln und im Winter oft nicht befahrbar sind, dann muss man Straßentunnels bauen.

**Tunnels** spielen auch im Bau der Eisenbahnstrecken eine große Rolle. Eisenbahntunnels von vielen Kilometern Länge durchziehen heute nicht nur Bergrücken, sie unterqueren auch Meerengen wie jene zwischen England und Frankreich. Und sie erstrecken sich als dichte Tunnelnetze für die Untergrundbahnen unter zahlreichen Großstädten.

# MENSCHEN MITEINANDER

# Höhlen, Zelte, Iglus

Vor dem *Homo sapiens* (-> Seite 147) gab es schon andere menschenartige Wesen auf der Welt. Die ersten lebten vor zehn Millionen Jahren. Damals lebten sie noch nicht in Häusern. Sie wohnten und schliefen im Freien oder bauten sich Nester wie die Tiere. Wie Schimpansen verbrachten sie die Nacht auch oft auf Bäumen, wo sie aus Zweigen und Laub **Schlafplätze** anlegten.

Höhlen waren den Vorzeitmenschen zu dunkel und feucht. Niemand hätte darin wohnen können, ohne krank zu werden.

Beliebt waren Schlafplätze, wie sie heute noch manche Urwaldvölker haben. Sie waren schnell aufgestellt und wurden nur nachts gebraucht. Es war kaum mehr als ein **Windschutz** aus geflochtenen Zweigen. Zum Schutz vor Regen stellte man kreuzweise mehrere Stangen auf, über die geflochtene Ringe geschoben wurden. Die Wände wurden mit Flechtwerk verstärkt, dann mit Gras oder Binsen bedeckt und vernäht. Um die Unterkunft dauerhaft und wetterfest zu machen, verstrich man sie innen und außen mit einem Gemisch aus Tierblut, Rindermist und Lehm.

In Afrika, wo in feuchten Steppen Tierzüchter lebten, entstanden später **Wohnhütten.** Einige sind rund und haben ein Dach, das wie ein umgekehrter Trichter aussieht. Die Wände sind geflochten. Das Dach ist mit Gras, Stroh, Schilfrohr oder ähnlichem Material bedeckt. Andere Hütten sind rechteckig und haben ein Giebeldach.

In Gebieten, in denen es reichlich **Lehm** gibt, verschmierte man die Flechtwände und die Dächer dick mit feuchtem Lehm, der dann trocknete und hart wurde. Mit der Zeit entwickelte sich daraus der reine Lehmbau aus Lehmziegeln. Das war einer der Wege zum festen Haus.

Für alle Unterkünfte, die wir gerade kennen gelernt haben, brauchte man geeignetes Baumaterial. Für Lehmhöhlen oder **Lehmhäuser** brauchte man Lehm, für grasgedeckte Hütten brauchte man Stangen, Äste und Zweige. Es mussten also genügend viele Bäume da sein. Es gibt aber auch Steppen- und Wüstengebiete auf der Erde, wo sowohl Lehm wie Bäume fehlen oder zumindest selten sind. Hier gehört das **Zelt** zu den ältesten Wohnformen.

Die amerikanischen Prärieindianer erfanden das **Tipi.**

Bei dieser Zeltform werden drei, vier oder mehr Holzstangen zu einem spitzen Kegelgerüst aufgestellt und oben zusammengebunden. Dazu sind nur wenige dünne Stäbe nötig, die man leicht transportieren und bei langen Wanderungen immer wieder verwenden kann. Über dieses Gestell spannen die Indianer Lederdecken. Oben bleibt in der Mitte eine kleine Öffnung frei, durch die der Rauch abziehen kann, wenn man in der Mitte des Zeltes ein Lagerfeuer macht.

Ähnliche kegelförmige Zelte gab es und gibt es noch in Nordasien. Sie werden mit Rentierfellen und manchmal auch mit Birkenrinde abgedeckt. Ein anderer Zelttyp ist die **Jurte** der mongolischen Völker. Das Gerüst dieses großen Familienzelts besteht aus miteinander verbundenen Stangen, die senkrecht im Kreis aufgestellt werden. Darüber bringt man die Dachstäbe an, die ein Reif oben zusammenhält. Im Sommer bedecken die Zeltbewohner dieses Gerüst mit dünnen, im Winter mit dicken Filzdecken, die sie mit Stricken festschnüren.

Eine ganz besondere Form einfacher Behausungen haben die Eskimos im arktischen Nordamerika entwickelt: das **Iglu.** Das ist eine kuppelförmige Hütte aus großen Schneequadern, die in immer enger verlaufenden Kreisen übereinander gelegt werden.

Hast du schon einmal ein Iglu gebaut? Das macht viel Spaß. Darin kann es sogar warm sein, weil die lufthaltigen Schneewände die Kälte nicht durchlassen.

# Burgen und Schlösser

Auch als die Menschen bereits mit Gewehren und Kanonen Krieg führten, waren hohe und feste Mauern der beste Schutz vor Feinden.

Kleinere **Befestigungsanlagen,** die ein Dorf oder auch nur Häuser einer Großfamilie schützten, nennt man **Burgen.** Die gibt es schon seit Jahrtausenden. Die ersten gab es in der Vorzeit, die letzten großen Burgen entstanden noch im 17. Jahrhundert. Viele davon sind heute als Ruinen erhalten geblieben, einige wurden in jüngster Zeit wieder in Stand gesetzt.

Wie die Burgen aussehen, hängt erst einmal davon ab, wozu sie dienen sollen. Soll die Burg eine reine Zufluchtsstätte vor Feinden sein, oder ist sie ein gesicherter Vorposten für die Eroberung neuer Gebiete? Auch das Baumaterial, das man an Ort und Stelle vorfand, bestimmte das Aussehen der Burg. Wo es viele Steine gab, entstanden oft mächtige Burgmauern. In waldreichen Gebieten baute man eher hölzerne Befestigungen, die aber heute kaum noch erhalten sind.

Entscheidend war, mit wie vielen Soldaten man eine Burganlage verteidigen konnte. Waren sie zahlreich, dann genügten lange, gerade und relativ dünne Mauern oder Holzwände, die eine Burg umgaben. Solche Anlagen waren die römischen **Kastelle.** Das römische Militär verfügte schließlich über größere **Legionen,** wie ihre Truppen hießen. Mussten aber nur wenige Männer eine **Festung** verteidigen, dann baute man kräftigere Mauern und massive Wachttürme.

Als im 14. Jahrhundert die Burgen erstmals mit Kanonen angegriffen wurden, gingen viele der alten Festungen in Trümmer. Es vergingen viele Jahrzehnte, bis man neue, stabilere Burgen baute. Erst im 16. Jahrhundert entstanden dann Burganlagen mit so dicken Mauern, dass sie auch Kanonenangriffen über längere Zeit standhalten konnten.

Außerhalb ihrer Mauern haben viele Burgen oft einen zusätzlichen Schutz, z. B. einen umlaufenden tiefen Burggraben, über den nur eine Zugbrücke führte und der mit Wasser gefüllt war. Oder die Burgen lagen auf hohen, steilen Felskuppen. Mit genügend Vorräten konnte man sich dann im Inneren auf längere Belagerungen einrichten.

Im Gegensatz zu den Burgen dienten **Paläste** und **Schlösser** nicht der Verteidigung. Ihr Zweck war es zu zeigen, wie wichtig ihre Bewohner waren. In Palästen und Schlössern lebten keine Dorfgemeinschaften oder einfache Ritterfamilien, hier wohnten und wohnen noch heute Fürsten, Könige und Kaiser.

Bedeutende Schlösser entstanden in Europa eigentlich erst, als das Mittelalter schon vorbei war. Die Zeit der ersten Schlösser heißt **Renaissance.** Dieses Wort bedeutet Wiedergeburt. Man wollte den prunkvollen Lebensstil der Reichen im alten Griechenland und Rom wieder aufleben lassen. Schon zu Römerzeiten hatte es in den großen Städten Paläste gegeben, in denen die Kaiser und die wichtigsten Militärs wohnten. Ganz ähnliche Paläste baute man in der Renaissance-Zeit vor allem in Italien.

Auch in Frankreich und England begannen Könige und Fürsten in der Renaissance-Zeit bald, riesige Schlösser zu bauen, die sich von den alten Palastanlagen deutlich unterschieden. Manche davon waren unglaublich prunkvoll ausgestattet. Sie hatten Hunderte von Türmchen, Giebeln und Erkern und im Inneren prächtige Treppenhäuser und Säle.

Jeder Fürst und König wollte ein noch prachtvolleres Schloss besitzen als sein Vorgänger oder auch als sein ausländischer Nachbar. Den Höhepunkt erlebte die Prahlerei mit aufwändigen Schlössern im so genannten **Barock**-Zeitalter. Das war ungefähr das 17. und 18. Jahrhundert. In dieser Zeit gehörten zu den Schlossanlagen immer auch ausgedehnte Gärten.

# Häuser

Die ältesten bekannten **Häuser** bauten Menschen in Jericho vor rund 9 000 Jahren. Vor etwa 6 000 Jahren bauten die Ägypter aus ungebrannten Lehmziegeln viel größere Häuser mit Flachdächern. Zur selben Zeit errichteten Steinzeitmenschen in Nordeuropa erste einfache Steinhäuser mit niedrigen Zimmern.

Vor über 2 500 Jahren bauten die Griechen bereits mehrgeschossige Häuser. Bis zu vier Stockwerke hatten sie, Balkons zur Straße hin und überdachte Galerien rund um den Innenhof. Bald entstanden für die Reichen palastähnliche große Häuser mit bis zu 12 Meter hohen Fassaden und einer Wohnfläche bis zu 1 000 Quadratmetern.

In Rom wurden erst ab dem Jahr 300 vor Christus die Häuser aus Steinen gebaut. Bald entstanden über 20 Meter hohe Mietskasernen mit bis zu sieben Stockwerken. 47 000 gab es davon im alten Rom! Hier wohnten die einfachen Leute. Daneben gab es etwa 1 800 Bürgerhäuser für die Reichen.

Große Fortschritte machte das Häuserbauen erst im 20. Jahrhundert mit zwei Erfindungen. Eine war der **Stahlbeton,** bei dem Eisenstäbe oder Eisengittermatten im Beton eingebettet werden. Die Stahlbetonbauten sind leichter als gemauerte Steinhäuser, denn ihre Wände und Decken lassen sich bei größerer Festigkeit viel dünner herstellen. **Spannbeton** entsteht, wenn die Stahleinlagen vor dem Erhärten des Betons gedehnt (gespannt) werden. Damit können auch große Räume flach überdacht werden, ohne dass man Säulen als Stützen benötigt. Aus Spannbeton entstanden auch die ersten **Wolkenkratzer.**

Die zweite Erfindung ist der **Stahlskelettbau** für die modernen **Hochhäuser.** Er verzichtet fast völlig auf Stein oder Beton für die Wände. In die stählernen Gittergerüste sind direkt die riesigen Fensterscheiben eingelassen. Nur die Decken zwischen den Stockwerken bestehen noch aus Spannbeton.

# Wie ein Haus gebaut wird

Wer ein Haus bauen will, braucht zuerst einen **Bauplatz.** Überall kann man nicht bauen. Der Untergrund muss tragfähig sein. Das **Grundstück** muss **erschlossen** sein, es muss eine Straße dorthin geben und Anschlüsse für Wasser und Strom.

Zuerst zeichnet der **Architekt** den **Bauplan.** Der **Bauingenieur** berechnet die Maße und Materialien, damit das Haus stabil wird. Sind die Pläne fertig, dann wird mit ihnen im Bauamt eine **Baugenehmigung** beantragt. Erst wenn die erteilt ist, dürfen die Bauarbeiten beginnen.

Ein Bagger hebt die **Baugrube** aus. Wo die Außenmauern oder dicke Innenwände stehen sollen, zieht man Gräben. Die werden mit Beton ausgegossen, in den dicke Eisenstäbe eingelegt sind. Das ist das **Fundament,** auf dem das Haus stehen wird.

Innerhalb des Fundaments wird nun der Kellerboden mit einer dicken Betonschicht gegossen. Um die Bodenfeuchte abzuhalten, kommt auf die Fundamente eine Schicht Bitumenpappe. Jetzt können darauf die ersten Wände gemauert werden, erst die Außenwand, dann die inneren.

Sind die Kellerwände hoch genug, folgt die Kellerdecke: Stahlträger liegen in Abstanden über dem abzudeckenden Raum. Darunter kommt dann eine **Verschalung** mit Holzbrettern, in die dann der flüssige Beton gegossen wird.
Auf die feste Kellerdecke kommt Dämmmaterial, über das dann noch eine dünne Betonschicht, der **Estrich,** gegossen wird.

Ebenso entstehen auch die einzelnen Stockwerke. Auf die oberste Zimmerdecke folgt der **Dachstuhl.** Ihn stellt der **Zimmermann** aus dicken Holzbalken, den **Sparren,** her. Ist der Dachstuhl fertig, wird **Richtfest** gefeiert. Dann wird das Dach gedeckt. Dazu nagelt der Zimmermann dünne **Dachlatten,** auf die Sparren. Auf diese Latten werden die **Dachziegel** gelegt.

Zuletzt werden Strom- und Wasserleitungen in den Wänden verlegt. Alle Wände müssen innen und außen verputzt werden. Türen und Fenster werden eingesetzt, Bodenbeläge verlegt, die Bäder gekachelt und die Wände gestrichen oder tapeziert. Auch eine Heizungsanlage darf nicht fehlen.

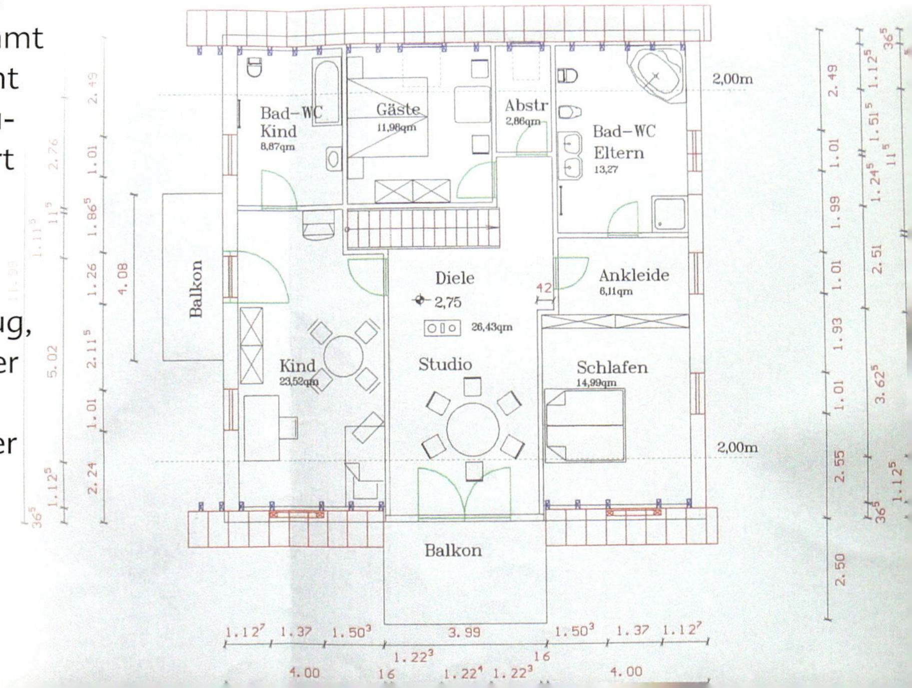

# Was ein Haus gemütlich macht

Was heißt eigentlich **gemütlich?** Der eine findet rosa Vorhänge gemütlich, der andere ein Blumenfenster oder eine hölzerne Eckbank in der Küche. Ganz sicher aber gehören **Licht** und **Wärme** zu einem gemütlichen Haus.

Licht und Wärme haben unterschiedliche Eigenschaften. Auf die reagieren alle Menschen etwa gleich. Es ist keine Geschmackssache, dass Licht möglichst von oben kommen sollte, oder an Arbeitsplätzen von links. Sonst hätte man beim Schreiben immer den Schatten der eigenen Hand auf dem Papier.

Oft baut man Häuser so, dass die Küche vormittags Sonne hat, also im Osten liegt. In das Wohnzimmer scheint die Sonne mittags, in Kinder- und andere Zimmer nachmittags. Das Schlafzimmer darf gern im Norden liegen und etwas kühler sein als die anderen Räume.

Neben dem natürlichen Licht gibt es das Kunstlicht der **Lampen.** Es ist nicht nur wichtig, wo die Lampen angebracht werden. Sie sollten auch möglichst blendfrei sein.

Zum Licht gehören schließlich auch die *Farben*. Helle, freundliche Räume machen die Bewohner fröhlicher als graue Zimmer mit dunklen Wänden.

Ebenso großen Einfluss auf die Gemütlichkeit hat die Art der Wärme. **Fußbodenheizungen** sind bequem und sorgen für warme Füße. Sind sie nicht richtig eingestellt und werden ungeeignete Bodenbeläge verwendet, können sie aber Infektionskrankheiten und Allergien erzeugen.

Für das Wohlbefinden am besten geeignet sind nach wie vor einzelne **Heizkörper,** entweder Rippenheizungen unter dem Fenster oder der gute alte **Kachelofen.** Gipfel der Gemütlichkeit ist noch immer der offene **Kamin** in der Wohnstube.

Wenn wir im Winter nicht frieren wollen, müssen wir unsere Wohnungen heizen. Dazu verwenden wir meist **Heizungsanlagen,** in denen etwas verbrannt wird. Das kann **Kohle** oder **Holz** sein, **Heizöl** oder **Gas.** Je nach dem Brennmaterial gibt es Holz- und Kohleöfen, Ölöfen und Gasöfen. Einzelne Ölöfen und Gasöfen braucht man heute nicht täglich mit neuem Brennmaterial zu versorgen. Öl und Gas gelangen vom Vorratstank im Keller oder von der Gasleitung durch Rohre in die Öfen.

Statt der Einzelöfen ist heute die **Zentralheizung** weit verbreitet. Dabei steht eine größere Ofenanlage mit einem Öl- oder Gasbrenner im Keller. Sie heizt dort einen großen Wasserkessel. Das heiße Wasser wird von einer Pumpe durch Rohrleitungen in alle Zimmer befördert.

Die **Elektroheizung** ist viel bequemer als Heizungen mit Feuerungsanlagen. Der Strom fließt einfach durch einen Draht, ähnlich wie in einer Glühbirne. Der Draht wird dadurch heiß. Ideal sind Elektroheizungen aber nicht, denn Strom ist viel teurer als Heizöl.

Direkt nutzen wir die Sonnenenergie bei der **Solarheizung.** Sonnen- oder **Solarenergieanlagen** sind technisch sehr einfach aufgebaut. Leg einmal im Sommer einen schwarzen und einen weißen Gegenstand eine Viertelstunde lang in die Sonne. Wenn du sie dann beide anfasst, stellst du fest: Der schwarze Körper wird viel heißer. Schwarze Oberflächen erhitzen sich im Sonnenlicht deshalb besonders stark, weil sie nur wenig Licht zurückstrahlen. Sie verwandeln es in Wärme.

**Sonnenenergiesammler** sind nichts anderes als in dichten Schlaufen verlegte schwarze Rohre auf dem Hausdach. Damit sie sich durch den Wind nicht abkühlen, deckt man sie mit Glas- oder Kunststoffplatten ab. Durch die Rohre wird Wasser gepumpt, das sich in den Röhren aufwärmt. Diese Sammler ersetzen den Heizkessel. Von ihnen fließt das erhitzte Wasser in die Heizkörper. Schlag auch nach auf Seite 167.

# Wie kommt der Strom in die Steckdose?

Wie elektrischer Strom gemacht wird, hast du im Kapitel über den Dynamo (-> S. 187) erfahren. Jeder Dynamo muss angetrieben werden. In **Kraftwerken,** die Strom produzieren, gibt es unterschiedliche Antriebe. In Wasserkraftwerken sind das besondere Wasserräder, die man **Turbinen** nennt. In **Heizkraftwerken,** die Kohle, Heizöl oder Erdgas verbrennen, sind es Dampfmaschinen. Auch in **Kernkraftwerken** wird im **Atomreaktor** erst einmal Wasser gekocht, dessen Dampf eine Dampfturbine antreibt.

Auch Batterien liefern Strom. Aber zwischen dem Strom aus einer **Batterie** und einem Kraftwerk gibt es einen grundsätzlichen Unterschied: Die Batterie liefert Gleichstrom, aus dem Kraftwerk kommt Wechselstrom. **Gleichstrom** fließt immer in derselben Richtung. Beim **Wechselstrom** fließt der Strom ständig hin und her; er „zittert“ in der Leitung. Bei unserem Stromnetz zu Hause ändert er genau 100-mal in der Sekunde seine Richtung.

Strom hat eine **Spannung,** die man in **Volt** misst. Die Spannung lässt sich gut mit dem Wasserdruck in einer Wasserleitung vergleichen. Ist der Druck sehr gering, dann kannst du den Wasserhahn aufdrehen so weit du willst, das Wasser tröpfelt nur spärlich. Ist der Druck aber groß, dann schießt das Wasser schon in einem scharfen Strahl heraus, wenn du den Hahn auch nur ein klein wenig öffnest.

Die Spannung an unseren Steckdosen beträgt 230 Volt. Aber die Kraftwerke geben Strom mit einer viel höheren Spannung ab: 20 000 Volt, 100 000 Volt oder noch mehr. Diese **Hochspannung** ist nötig, um den Strom über lange Fernleitungen mit möglichst wenig Verlusten übertragen zu können. Du kennst ja die Hochspannungsleitungen mit ihren hohen Gittermasten:

Erst kurz bevor der Strom in unsere Häuser kommt, wird seine Spannung herabgesetzt. Dies geschieht in einem **Transformator.** Sicher steht auch in deiner Nachbarschaft dafür ein Transformatorenhäuschen. Einfach geht dieses Herabsetzen der Spannung nur mit Wechselstrom, nicht aber mit Gleichstrom. Deshalb verwenden wir Wechselstrom.

# Vom Grundwasser zum Wasserhahn

**Trinkwasser** wird zum Teil aus Flüssen gewonnen. Im Wasserwerk wird es gereinigt und fließt durch ein Wasserleitungsnetz in die Häuser. Im Haushalt wird es zum Trinken, Geschirrspülen oder auch zum Waschen, Baden und Duschen gebraucht. Als **Abwasser** gelangt es dann in die Kläranlage und von dieser in den Fluss zurück. Dann geht es erneut ins Wasserwerk. Der Kreislauf beginnt von vorn.

Unser Trinkwasser kommt zum Großteil aus Seen. **Grundwasser** wird mit Pumpen aus großer Tiefe heraufbefördert. Es ist oft so rein, dass man es direkt trinken könnte. Trotzdem setzt man teilweise auch dem Grundwasser in den Wasserwerken etwas **Chlor** zu. Dann bleibt es auf dem langen Weg zu den Haushalten bakterienfrei. Wasser aus Flüssen und Seen muss dagegen immer aufbereitet werden, bevor man es trinken kann.

In einem **Wasserwerk** durchfließt das Wasser mehrere Anlagen. Schon bevor es in das Wasserwerk strömt, wird es grob gereinigt. Dann kommt es in einen *Flockungsbehälter*. Hier werden dem Wasser Flockungsmittel beigegeben. Wie Staub in der Luft gibt es auch im Flusswasser feinste Teilchen, die so klein sind, dass sie nicht von selbst zu Boden sinken. Manchmal lassen sie das Wasser richtig trüb erscheinen. Die Flockungsmittel sorgen dafür, dass sie sich miteinander zu größeren Teilchen verklumpen. Die sinken nach unten und bilden am Beckenboden eine Schlammschicht, die abgesaugt und ausfiltriert wird.

Nach dem Flockungsbecken ist das Wasser kristallklar, enthält aber noch Krankheitserreger und gelöste Schadstoffe. Nun kommt es in ein *Begasungsbecken*. Dort wird **Ozon** durch das Wasser geleitet. Ozon ist eine besonders aggressive Art des Sauerstoffs. Es tötet alle Krankheitskeime.

Danach muss das Wasser noch durch verschiedene Filter strömen. Wenn es alle Filter durchlaufen hat, hat es Trinkwasserqualität. Jetzt wird es nur noch gechlort, bevor es in das Rohrleitungssystem fließt, das es zu unseren Häusern bringt.

*Diese Quelle wird vom Grundwasser gespeist.*

*Grundwasser wird im Wasserwerk erfasst.*

# Möbel und Möbelherstellung

In unserem Land sind wir es gewöhnt, in festen Häusern zu leben. Sie sind mit vielen **Möbeln** eingerichtet. Aber Möbel sind Luxus, auch heute noch. Denn fast die Hälfte aller Menschen wohnt nicht in festen Häusern, sondern in einfachen Stroh- oder Lehmhütten, und etwa jeder siebte Erdenbewohner hat gar kein Dach über dem Kopf.

Die Hüttenbewohner haben meist nur einen Lendenschurz. Die ohne Behausung in der Natur lebenden Menschen sind oft ganz nackt.

Möbel kennen nur die Bewohner fester Häuser, aber auch bei den meisten von ihnen beschränkt sich die Einrichtung auf einige wenige Gegenstände. Oft tut es eine einzige große Kiste als Familienschrank. Man sitzt und schläft auf Decken auf dem Boden, und der Esstisch ist häufig nichts anderes als ein besonderer Teppich.

Trotzdem gibt es die Grundtypen der uns heute bekannten Möbel schon lange. Im alten Griechenland und Rom saß man auf **Hockern,** einfachen Sitzbrettern mit vier Beinen. Und schon lange zuvor kannten die Ägypter auch *Klappstühle* und *Lehnstühle* mit Rücken- und Armlehnen. Sie waren mit Stoff oder Leder bespannt. Außer diesen antiken Sitzmöbeln gab es in Rom auch schon *Liegestühle* aus Schilfrohr. Auf **Stühlen** mit Rückenlehnen durften in Rom nur hohe Beamte und vornehme Frauen Platz nehmen.

Die **Tische** sind ebenso alt wie die Stühle. Auch sie waren damals nur wichtigen Persönlichkeiten vorbehalten. In der Zeit um Christi Geburt gab es dann schon vielseitige Gebrauchstische, darunter Klapptische und drei- und vierbeinige Tische. Die meisten waren aus einfachem Holz gefertigt, aber es gab auch prunkvolle Tische aus kostbaren Edelhölzern oder aus Marmor und sogar Gold.

Die frühesten **Schränke** in festen Behausungen waren **Wandschränke.** Im Grunde handelte es sich dabei um nichts anderes als einfache Mauernischen, vor die meistens ein Tuch gehängt wurde. Solche Wandschränke sind noch heute in vielen orientalischen Ländern verbreitet. Den kistenförmigen Schrank erfanden wahrscheinlich die Nomadenvölker, die ohne festen Wohnsitz das ganze Jahr mit ihren Herden durch die Lande zogen. Sie verwendeten geflochtene Körbe oder hölzerne Kisten, die an den Lagerplätzen einfach als Schrankmöbel in den Zelten aufgestellt wurden.

Im Mittelalter waren Möbel einfache Gebrauchsgegenstände. Das änderte sich erst in der prunkvollen Zeit zwischen dem 15. und 19. Jahrhundert. In diesen Jahrhunderten entstanden in Handarbeit prächtige Sitzmöbel, Tische und Schränke.

Auf dem Land entstanden aus einheimischem Holz etwas gröber gearbeitete **Bauernmöbel:** Stühle mit geschnitzten Lehnen, Truhen und Schränke mit bunten Lackmalereien auf Deckeln und Türen.

Heute ist das Möbelhandwerk auf maschinelle Serienfertigung eingerichtet. Die im Möbelgeschäft ausgestellten Modelle gibt es dann gleich tausendfach in verschiedenen Farben und Stoffen.

Neben Naturholz werden bei den Massenprodukten oft **Spanplatten** verwendet, die aus gepressten und verklebten Holzschnitzeln hergestellt werden. Die Oberflächen werden entweder **furniert,** d.h. mit hauchdünnen Holzplatten beklebt, oder sie bekommen eine Kunststoffbeschichtung, auf die ein täuschend echt wirkendes Holzmuster gedruckt ist. Es gibt heute aber auch immer mehr Möbel, die aus Metall, Kunststoff oder Glas hergestellt werden.

# Von der Keilschrift zum Buch

Vor 30 000 Jahren begannen die Menschen, ihre Erlebnisse auf Felswände zu zeichnen. Aus diesen Bildern entwickelten sich langsam **Bilderschriften.**

Wo heute der Irak ist, entwickelten vor 6 000 Jahren die **Sumerer** eine **Silbenschrift.** Gleich klingende Silben wurden mit demselben Zeichen wiedergegeben. Auf diese Weise verringerten sich die Tausende verschiedener Bilderzeichen auf einige Hundert Silbenzeichen.

Vor 5 000 Jahren erfanden die Ägypter diese **Hieroglyphen**schrift. Ihre Zeichen sehen zwar aus wie Bilder, stehen aber nicht immer nur für ganze Wörter, sondern auch für einzelne Silben und oft sogar für einzelne Buchstaben. Mit der Zeit vereinfachten die Ägypter diese Schrift, bis daraus gegen 700 vor Christus eine reine **Buchstabenschrift** wurde. Die konnte man viel schneller schreiben.

Ganz ähnlich war das in China. Dort entstand um 1500 vor Christus eine Bilderschrift, die im Laufe von 2 000 Jahren auf mehr als 60 000 verschiedene Zeichen wuchs. Bis jetzt haben sie sich kaum verändert erhalten. Allerdings gebraucht die Umgangssprache heute *nur noch* 2 000 Zeichen.

Gegenüber den Bilderschriften ließ sich die Silbenschrift der Sumerer einfacher schreiben. Ihre Zeichen bestanden aus Kombinationen keilförmiger Schriftelemente. Deshalb heißt die sumerische Schrift auch **Keilschrift.** Sie wurde dann immer stärker vereinfacht, bis man nur noch 30 Zeichen brauchte. Die erste reine **Buchstabenschrift** war entstanden. Später übernahmen die Griechen und Römer diese Schrift. Die einen entwickelten daraus das griechische Alphabet, die anderen die lateinischen Buchstaben, die wir noch heute benutzen.

Die Römer kannten schon Schreibfedern aus Kupfer- oder Bronzeblech. Viel später entdeckte man, wie gut man mit **Gänsefederkielen** schreiben kann. Mehr als tausend Jahre lang waren sie das wichtigste Schreibgerät in ganz Europa. Erst im 18. Jahrhundert kehrte man zu Federn aus Metall zurück. All diese Schreibgeräte musste man ständig in Tinte tauchen. Das änderte sich mit einer englischen Erfindung zu Beginn des 19. Jahrhunderts: dem **Füllfederhalter.** 1938 wurde der **Kugelschreiber** erfunden.

Die **Schreibmaschine** wurde vor fast 300 Jahren erfunden. Doch erst 1873 baute die Firma Remington in den USA erste brauchbare Schreibmaschinen in Serie. 1902 erschienen die ersten elektrischen Schreibmaschinen.

Viel älter als die Schreibmaschine ist der **Schriftdruck.** Die Chinesen verwendeten vor 3 000 Jahren Druckstempel für einzelne Zeichen. Später schnitzten sie ganze Seiten spiegelbildlich in Holztafeln. Mit ihnen ließen sich die Schriftstücke schneller vervielfältigen. Für jede Seite musste man mühsam eine eigene Druckplatte schnitzen.

Viel einfacher wurde es, als um 1050 – auch wieder in China – die **beweglichen Lettern** erfunden wurden. Das waren seitenverkehrte Stempel für einzelne Schriftzeichen. Die konnte man in einem Rahmen zu Sätzen zusammenstellen.

Nach dem Druck der Seiten nahm man die Formen wieder auseinander und konnte die Stempel erneut verwenden.

In Europa ließ sich dieses System noch erheblich verbessern. Statt der Zigtausend Wortsymbole der chinesischen Schrift hatte man es hier ja nur mit 26 Buchstaben und einigen Satzzeichen zu tun. Johannes **Gutenberg** machte für jeden Buchstaben viele gleiche Stempel aus Metall. Die stellte er zu Wörtern und Sätzen zusammen. Die einzelnen Zeilen montierte Gutenberg in Rahmen zu Buchseiten. Um 1450 druckte er damit die ersten Bücher Europas.

Spätere Erfinder haben Gutenbergs Verfahren immer weiter entwickelt. Schon lange muss man die Buchstaben nicht mehr von Hand zusammenstellen. Heute werden die Druckplatten oft direkt aus dem Computer belichtet.

# Die Geschichte der Zeitung

In alten Zeiten schrieb man wichtige Neuigkeiten an belebten Plätzen einfach an Wände oder auf große Tafeln. Solche **Wandzeitungen** gibt es in China noch heute.

*Ist dies nicht auch eine Wandzeitung?*

Vor *Gutenbergs* Erfindung der Druckpresse vervielfältigte man Bücher nur durch Abschreiben, und über 50 Jahre lang kam niemand auf die Idee, mit Gutenbergs Buchdruck etwas anderes als Bücher zu produzieren. Niemand dachte an **Zeitungen,** denn niemand kannte sie. Das änderte sich erst 1493, als mehrere Flugblätter in Deutschland von der Entdeckung Amerikas durch Columbus berichteten.

Aber solche Meldungen waren noch selten. Wie hätte man damals eine Zeitung herausgeben können?
In Zeitungen müssen aktuelle Meldungen stehen. Aber die musste man erst sammeln. **Redakteure,** die das heute besorgen, gab es nicht. Selbst wenn es sie gegeben hätte, woher sollten sie ihre aktuellen Informationen beziehen? Es gab noch kein Telefon, kein Fax und kein Internet. Selbst gebildete Leute hatten damals kaum eine Möglichkeit, sich über das Tagesgeschehen zu informieren. Am besten unterrichtet waren noch die Kaufleute. Sie wurden zu den wichtigsten Informationsquellen für die Zeitungsverleger.

Der erste Zeitungsverleger war ein Buchhändler aus Augsburg. Ab 1564 veröffentlichte er regelmäßig *Messekataloge,* die bald in allen Städten erschienen, in denen Handelsmessen abgehalten wurden. Diese gedruckten Blätter enthielten Berichte über Neuigkeiten aus dem In- und Ausland. Sogar Anzeigen standen schon darin. Das war eine Vorstufe der heutigen Zeitungen.

Das erste deutsche *Wochenblatt* erschien ab 1609 in der Stadt Wolfenbüttel. Die Idee verbreitete sich rasch in ganz Europa.

1833 erschien in den USA das erste *Massenblatt.* Die *New Yorker Sun* hatte eine Riesenauflage, war in einfachem Stil verfasst und wurde billig auf den Straßen verkauft.

Das Blatt hatte kaum Bilder. Bis 1880 gab es noch kein Verfahren, um Fotos abzudrucken. Die Sun berichtete vor allem über lokale Ereignisse. Nachrichten aus den entfernten Landesteilen oder gar aus dem Ausland erhielt die Redaktion noch per Post. Und die lief damals nicht gerade sehr schnell.

Das änderte sich um 1850 mit der Einführung des elektrischen Telegrafen. Mit ihm zugleich entstanden **Presseagenturen,** die telegrafisch

*Zeitungsredaktion heute*

*Alte Setzmaschine von Linotype*

Nachrichten aus aller Welt zusammentrugen und an alle Zeitungsredaktionen weiterleiteten. Für große Agenturen arbeiteten bereits damals eigene Auslands**reporter.** Als sich Ende des 19. Jahrhunderts die Telefonnetze entwickelten, wurde es noch leichter, Nachrichten zu übermitteln. Zur gleichen Zeit gelang es, Bilder in Zeitungen mitzudrucken.

Eine wichtige Neuerung war dann die **Rotationspresse.** Sie druckte Zeitungen nicht mehr Bogen für Bogen, sondern endlos von riesigen Papierrollen. Jetzt konnte man viele Stück auf einmal drucken. Das nennt man eine hohe **Auflage.**

Noch immer mussten die Texte für die Druckplatten Buchstabe für Buchstabe von Hand gesetzt werden. Das änderte sich mit der Erfindung der automatischen **Setzmaschine** *Linotype*.

Heute hat der computergesteuerte Schriftsatz die Setzmaschinen verdrängt. Die Zeitungen werden nur noch am Computer-Bildschirm geschrieben und gestaltet.

# Briefbeförderung

Das Wort **Post** stammt aus dem Lateinischen, der Sprache der alten Römer. *Posita* hieß *Standort*. Gemeint waren die Standorte für den Pferdewechsel im römischen Kurierdienst. Die gab es alle 20 Kilometer. Die Römer haben die Post aber nicht erfunden. Im alten Ägypten, in Persien und China gab es ähnliche **Postdienste.**

Nach dem Zerfall des Römischen Reichs hatte man in Europa rund 800 Jahre lang keine Postverbindungen mehr. Erst im 15. Jahrhundert, als *Johannes Gutenberg* in Mainz den Buchdruck erfunden hatte, bekam die Post wieder eine größere Bedeutung. Denn viele Leute lernten jetzt schreiben und lesen und wollten dann auch **Briefe** schreiben.

Ab 1500 wurde ein privater Postdienst aufgebaut, der über Jahrhunderte von der Familie *Thurn und Taxis* betrieben wurde. Daraus entstand 1871 in Preußen, wie Deutschland damals hieß, die *Reichspost* als staatliches Unternehmen. Nach 1945 wurde daraus die *Deutsche Bundespost*.

Um 1840 kam man in England auf die Idee, die Postgebühren schon im Voraus vom Absender zu kassieren und die Quittung auf die Briefe zu kleben. Damit war die **Briefmarke** erfunden.

Mit den immer schnelleren Verkehrsmitteln wurde auch die Post immer schneller und wichtiger. Als das *Telefon* für mündliche Nachrichten in Mode kam, war die Post auch dafür zuständig. Sie allein besaß das Recht, das Telefonnetz zu betreiben. Heute ist die **Deutsche Post** als selbstständiges Unternehmen nur noch für Briefe und Pakete zuständig. Für das Telefon gibt es die **Deutsche Telekom** und andere Unternehmen.

Eigentlich ist das eine ganz spannende Geschichte, was da jeden Tag mit den rund 70 Millionen Briefen passiert. Du steckst einen Brief heute Abend in den Postkasten und am nächsten Morgen schon steckt ihn vielleicht 1 000 Kilometer weit weg ein Postbote in den Hausbriefkasten deiner Oma. Wie funktioniert das?

Der gelbe **Postbriefkasten** wird heute meist nur einmal am Tag geleert: Ein Postauto fährt vor, der Abholer schiebt einen Sack unter den Kasten, öffnet mit einem Schlüssel die Bodenklappe und die Briefe purzeln in den Sack. In größeren Städten gibt es oft geteilte Postkästen: einen für Briefe, die am Ort bleiben sollen, und einen für Post nach außerhalb.

Der volle Briefesack wird dann in einem **Briefzentrum** ausgeschüttet, und die

Briefe werden einzeln meist maschinell abgestempelt. Aus dem **Briefstempel** auf der Briefmarke geht hervor, wann und wo der Brief abgeschickt wurde. Damit der Brief jetzt schnell und richtig zum Empfänger kommt, muss auf jedem Brief eine **Postleitzahl** angegeben sein. Die besteht in Deutschland aus 5 Ziffern. Fängt die Postleitzahl mit 80 oder 81 an, dann ist der Brief für einen Empfänger in München bestimmt. 81 heißt dann, er soll in den Münchener Osten reisen. Die restlichen drei Ziffern geben darüber Auskunft, ob es sich um eine Hauszustellung, eine Firma oder ein Postfach handelt. 81673 betrifft schließlich eine oder mehrere bestimmte Straßen, für die nur wenige **Briefträger** zuständig sind. Sie heißen auch **Postboten** oder **Postzusteller.**

Alle Briefe mit 81 am Anfang, die zum Beispiel in Hamburg abgeschickt wurden, müssen erstmal bei der **Postverteilung** in Hamburg in den richtigen Briefbehälter, der für München bestimmt ist.

Die Behälter mit der für München bestimmten Briefpost kommen per LKW oder Flugzeug in München an und werden dort im **Briefzentrum** sortiert.

**Anschriftenlesemaschinen** lesen die Postleitzahl jedes einzelnen Briefes und drucken ein Strichmuster, einen **Strichcode,** unten auf jeden Briefumschlag. Jetzt sausen die Briefe durch die automatische Sortieranlage, die sie entsprechend dem Strichcode in verschiedene Kästen verteilt. Diese Behälter sind für die zuständigen **Zustellstützpunkte** in den Stadtteilen bestimmt, wohin sie mit Lastwagen gefahren werden. Dort sortieren die Briefträger die Briefe früh morgens noch einmal, um sie anschließend in die Häuser zu tragen.

# Wir zaubern

*David Copperfield* oder *Siegfried und Roy* tun Dinge, die eigentlich unmöglich sind. Sie zersägen eine Assistentin, die dann plötzlich wieder munter aus irgendeinem Kasten springt. Sie lassen Tauben und Tiger verschwinden oder scheinbar aus dem Nichts auftauchen.

Auf drei Dinge kommt es beim **Zaubern** an: Der Trick muss gut sein und nicht so leicht zu durchschauen. Der Zauberer muss gut geübt haben, denn die meisten Tricks erfordern eine große Fingerfertigkeit und ausgefeilte Technik. Drittens muss der Zauberer genau wissen, wann und wie er seine Zuschauer ablenken kann. Hast du nicht Lust, einmal selbst zu zaubern?

**Die zerschnittene Schnur**

*Was deine Zuschauer sehen*:
Der Zauberer nimmt eine etwa ein Meter lange Schnur in die linke Hand. Er fasst sie an einem Ende. Mit der rechten Hand ergreift er jetzt die Schnur in der Mitte und hebt sie hoch. Dabei bildet sich in der Schnurmitte eine Schlaufe, die er zusätzlich in die linke Hand nimmt. Die hält jetzt sowohl das obere Schnurende wie die Schnurmittenschlaufe. Der Zauberer fordert einen Zuschauer auf, die Schlaufe mit einer Schere durchzuschneiden. Sofort fällt das eine Schlaufenende nach unten. Der Zauberer hat jetzt offenbar zwei gleich lange Schnurstücke mit ihren Enden nebeneinander in der linken Hand. Nun schließt er die Hand über die kurzen Enden, bläst geheimnisvoll darauf, murmelt „Simsalabim“ und zieht mit der Rechten langsam die völlig unversehrte lange Schnur aus seiner linken Hand. Den Schnitt hat es scheinbar nie gegeben. Der Zauberer wirft die Schnur elegant ins Publikum, und die Zuschauer können sie genau untersuchen.

*Was wirklich geschehen ist*:
Du nimmst die Schnur in die linke Hand und hältst sie hoch. Dabei fasst du sie zwischen Daumen und Zeigefinger, wie in *Bild 1* gezeigt wird.

Die rechte Hand nimmt jetzt für jeden sichtbar die Schnur in ihrer Mitte auf und führt die dabei entstehende Schlaufe nach oben zur linken. Diese fasst die Schlaufe so, dass sie hinter Daumen und Zeigefinger verborgen bleibt und nicht nach oben hinausreicht *(Bild 2)*.

Mit Daumen und Zeigefinger der rechten Hand ergreifst du jetzt das Schnurteil 1 am Punkt A und ziehst es hinter Schnurteil 2 durch die kleine Schlaufe hindurch nach oben, so wie der Pfeil das zeigt. Das Ganze klemmst du zwischen linkem Daumen und Zeigefinger fest. Es sieht jetzt aus deiner Sicht aus wie in *Bild 3*. Der Zuschauer sieht dabei den Handrücken.

Du musst das Schlaufendurchziehen lange genug üben, bevor du den Trick vormachst. Dann wird jeder glauben, die Schnur laufe zwischen Daumen und Zeigefinger wie in *Bild 4*. In Wirklichkeit läuft sie aber so wie in *Bild 3*.

Schneidet jetzt jemand die Schlaufe bei B durch, fällt die Schnur 3 nach unten. Deine Zuschauer glauben, dass du jetzt zwei gleich lange Schnüre in deiner linken Hand hältst. In Wirklichkeit hast du aber eine lange mit zwei Enden herabhängende Schnur und außerdem nur ein ganz kurzes Schnurstück, dessen beide Enden oben zu sehen sind.

Über diesen Enden schließt du jetzt deine linke Hand zur Faust und bläst darauf. Wenn du die lange Schnur an einem Ende mit der rechten Hand fasst und sie langsam durch die linke in voller Länge herausziehst, bleibt das kurze Schnurstückchen in deiner linken Hand zurück.

Kurz bevor das Ende der langen Schnur erreicht ist, schleuderst du die Schnur mit der linken Hand ins Publikum. Alle Augen werden ihr folgen, und du hast genügend Zeit, unbeobachtet den kleinen Schnurrest aus der Linken verschwinden zu lassen. Am besten steckst du ihn in die Hosentasche, oder du kratzt dich am Hals und lässt ihn unter deinen Hemdkragen rutschen.

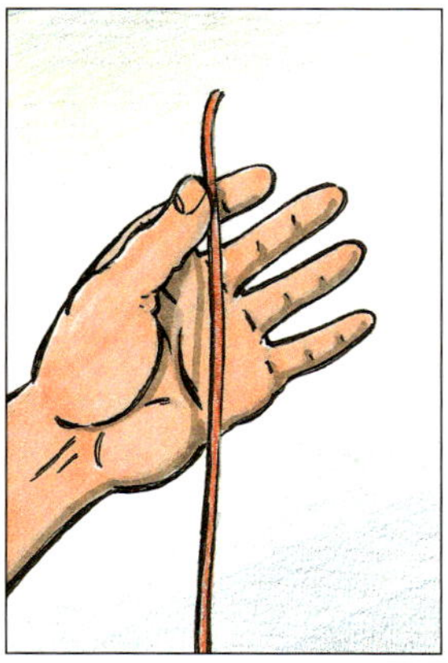

*Bild 1*

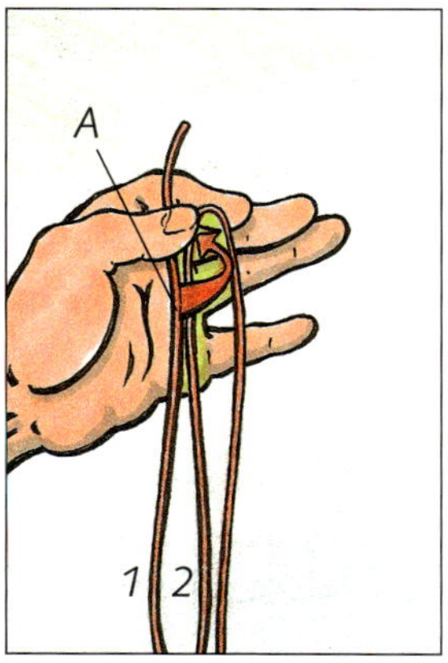


*Bild 2*

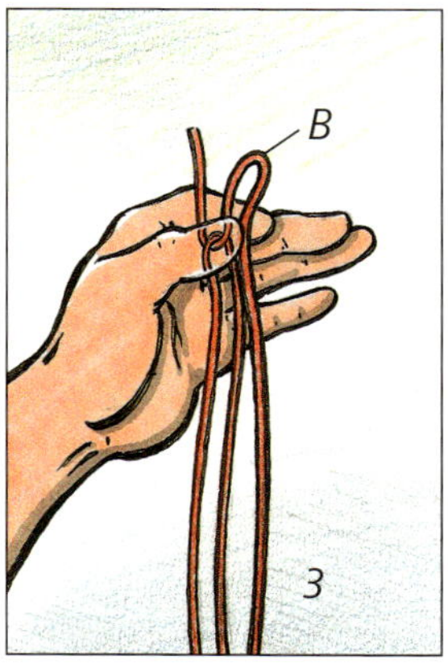


*Bild 3*

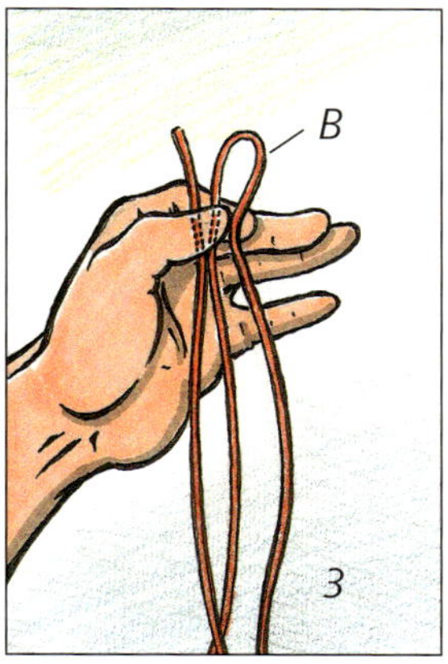


*Bild 4*

# Im Theater

Die Idee, Theater zu spielen, hatten ursprünglich die Griechen: Einer der Götter, die sie verehrten, hieß **Dionysos.** Als Gott war der ziemlich fröhlich und ausgelassen, und er trank gern viel Wein. Die alten Griechen ehrten ihn durch **Chorgesänge.** Einer der Sänger und Tänzer war **Thespis.** Der führte im Jahre 534 vor Christus den Sprecher ein, der auf die Chorgesänge antwortete oder sie einfach erklärte. Die Texte für diesen Sprecher schrieb später der griechische Dichter **Aischylos.** Das Gespräch zwischen einem Sprecher und dem Chor schien ihm aber ziemlich langweilig. So führte er einen zweiten Sprecher ein, der sich mit dem ersten unterhielt. Das waren die ersten **Schauspieler.** Später führte der griechische Philosoph **Sophokles** den dritten Sprecher in die *Dionysos-Spiele* ein.

Bald schrieben griechische Dichter Theaterstücke für viele Darsteller. Schauspielergruppen brauchten auch eigene Theaterbauten erst aus Holz, später aus Stein. Manche der großen griechischen Theater unter freiem Himmel sind bis heute erhalten geblieben. Meist stand in der Mitte der flachen runden Bühne noch ein Altar des Gottes Dionysos. Im Halbkreis darum waren stufenweise ansteigend die Sitzreihen der Zuschauer gebaut.

Die griechischen Schauspieler trugen **Masken** und prunkvolle schwere Gewänder und gingen auf stelzenartigen Schuhen. Sie wirkten nicht wie Menschen aus Fleisch und Blut. Das sollten sie auch gar nicht, denn sie stellten religiöse Rituale dar.

Ganz anders entwickelte sich das Theater im *Römischen Reich*. Die Römer übernahmen es zwar von den Griechen, hielten aber weniger von Masken, schweren Kostümen und ernsten Rollen. Sie wollten sich eher unterhalten. Sie bauten runde Theater mit mehrstöckigem Zuschauerraum, wo die Schauspieler sich unvermummt zeigten. Zum ersten Mal traten auch Frauen auf. Aufgeführt wurden **Komödien,** das sind lustige Stücke, und Heldengeschichten. Für Gladiatorenkämpfe baute man **Amphitheater** mit einer extra großen eiförmigen Arena.

Sowohl in Griechenland wie in Rom waren die Schauspieler hoch angesehen. Mit dem Zerfall des Römischen Reichs änderte sich das. Die Schauspieler des Mittelalters waren fahrende Leute, die in den Kirchen, vor Fürsten und auch auf den Marktplätzen auftraten. Neue feste **Theaterhäuser** entstanden dann vom 15. Jahrhundert an erst in Italien und nach und nach in ganz Europa.

Theater ist heute nicht nur der Name für das Theatergebäude, sondern auch für die Kunst des Aufführens, für die **darstellende Kunst.** Die Urform des klassischen Sprechtheaters ist das **Schauspiel**. In der **Oper** wird eine Geschichte, das **Werk,** durch Gesang und Orchestermusik erzählt. Die **Operette** (italienisch: „kleine Oper“) ist ein meist lustiges Singspiel, in dem auch gesprochen wird. Beim **Ballett** kommt schließlich zur Musik noch der Tanz, mit dem ein Werk auf der Bühne dargestellt wird.

Sehr viel aufwändiger wurde die **Theatertechnik.** Statt der einfachen Bühne mit einem gemalten Bühnenbild sind die Theater von heute hoch technisierte Einrichtungen mit vielen schnell verwandelbaren **Kulissen:** hochziehbaren Wänden, riesigen Drehscheiben, auf denen sich ganze Szenenbilder schnell zum Zuschauerraum hin und wieder weg drehen lassen.

Das **Handpuppenspiel** ist von den fahrenden Leuten des Mittelalters erfunden worden. Du kennst sie sicher alle: den Kasperl und seine Großmutter, Kasperls Freundin Gretl, seinen Kumpel Sepperl, die Hexe und den Zauberer, den Teufel und das Krokodil, das Gespenst und so weiter. Sie alle sind von bayerischen Puppenspielern erfunden worden in der Zeit um 1850.

Auch das **Marionettentheater** ist ein Kind des großen Theaters. Die Marionetten an ihren langen Fäden gab es seit dem 17. Jahrhundert auf den Jahrmärkten. *Graf Pocci* und *Josef „Papa“ Schmidt* bauten 1858 in München das erste Marionettentheater.

# Wie ein Film entsteht

Vor über hundert Jahren wurde in Paris erstmals ein **Kinofilm** vorgeführt, von den Brüdern *Lumière*. Das war eine Weltsensation.

Es gab bald weltweit Nachahmer. Besonders in den USA entstanden Hunderte von *Nickel-Odeons*. Sie hießen so wegen des Eintrittspreises von einem „Nickel". So nannte man in Amerika die Fünf-Cent-Münzen. Und Odeons hießen sie, weil schon zuvor viele Theater diesen Namen trugen. Die Filme waren damals schwarzweiß und hatten noch keinen Ton. Es waren **Stummfilme,** deren Handlung oft durch einen Klavierspieler begleitet wurde. Trotzdem zogen sie riesige Zuschauermengen an, weil Kino etwas völlig Neues war. Bald aber gab es auch ernsthafte Filmemacher. Die drehten zunächst keine Filmgeschichten oder **Spielfilme,** sondern **Dokumentarfilme,** die von Ereignissen berichteten. Ab 1922 gab es dann auch Film mit Ton, den ersten **Tonfilm.** Die ersten **Farbfilme** gab es schon 1909. Aber erst 1935 entstand der erste farbige Spielfilm in Studios in **Hollywood,** der bis heute wichtigsten Filmstadt in Amerika.

Bis vor kurzem drehte man Dokumentar- und Spielfilme nur mit *fotografischen Verfahren* auf Filmstreifen. **Filmkameras** nehmen Bilder so auf wie Fotoapparate (-> Seite 199), nur viel schneller nacheinander. 48 Bilder macht eine Filmkamera in jeder Sekunde. Genau so schnell nacheinander werden die Bilder auf der Kinoleinwand dann auch vorgeführt. Unser Auge ist zu langsam, um einen so raschen Bildwechsel zu verfolgen. Deshalb empfindet es Veränderungen auf den Bildern als fortlaufende Bewegung.

Beim **Fernsehbild** wird das Auge auch überlistet: Die Bildröhre zeigt rasch nacheinander nur einzelne Bildzeilen. Die schreibt ein Elektronenstrahl in der gleichen Reihenfolge auf den Bildschirm, wie du in einem Schulheft Textzeilen schreibst, nur so schnell, dass dein Auge dem Schreibvorgang nicht mehr folgen kann. Heute haben *elektronische Filmkameras* die alten Kameras mit ihren Filmrollen abgelöst. Sie zeichnen die Filmbilder so auf, wie der Fernsehschirm sie wiedergibt: zeilenweise. Die einzelnen Bildzeilen werden dabei sogar noch in Bildpunkte zerlegt, die alle einzeln als elektronische Signale auf ein Magnetband geschrieben werden.

Für den **Kameramann** ist der Unterschied zwischen einer klassischen Filmkamera und einer elektronischen Kamera nicht groß. Den elektronischen Film kann er aber sofort anschauen, während der belichtete Film erst entwickelt werden muss. Wer ist noch beim Film dabei? Der **Kameraassistent** nimmt dem Kameramann vieles ab und hilft beim Transport der Ausrüstung. Der **Toningenieur** oder **Tontechniker** sorgt für gute Tonaufnahmen. Der **Beleuchter** muss mit Kunstlicht nachhelfen, wenn das natürliche Licht nicht ausreicht.

Bei großen Filmproduktionen gibt es viele Dutzend Spezialisten mit interessanten Berufen für Frauen wie für Männer. Im **Abspann** eines Spielfilms, also dem Text, der nach einem Film über die Leinwand oder über den Fernsehschirm rollt, werden viele von ihnen genannt: Da gibt es die **Bühnenbildner,** die in Filmstudios Wohnzimmer einrichten oder sogar ganze künstliche Städte aufbauen, die **Maskenbildner,** die die Schauspieler schminken oder ihr Aussehen bis zur Unkenntlichkeit verändern wie in manchen Horrorfilmen. **Frisöre** sorgen für aufwändige Haartrachten, **Kostümbildner** für historische Trachten, Uniformen. Die wichtigste Aufgabe hat der **Regisseur** oder die **Regisseurin.** Er oder sie bestimmt, wie die Schauspieler ihre **Rolle** zu spielen haben, also wie sie die im **Drehbuch** aufgeschriebene Handlung darstellen und sprechen sollen.

Wenn der Film abgedreht ist, ist er noch längst nicht fertig. Dann beginnen die **Cutter** mit dem Filmschnitt, um die richtigen Stücke miteinander zu verbinden. Das geschieht heute am Computer. Jede Szene bekommt ihren Ton. Soll der Film für eine andere Sprache **synchronisiert** werden, müssen erst neue Sprachaufnahmen in der Fremdsprache aufgenommen und gegen die Originalaufnahmen ausgetauscht werden. Schließlich wird noch die Filmmusik dazu gemischt.

# Tausch und Geld

Tiere machen alles selber. Sie bauen sich Nester oder Erdhöhlen, sie sammeln ihre Nahrung und legen Wintervorräte an. Sie ziehen ihre Jungen groß. Genau so lebten unsere Vorfahren in der Altsteinzeit.

Aber der Mensch ist erfinderischer als die Tiere. Er erfand Ackerbau und Viehzucht. Er baute sich feste Häuser und stellte sich Kleidung her. Er begann Eisen zu schmieden und erfand Rad und Wagen. Das führte dazu, dass sich schon sehr früh Spezialisten herausbildeten: Schmiede und Wagenbauer, Viehhirten und Ackerbauern, Geburtshelferinnen und Kindergärtnerinnen. So entstanden die verschiedenen **Berufe.**

Wenn man aber nicht alles selber macht, dann ist man auf andere Menschen angewiesen. Die arbeiten aber nur für mich, wenn ich auch für sie etwas tue. Sonst funktioniert das ganze System der Gegenseitigkeit nicht.

Brauchte ein Bauer Vorratstöpfe aus Ton, dann ging er zum Töpfer und gab ihm für seine Arbeit vielleicht Getreide oder Fleisch. Was aber, wenn der Schmied einen Tontopf haben wollte, der Töpfer aber gerade keine Schmiedewaren brauchte? Dann musste der Schmied zusehen, dass er seine Eisengeräte erst bei einem Bauern gegen Fleisch eintauschte und das Fleisch dann beim Töpfer gegen Keramikgefäße in Zahlung gab.

Das war umständlich, und als es mehr und mehr verschiedene Berufe gab, wurde es bald unmöglich. Was hätte es genutzt, für einen Bauern ein Haus zu errichten und dafür vielleicht das Fleisch von fünf Ochsen zu bekommen? Alles gleich aufessen ist unmöglich. Das Fleisch einige Monate lang liegen lassen, bis man es gegen etwas anderes eintauschen konnte, ging schon gar nicht. Deshalb einigte man sich auf wertvolle und zugleich dauerhafte Gegenstände, die als Tauschobjekte dienen konnten.

In verschiedenen Teilen der Welt waren dies unterschiedliche Dinge. Viele Naturvölker benutzten früher Getreidekörner, Tee, Kakaobohnen, Tabakrollen, Werkzeuge oder Felle und Vieh als Tauschmaterial. All diese Dinge hatten eines gemeinsam: Man konnte sie in Zeiten der Not selbst essen oder anders verwenden.

Später gebrauchte man auch an sich völlig nutzlose Dinge als Tauschgegenstände. In vielen Gebieten der Welt waren es die Schalen von kleinen Meeresschnecken. Weil sie Muscheln ähneln, hat man diese **Tauschobjekte** später als *Muschelgeld* bezeichnet. Berühmt wurden als Zahlungsmittel in Afrika und in den Ländern der Südsee bis hin nach China die so genannten **Kauri-Muscheln,** die in Wirklichkeit kleine Porzellanschnecken sind.

Schon im alten Rom waren auch Metallstücke ein beliebtes Zahlungsmittel. Vor allem die seltenen Edelmetalle **Gold** und **Silber** hatten hohen Tauschwert. Um festzustellen, was ein solches Metallstück genau Wert war, musste man es nur wiegen.

Bald wollten die Staaten das Tauschwesen nicht mehr einfach den Kaufleuten und Händlern überlassen. Sie wollten es kontrollieren. Das ging aber nicht, wenn sich jeder Muscheln oder Metallstücke selbst beschaffen konnte.

Kaiser und Könige ließen also unverwechselbares **Geld** herstellen. Das waren die ersten **Münzen.** Die gab es in Kleinasien, der heutigen Osttürkei, schon ab etwa 700 vor Christus.

Bis weit ins 20. Jahrhundert hat sich an dem System des Geldes nichts Grundlegendes geändert. Heute, im Zeitalter der Elektronik, sind eine Reihe anderer Zahlungsformen hinzugekommen, die wir **bargeldlos** nennen. Am verbreitetsten sind die Banküberweisungen und die Bezahlung mit so genannten **Kreditkarten.** Beides setzt voraus, dass der Käufer einer Ware zwar Geld besitzt, es aber nicht selbst aufbewahrt. Das erledigt eine **Bank** für ihn. Sagt er seiner Bank, sie solle der Bank eines anderen eine Summe Geld auszahlen, dann erledigt die Bank diese **Überweisung.**

Bei Kreditkarten muss man der Bank nicht einmal mehr einen Auftrag geben. Eine Maschine liest den Magnetstreifen auf der Karte und der zu zahlende Geldbetrag wird einfach per Computer vom Konto des Besitzers abgebucht.

# Werbung

Die ersten Menschen, die Waren verkaufen wollten, waren Bauern und Händler auf Märkten. Damit die Kunden auf sie aufmerksam wurden, boten sie ihre Waren geschickt an. Sie stellten sie vorteilhaft aus oder priesen sie mit lauten Worten. Das heißt, sie machten für ihre Waren **Werbung.** So war das Jahrtausende lang, und so ist es im Prinzip noch heute. Allerdings kam im Zeitalter der Industrialisierung, vor allem also im 19. Jahrhundert, noch eine andere Art der Werbung hinzu.

Wer seine Produkte persönlich auf dem Wochenmarkt oder im Laden verkauft, kann seine Kunden direkt ansprechen. Ein Fabrikant, der seine Artikel im ganzen Land oder sogar im Ausland verkaufen will, kann das nicht. Kaum einen seiner Kunden lernt er jemals persönlich kennen. Wie seine Waren muss der Fabrikant auch seine Werbung so weit wie möglich verteilen.

Zuerst machte er das vor allem mit **Plakaten** und Anzeigen in den großen Zeitungen. Als die neuen **Massenmedien** hinzukamen, bediente sich die Werbung schnell auch dieser Möglichkeiten: Kinoleinwand, Radio, Fernsehen und seit neuestem das Internet.

Die Firmenwerbung unterscheidet sich aber nicht nur durch ihre weitere Verbreitung von der Werbung des Einzelhandels. Eine Marktfrau kann „Leute, kauft frische Äpfel!“ rufen. Ein Laden kann auf ein **Sonderangebot** für billige Butter aufmerksam machen. Einer Industriefirma hilft eine solche Werbung überhaupt nichts. Wirbt sie nur für gute Schokolade oder für schnelle Autos, dann kann der Kunde irgendein Fabrikat kaufen. Der Hersteller will aber, dass ausgerechnet seine Produkte über den Ladentisch wandern und nicht die der Konkurrenz. Er darf also nicht für Waschmittel ganz allgemein werben, sondern er wird zum Beispiel Reklame für Waschmittel der Firma *Henkel* machen.

Gegen Ende des 19. Jahrhunderts verbreitete sich der Brauch, Waren nicht nur mit dem Namen des Herstellers zu bewerben, sondern mit einem eigenen **Markennamen.** Seither machte die Werbung nicht auf ein Waschmittel aus dem Hause Henkel aufmerksam, sondern auf *Persil*. Die ersten solchen Markenbezeichnungen entstanden in der Schweiz und galten Schokoladenprodukten. In

Deutschland wurde 1878 der Begriff *Pelikan* als erste Marke für Tinte und Tusche eingetragen. 1880 erschien Kölnischwasser mit der Marke *4711*. Die **Marke** machte aus der beliebig austauschbaren Ware einen unverwechselbaren Artikel. Viele Jahrzehnte hindurch beschränkte sich die Markenwerbung darauf, die Vorteile des eigenen Produktes genau zu beschreiben. Wie schmeckt eine Schokolade, welche Inhaltsstoffe hat sie? Wie stark ist ein Motor, wie lange lebt er und wie viel Benzin braucht er?

In der Mitte des 20. Jahrhunderts begann die **Marktforschung.** Bald fanden die Werbefachleute heraus, dass es gar nicht so wichtig war, die Qualitäten eines Produktes genau zu beschreiben. Als viel einprägsamer und werbewirksamer erwies es sich, den Markennamen mit einem Merksatz, einem **Slogan,** zu verbinden. Damit bekam die Marke ein *Image*. „*Der Duft der großen weiten Welt*": So stellte man eine Zigarettenmarke vor. Da fragt man sich, was der Duft der großen weiten Welt überhaupt ist, und zweitens: Riecht die Welt nach Zigarettenqualm und soll das gut sein? Eine andere Zigarettenmarke verbanden Werbefachleute mit dem Slogan „Freiheit und Abenteuer". Aber wie frei und abenteuerlich ist es wirklich, an einer Straßenecke eine Zigarette zu rauchen?

Heute versucht die Werbung die Kunden zu beeinflussen, ohne dass sie dies merken. Der Kunde ist eitel, er ist tier-

lieb, kinderlieb... . Dies nutzt die Werbung aus, indem sie sagt: Wenn du deine Katze liebst, musst du *Kitzkatz* kaufen.

Wie viele Werbespots versuchen doch den möglichen Kunden einzureden, dass sie beim Gebrauch eines bestimmten Produkts mehr Freunde gewinnen und mehr Anerkennung oder sogar Neid erfahren werden. Zur modernen Werbung gehört aber auch das gezielte Geschäft mit der Angst: Wer sein Geld nicht krisensicher bei der und der Bank anlegt, wird im Alter mit leeren Händen dastehen. Wer nicht regelmäßig ein bestimmtes Deospray oder eine bestimmte Zahncreme verwendet, muss sich unter Menschen unsicher fühlen.

Die Werbung, einst ein sinnvolles Instrument, um Menschen auf Produkte hinzuweisen, die sie sonst gar nicht kennen gelernt hätten, ist heute weitgehend zu einem Mittel der Beeinflussung geworden.

Achte einmal bei der Fernsehwerbung darauf, was sie überhaupt noch über ein Produkt aussagt!

# Notdienste

**Notdienste** und Katastrophendienste sind technische und medizinische Einrichtungen, die Not abwenden oder lindern sollen.

Die Hauptaufgabe der **Feuerwehr** ist es, Brände zu bekämpfen. Daneben leisten Feuerwehrleute aber auch bei anderen Unglücksfällen Hilfe. Dazu gehören schwere Sturm- und Hagelschäden, Hochwasser, Blitzschlag, Explosionen, Industrieunfälle oder Eisenbahnunglücke. In Deutschland gibt es in jeder Großstadt eine Berufsfeuerwehr. Kleinere Gemeinden haben meistens eine freiwillige Feuerwehr.

Der wichtigste Bergrettungsdienst ist bei uns die Deutsche **Bergwacht.** Die Aufgaben der Bergrettungsdienste sind vielseitig und oft gefährlich. Die Einsätze erfordern erfahrene Bergsteiger, die die Gefahren des Hochgebirges sehr gut kennen. Zugleich sind die Frauen und Männer der Bergwacht als Sanitäter ausgebildet, um Bergopfern erste Hilfe leisten zu können.

Der wichtigste **Seenot-Rettungsdienst** in Deutschland ist der von der *Gesellschaft zur Rettung Schiffbrüchiger*. In allen Häfen entlang der Küsten, aber auch an großen Flüssen und Seen unterhält sie Rettungsstationen. Die verfügen über schnelle und wendige Rettungsboote. Die größeren **Seenotrettungskreuzer** haben meist huckepack ein *Tochterboot*. Diesen Schiffen macht raue See nichts aus. Sie sind für erste Hilfe gut ausgerüstet, denn nicht selten sind Menschen in Seenot schwer verletzt oder müssen sogar wiederbelebt werden.

Es gibt mehrere große **Unfallhilfsdienste** wie das **Rote Kreuz,** die sich um Unfallopfer zu Lande kümmern. Ihre häufigsten Rettungseinsätze gelten Verletzten im Straßenverkehr. Viele Hundert Verletzte sind es in Deutschland täglich.

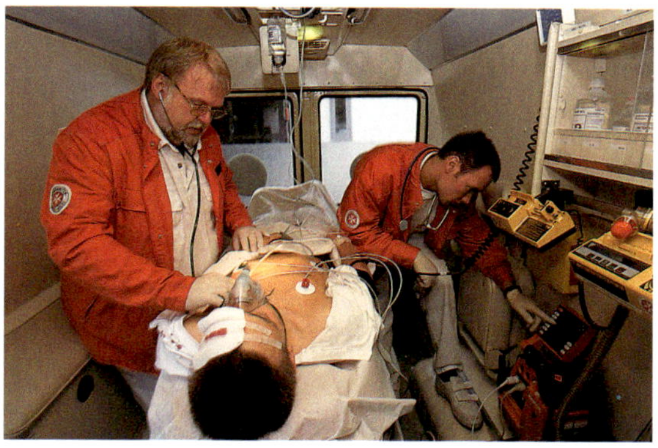

Alle Notdienste sind über die gemeinsame **Notrufnummer 112** telefonisch erreichbar. Die **Rettungszentrale** entscheidet, ob die Feuerwehr, ein **Rettungswagen,** ein **Notarztwagen** oder gar ein **Rettungshubschrauber** zum Unfallort geschickt werden soll. Wenn du einmal einen **Unfall** meldest, berichte möglichst kurz und klar:

- Wo ist der Unfall passiert?
- Was ist passiert?
- Gibt es Verletzte? Wie viele? Wie schwer verletzt?

Bei größeren Unfällen und bei Unwettern helfen oft die Rettungsdienste der Nachbargemeinden mit aus. Bei **Katastrophen** reicht das dann manchmal nicht. Dann kommen das **Technische Hilfswerk** und auch die **Bundeswehr** zum Einsatz. Sie haben schwere Rettungsausrüstung und speziell geschultes Personal. Bei Hochwasser mit Deichbrüchen, bei einem Orkan, der ganze Wälder wie Streichhölzer umknickt, oder bei großen Waldbränden muss die Rettung straff organisiert werden. Bei uns kennen wir als Naturkatastrophen Überschwemmungen und schwere Stürme.

In manchen Ländern sind die Naturgewalten noch viel gefährlicher. Dort gibt es besondere Wirbelstürme: Blizzards oder Tornados. Durch Erdbeben und Vulkanausbrüche können ganze Städte zerstört werden.

Bei solchen Katastrophen geht es darum, viele Hundert oder gar Tausend Menschen in kürzester Zeit zu **evakuieren,** also umzusiedeln. Dazu braucht man besonderes Gerät: Hubschrauberstaffeln zum Transport, Zeltstädte als Notunterkünfte, Feldküchen zur Verpflegung und vieles mehr.

# Bildnachweis

**T. Angermayer** 79-1, 92-4, 95-4, 126-2; Elfner 112-1, 128-1, 129-1; Haslberger 69-2; Mönch 119-3; Pfletschinger 62-1, 97-2, 102-1, 102-4, 103-1, 104-1, 104-2, 104-3, 104-4, 105-1, 107-2, 110-1, 110-2, 110-3, 114-3, 130-2, 131-1, 131-3, 138-1, 138-2, 194; Pölking 123-2, 137-2; Reinhard 92-2, 93-1, 94-2, 95-3, 98-3, 113-2, 114-1, 115-1, 116-2, 116-3, 120-2, 120-3, 129-2, 142-1, 94-1. **Animal Photography Sally A. Thompson** 96-4. **Continental** 230-2. **G. Cyffka** 32-1, 42-1, 54-1, 68-1, 68-2, 71-2, 75-3, 76-1, 80-1, 80-2, 84-3, 89-1, 136-2, 164-2, 164-4, 168-3, 175-3, 175-4, 177-1, 177-2, 177-4, 178-1, 178-2, 178-3, 178-4, 179-2, 179-3, 179-4, 179-5, 180-1, 184-1, 190, 191, 192, 202-1, 203-1, 203-2, 203-3, 208-2, 212-1, 212-4, 213-1, 213-3, 214-1, 218-2, 218-3, 220-1, 220-2, 225-1, 226-1, 227-1, 227-2, 239-1, 241-2, 254-2, 256-2, 259-1, 261-1, 263, 264-1, 265-1, 266-1, 266-2, 267-1, 269-2, 270-2, 272-1, 279-1, 279-3, 282, 283-1, 283-3, 284, 285. **Deutsche Post AG** 274, 275-2, 275-3. **Das FotoArchiv** 238-3; Bolesch 234; Brack Owen 169-1; Christoph 223-1, 223-2, 224-2; digital 242-1, 247-1; Eisermann 159-1, 160-1; Englebert 229-2; Hayden 247-2; Matzel 175-2, 188; Mayer 245-2, 273-1, 273-3, 268-1; Nimtsch 281-3; Payne 208-1; Potente 283-2; Rakosy 204-1; Riedmiller 280, 286-1; Sasse 239-2; Scheibner 213-4; Schmidt 161, 279-2; Shridan 46-1; Stark 256-1, 259-3; Sugar 205-2; Tack 214-3, 244-1, 273-2, 286-2, 286-3, 287-1, 287-2; Ward 173-2; Wheeler 37-1, 98-2. **P. Dorkenwald** 275-1. **Dornier** 222-1. **ESO** 28-2, 28-3, 29-1, 29-2, 31, 40-2. **Hapag Lloyd Kreuzfahrten** 255-1. **interfoto** Karger Decker 240-1, 240-3; LP 276. **K+S (Kali + Salz)** 217-2. **KEP** 270-1. **W. Klammet** 57-3, 62-2, 72-2, 171-1. Beck 57-2, 125-2. Nägele 169-2. **R. König** 75-1, 75-2, 76-2, 78-1, 78-2, 80-3, 81-1, 81-2, 82-1, 82-2, 83-1, 83-2, 89-2, 92-3, 93-2, 102-2, 102-3, 105-2, 106-1, 106-5, 107-1, 108-2, 114-2, 120-1, 121-1, 127-2, 130-1, 130-3, 132-1, 132-3, 132-4, 132-5, 133-1, 134, 135-1, 135-2, 135-3, 136-1, 136-3, 140-3, 142-2, 218-1. **H. Kreutzfeldt** 230-1. **J. Lichtenberger** 65-1, 206-1, 206-3, 207-1, 207-4. **A. Limbrunner** 69-1, 69-3, 96-2, 100-2, 103-2, 108-1, 108-3, 111-1, 111-3, 112-3, 115-2, 117-2, 118-1, 119-1, 119-2, 121-3, 121-4, 122-1, 122-3, 122-4, 123-1, 123-3, 123-4, 123-5, 124-1, 124-2, 124-3, 125-1, 125-3, 126-1, 126-3, 128-2, 129-3, 132-2, 136-4, 137-1, 225-2. **Mannesmann Dematic** 186-2. **Mauritius** 26-1, 231-2; ACE 182-1, 193-2; age 174-2; Albinger 66-2, 71-3, 82-3; Arthur 165-1; Baumann 212-3; Defoy 50-1; Doug Scott 37-3; Dr. Lorenz 214-2; Dr. Pott 217-1; Fichtl 50-2; Filser 45-2; Gruber 175-1; Helbing 216-2; Hubatka 167-1, 194-2; Lacz 90-1, 120-4; Lehn 101-1; Photo Resource 47-1; Phototake 32-2, 33-2, 45-4, 88-3, 159-2, 183-1, 195-1; Phototheque 101-3, 152; Photri 35-1, 35-2, 36-1, 36-4, 170-1, 196-3; Pigneter 211-4; Pinn 60-1; Poehlmann 213-2; Pokorski 244-3, 245-1; Rosenfeld 99-2, 193-1; Rossenbach 55-2; sipa Image 39-2; van Ravenswaay 30-2, 41-2, 41-3, 44; Vidler 56, 156-2; Ziechaus 100-3. **NASA** 42-2, 251. **W. Neumeister** (Schloß Linderhof, Ziertisch. Abdruckerlaubnis durch die Bayerische Verwaltung der Schlösser, Gärten u. Seen, München) 268-2. **F. Paturi** 38-1, 45-3, 48-1, 49-1, 49-2, 51-2, 52-1, 52-2, 53-1, 57-1, 58-1, 176-1, 232, 233-1, 233-2, 233-3, 236-2, 238-1, 241-1, 243-1, 243-2, 248, 249-2, 255-3, 258, 259-2, 260-1, 271-2. **PhotoPress** 58-2; Hardtke 219; Kiepke 166-2; Master 49-3, 261-2; Rita 164-3; Rogler 171-2; Rose 61-2, 162-1, 165-2, 172-2, 172-3, 222-2. **Pix Bildagentur** Reichart 39-2; Black Star 249-3; Bromberger 249-1; Dormann 221-1; Faltner 101-2; Joyce 98-1, 173-1; Mallaun 237-2; Mazell 241-3; Opferkuch 242-2. **Premium** Behlert 204-2; Brakefield 201-3; Bringberg 53-2; Deuter 253-2; Esor 265-2; Lanting/Minden 143-2; Faltner 228; Farkaschowsky 116-1; Fischer 252-1; Heintges 156-1; Images 59-1; Images Colour 32-3, 34, 59-2, 160-2, 160-3, 170-2, 211-3, 221-2; Imaging Studio 30-1; K. Taylor/Coleman 121-2; Lamm 97-1; Maywald 50-3, 144-1; Mikro-Makro 202-2; Minden Pictures 47-2; Natural Selection 55-1; Orion Press 25, 30-3, 40-3, 246-1; Photri 250-1; Reinhard 143-1; RIL 231-1; Roda 48-2, 252-2, 254-1; Rosenfeld 162-2; Rüger 117-1; Satore 65-2; Staebler 209-2; Vanessa 141-1; Waldkirch 238-2; Wegner 206-4; Woike 141-2; Wothe 140-2, 143-3, 144-2; Yoshino-Minden 97-3. **Dr. F. Sauer** 51-1, 66-1, 92-1, 95-1. **Stadtwerke München** 267-2. **G. Steinbach** 66-3, 90-2, 91-1, 91-2, 95-2, 96-1, 96-3, 99-1, 100-1, 168-2, 172-1. **US Navy** 255-2. **VDP** K. Danetzki 224-1. **Washphoto** B. v. Girard 177-3, 278; MaxO. 61-1, 74, 79, 164-1, 236-1, 244-2, 264-2, 269-1; J. Stirnemann 174-1, 179-1. **Wheeler Deutschland** Brackenhofer 237-1. **ZDF Bildarchiv** 10-4, 13-4, 17-3, 226-2, 281-1, 281-2.

Besonderer Dank für die freundliche Unterstützung bei Fotoaufnahmen geht an: Hauptabteilung Kommunikation/Bilderdienst, ZDF, Herr Biagoni; Jacey u. Bernd Bingler u. Celia Marshall, Aurach; Inge u. Markus Bornebusch, Aurach; Luitgard, Michael u. Lucas Eckle, München; ESO Europäische Südsternwarte, Garching; Heinz Grundner (Antike Uhren), München; Max Hufnagel, Aurach; Max u. Erwin Köller, Aurach u. ihre Motorradfreunde; Franz Lindig, Elbersroth; Sophie-Scholl-Schule, Leutkirch (Natrium-Dampflampe); Josef Schröpfer, München; Stadtwerke München.